다시 일어서는 힘

NO LIMITS:
Blow The Cap Off Your Capacity
by John C. Maxwell
First published by Center Street,
a division of Hachette Book Group, Inc., New York.

Korean Translation Copyright ⓒ 2017 by The Business Books and Co., Ltd.
This edition is published by arrangement with Center Street, a division of Hachette
Book Group, Inc., ˙w York through Imprima Korea Agency, Seoul.

다시
일어서는 힘

인생의 전환점에서 꼭 가져가야 할 한 가지

존 맥스웰 지음 | 김고명 옮김

옮긴이 **김고명**

성균관대학교에서 영문학과 경영학을, 동대학원에서 번역학을 전공하고 지금은 출판번역가 모임 바른번역의 회원으로 번역 활동을 하고 있다. 옮긴 책으로는 《사람은 무엇으로 성장하는가》, 《판을 바꾸는 질문들》, 《크리에이터 코드》, 《도둑비서들》 등이 있다.

다시 일어서는 힘

1판 1쇄 발행 2017년 11월 29일
1판 8쇄 발행 2022년 5월 11일

지은이 | 존 맥스웰
옮긴이 | 김고명
발행인 | 홍영태
발행처 | (주)비즈니스북스
등 록 | 제2000-000225호(2000년 2월 28일)
주 소 | 03991 서울시 마포구 월드컵북로6길 3 이노베이스빌딩 7층
전 화 | (02)338-9449
팩 스 | (02)338-6543
대표메일 | bb@businessbooks.co.kr
홈페이지 | http://www.businessbooks.co.kr
블로그 | http://blog.naver.com/biz_books
페이스북 | thebizbooks
ISBN 979-11-86805-93-0 03190

케빈 마이어스,

나는 30여 년 전부터 당신을 지켜봤고 이제 20년째 당신과 함께하고 있습니다. 당신은 세상에 변화를 일으키고자 하는 열정으로 인생의 기틀을 잡으며 리더로 성장해왔습니다. 나는 당신이 역량의 한계를 보기 좋게 뛰어넘는 순간을 수없이 목격했습니다.

나는 인간이 스스로 만든 한계 그리고 타인에 의해 만들어진 한계를 극복할 수 있다는 것을 당신만큼 확실하게 증명해 보인 사람을 알지 못합니다. 더욱 놀라운 사실은 당신 인생에서 최대의 영향력을 발휘할 날은 아직 오지도 않았다는 겁니다.

한계라는 거짓말에
속지 마라!

전문가들은 수많은 연구 끝에 대부분의 사람들이 자신이 가진 능력과 역량을 겨우 10퍼센트만 쓴다는 사실을 밝혀냈다. 정말 안타까운 결과가 아닐 수 없다. 하지만 조금만 다르게 생각해 보자. 만약 이 말이 사실이라면 평범한 우리에게도 발전의 여지가 아직 많이 남아 있다는 뜻이다. 그렇다면 우리는 어떻게 해야 잠들어 있는 90퍼센트를 쓸 수 있을까?

그 답을 찾는 데까지 40년이 넘는 시간이 걸렸다. 초보 티가 물씬 풍겼던 초창기 리더 시절부터 지금까지 약 40년 동안 전 세계 150개국의 500만 명이 넘는 사람들을 만나며 나는 자신이 가진 역량을 발휘하며 한계를 모른 채 성장하는 사람들의 모습을 지켜봐 왔다. 역량이라는 주제를 수없이 곱씹어보고 위대한 리더들에게 질문하고 그들의 의견을 들으며 역량에 대해 끊임없이 연구해 왔다. 그리고 마침내 나는 '역량 도전'이라는 공식을 창안했다. 역량 도전이란 '자각'을 심화하고 '능력'을 증진하며 올바른 '선택'을 함으로써 역량을 발현하는 일련의 과정이다. 한눈에 이해하기 쉽게 수식으로 표현하면 다음과 같다.

자각 + 능력 + 선택 = 역량

역량을 발현하려면 자각, 능력, 선택이라는 삼박자가 조화를 이루어야 한다. 하지만 누구나 안전지대에 편안하게 머물고 싶어 한다. 어떤 일이 실패로 돌아갔을 때 포기하고 그곳에 머무르고 싶어 하며, 작은 성공을 이루었을 때 현상을 유지하고 싶어 한다. 그래서 자신이 가진 역량을 모두 발휘하기보단 작은 성공에 만족하며 그 자리에서 안주하고 만다. 지금까지의 편안함을 뒤로하고 위험과 도전 속으로 뛰어들 때 성장은 물론 인생의 전환점을 맞이할 수 있다. 이런 전환점에서 용기를 내 '다시 일어서는 힘'을 발휘하지 않았더라면 나 역시 지금의 모습을 갖추지 못했을 것이다. 누구나 지금보다 더 성장하고 원하는 목표에 가까워지는 삶을 살고 싶어 한다. 그러려면 이런저런 핑계를 버리고 그 자리를 딛고 다시 일어서야 한다.

나도 한창 내가 완성한 결과에 만족하며 자화자찬하던 때가 있었다. 작은 성취에 취한 나머지 내 안의 더 큰 역량을 끌어내려고 노력하지 않았다. 한마디로 내리막길로 향하는 인생의 전환점이었다. 나라고 새로운 도전이 늘 즐거울 리만은 없다. 나도 편하고 익숙한 걸 좋아하는 성격이라 늘 다시 일어서기를 거부하고 싶은 유혹에 시달린다. 하지만 여기까지가 한계라고 생각하며 안전지대에 머물면 역량 강화는 물론 성장은 꿈도 꿀 수 없다. 내가 이 책을 쓰는 이유가 바로 여기 있다. 더 나은 인생을 위해 우리는 안주하지 않고 끊임없이 도전해야 하며, 도전할 때마다 만나는 인생의 전환점에서 다시 일어서는 힘을 발휘하여 역량의 마개를 날려버려야 한다. 그리고 그 방법을 바로 이 책에 소개했다.

퀴즈쇼《제퍼디!》Jeopardy!의 진행자 알렉스 트레벡Alex Trebek은 이렇게 말했다.

"성공한 사람들은 하나같이 자신의 현실이 불만족스러운 나머지 좀이 쑤셔서 견디지 못했다. 그들은 새로운 도전을 하고 싶어 했다. 벌떡 일어나 나가고 싶어 했다. (중략) 그게 성공한 이유 중 하나다."

나는 이 책에서 당신이 어떤 상황에 처해 있든 다시 일어서서 도전하는 방법에 대해 이야기하려고 한다. 나는 40년째 더 나은 삶을 살기 위해 목표를 끊임없이 바꾸고, 장애물을 뛰어넘고, 새로움을 추구하고 있다. 그리고 그런 나만의 노하우가 쌓여 역량 도전의 공식을 만들어 다른 사람의 성장을 돕고 있다. 당신이 역량 도전의 과정을 따를 용기가 있다면, 당신의 인생은 반드시 달라질 것이다.

우리가 본격적으로 역량 도전의 여정을 시작하기 전에 당신에게 두 가지만 당부하고 싶다.

1. 반드시 극적인 변화만 효과가 있는 것은 아니다. 상담과 강화에는 비슷한 점이 있다. 타인에게 관심을 갖고 함께 시간을 보내며 안내하고 조언해야 한다는 것이다. 따라서 나는 뭔가를 크게 바꿀 필요 없이 초점만 사람들의 약점에서 강점으로 바꾸면 됐다. 제1부에서는 자신의 잠재력을 더 깊이 자각하기 위해 초점을 바꿔야 할 영역이 무

엇인지 잘 살펴보기 바란다. 자각이 깊어지면 역량을 가로막는 장벽을 부수기 위해 어떤 변화가 필요한지 알게 될 것이다.

2. **역량을 발현하려면 변화가 필요하다.** 제2부와 제3부에서는 변화를 더 강조할 것이다. 능력을 논하는 제2부에서는 타고난 강점이 아닌 것을 계발하라는 요구를 받게 될 것이다. 물론 쉽지는 않을 것이다. 타고나지 않은 능력은 아무리 노력해도 아주 서서히 향상되는 게 보통이다. 그래도 괜찮다. 긍정적인 변화는 아무리 작아도 좋다. 그런 변화로 인해 당신의 역량이 커지기 때문이다. 선택을 이야기하는 제3부에 접어들면, 한결 쉽게 느껴질 것이다. 선택의 영역에서는 변화가 훨씬 빨리 일어난다. 능력과 선택을 변화시키는 것은 실천의 난이도 여부를 떠나 당신이 역량을 키우고 잠재력을 발현하기를 열망한다면 반드시 필요하다.

이제 본격적으로 뛰어들 준비가 되었는가? 신나는 여행이 될 것이다. 이 책을 다 읽었을 때 당신의 역량이 상상도 할 수도 없었던 수준으로 커져서 당신이 한계를 모르는 삶에 성큼 다가서 있었으면 좋겠다. 이제 함께 인생을 개척하는 여정을 시작해 보자.

제1부

자각,
내 안의 숨겨진 가능성을
발견하는 힘

역량 도전은 '자각'에서 출발한다. 나도 내 역량의 한계를 날려 버리는 과정을 경험했고, 이를 통해 나 자신을 제대로 이해하는 첫 단추를 끼울 수 있었다. 내가 초보 목자였던 당시에 이상적인 목회자상은 양 떼를 돌보는 목자였다. 교인들을 지키고 보살피는 것이 중요시됐다. 그러자면 상담도 많이 해야 했고 나도 당연히 그런 목회자상을 따라야 한다고 생각했다.

그러던 어느 날 엘머 타운스Elmer Towns의《미국의 초고속 성장 교회들》 America's Fastest Growing Churches이라는 책을 읽게 됐다. 그 책에서 타운스는 목회자라면 더 많은 사람에게 다가가고 교회를 탁월하게 이끄는 것이 중요하다고 했다. 나는 그 책을 도저히 손에서 내려놓을 수가 없었다. 책에 실린 사례들을 읽자니 가슴이 벅차올랐다.

책을 다 읽고 나서 책에 소개된 목회자를 일일이 찾아가서 만나고 싶어졌다. 하지만 그들은 나라는 사람을 전혀 몰랐다. 그런데 굳이 시간을 내서 나를 만나 줄 이유가 있을까? 그때 문득 미리 연락해서 사례금으로 100달러를 드릴 테니 30분만 시간을 내달라고 부탁해 보자는 생각이 들었다. 1971년 당시 나는 1년에 겨우 4,200달러를 벌었다. 하지만 나는 그들이 큰 성공을 거둔 비결이 알고 싶어서 미칠 지경이었다. 열 명 중 두 명이 나의 부탁을 받아들였을 때 얼마나 기뻤는지 모른다.

그들과 만나기로 약속한 순간부터 나는 그들에게 질문하고 싶은 내용을 적어 내려갔다. 무려 백지 다섯 쪽을 꽉 채울 정도였다. 기대감에 부푼 나는 그들을 만나 최대한 많은 질문을 던졌다. 물론 적어 간 내용을 다 물어보지는 못했지만, 그날 이후 내 삶과 목회 생활에 획기적인 변화가 일어났다. 가장 큰 소득은 그들이 교인들을 상담하는 데 전혀 시간을 쓰지 않는다는 사실을 알게 된 것이다. 그들은 상담하는 대신 사람들을 '강화'하는 데 총력을 기울였다.

처음에는 언뜻 이해가 되지 않아서 설명을 부탁했다. 쉽게 설명하면 상담은 사람들이 약점을 극복하도록 돕는 것이고, 강화는 강점을 계발하도록 돕는 것이다. 그 말을 듣는 순간, 머릿속 전구에 불이 들어오기 시작했다! 그들은 사람들이 약점을 보완할 때보다 강점에 집중할 때 잠재력을 훨씬 더 발현한다고 했다. 그 말을 듣자 정신이 번쩍 들었다.

그들은 그저 양 떼를 돌보는 것에 만족하는 목자가 아니었다. 목장을 운영하는 목장주였다. 그들에게는 비전을 품고 미개척지에서 새로운 것을 창조하는 개척자 정신이 있었다. 그들은 사람들을 훈련하고 발전시키면서 개인적 차원을 넘어 공동체에 참여하도록 초청하고 있었다. 그들과 함께 교회를 성장시키고, 더 많은 사람에게 다가가고, 변화를 일으키고 있었다.

그날 난생처음으로 '자각'이 역량을 발현하는 데 꼭 필요하다는 사실을 깨달았다. 내가 인도하는 사람들이 인생을 훨씬 잘 살 수 있도록 돕는 유일한 방법은 약점보다 강점에 더 집중하게 하는 것이었다. 내가 개인으로서 또 리더로서 역량을 발현할 유일한 방법도 '나'의 강점을 갈고닦는 것이었다. 이런 사실을 깨닫고 모든 것에 임하는 태도가 달라지자 내가 사람들을 상담하는 것보다 강화하는 데 훨씬 더 소질이 있음을 알게 됐다.

자각의 중요성을 알기 전에는 나 자신을 교인들이 필요로 하는 것을 챙기는 목자로 생각했다. 하지만 그 이후부터 나의 본분과 역할을 달리 보게 됐다. 다시 말해 교인들을 이끌고 성장시키는 목장주가 됐다. 내가 이 이야기를 사람들한테 하면, "그 두 분과 면담하면서 얻은 가장 중요한 것은 무엇입니까?" 하는 질문을 많이 받았다. 내 대답은 '자각'이다. 지금도 '만약 그 두 분을 만나지 못했다면 내가 얼마나 오랫동안 사람들을 상담만 했을까?' 하는 생각을 한다. 그 답을 알 수는 없지만, 한 가지만큼은 분명하다. 누구나 자신의 역량을 효과적으로 발현할 방법을 자각하려면 다른 사람의 도움이 필요하다는 것이다.

나는 당신이 자신을 더 잘 알도록 돕고 싶다. 아마 '항상 하던 대로 하면 항상 똑같은 결과만 나온다'는 말을 들어 본 적 있을 것이다. 나는 당신이 새로운 도전을 할 수 있도록, 그래서 새로운 곳에 가 닿을 수 있도록 돕고 싶다.

제1장
·············

우리 앞을 가로막고
있는 것들

나는 줄곧 역량에 관심이 많았다. 그것이 역량인지도 몰랐을 것 같은 어린 시절부터 그랬다. 나는 유년기에《넌 할 수 있어, 꼬마 기관차》라는 동화책을 가장 좋아했다. 꼬맹이 때는 어머니가 그 책을 자주 읽어주셨다. 혼자서도 읽을 수 있게 되자 수없이 많이 책장에서 빼서 읽었다. 가족들 앞에서 그 책 내용으로 연극도 했다. 나는 꼬마 기관차가 자신에 대한 믿음으로 산을 넘는 것이 좋았다. 꼬마 기관차는 자신을 한계까지 밀어붙였기 때문에 역량이 커졌다.

어릴 때 아버지가 들려주신 예화가 기억난다. 노인이 길을 가다 낚시하는 소년을 보고 가까이 다가갔다. 작은 물고기를 두 마리나 잡은 소년은 노인이 다가가는 동안 커다란 농어 한 마리를 낚아 올렸다.

"고것 참 실하구만!"

노인이 감탄하는 사이 소년은 낚싯바늘에서 고기를 빼냈다. 그러고는 다시 물속으로 던지는 게 아닌가. 노인이 놀라서 외쳤다.

"뭐하는 거냐? 월척을 낚았는데!"

"그러면 뭐해요? 프라이팬이 조그마한데요."

들을 때마다 웃음이 나왔던 이 이야기 덕분에 나는 사람의 생각이 한계를 만들 수 있다는 사실을 깨달았다. 학교에서 선생님에게 들은 세 소년의 이야기도 생생히 기억난다. 그들은 학교에 갈 때마다 높은 담장을 지났는데 그 담장 뒤에 무엇이 있는지 궁금해했다. 그러던 어느 날, 한 소년이 호기심을 이기지 못하고 "직접 확인해 보자!"며 담장 너머로 모자를 휙 날려 버렸다. 그러고는 "어휴, 모자가 저리로 날아갔으니 이제 별수 없이 넘어가 봐야겠네." 하고 말했다.

친구가 담장을 오르기 시작하자 나머지 아이들도 담장 너머로 모자를 던지고 같이 오르기 시작했다. 뒤처지고 싶지 않았기 때문이다. 그 너머에 무엇이 있는지 전해 듣는 게 아니라 두 눈으로 직접 보고 싶었던 것이다. 그 이야기를 들으면서 '나였어도 담장 너머로 모자를 던졌을 거야'라고 생각했던 게 아직도 기억난다.

나는 새로운 곳에 가고 싶었고, 새로운 것을 발견하고 싶었고, 내가 할 수 있다고 생각하는 것 이상을 하도록 나 자신을 밀어붙이고 싶었다. 지금도 마찬가지다. 그런 욕망을 실현하려면 때로는 대담한 도전이 필요하다. 그 이야기를 처음 들은 이후 지금까지도 정신의 담장 너머로 모자를 던지고 성장을 위한 발견에 적극 도전했다. 오늘 나는 당신도 담장 너머로 모자를 날리기를 청한다.

무엇을 어떻게 자각해야 할까

내가 이 책을 쓰는 이유는 당신이 씩씩한 꼬마 기관차가 되도록 도와주기 위해서다. 나는 당신이 스스로를 억누르고 잠재력을 제한하는 모자나 마개를 날려 버릴 수 있도록 기운과 의욕을 불어넣고 싶다. 당신이 조그만 프라이팬 같은 사고방식에서 벗어나 생각과 능력을 키울 수 있게 돕고 싶다. 당신이 역량 도전을 받아들이고 인생을 변화시켰으면 좋겠다. 그 시작은 다음과 같은 진실을 자각하는 것이다.

1. 당신의 역량은 정해져 있지 않다

당신은 아마 현재 경험하고 있는 것보다 더 많은 것을 누리고 싶을 것이다. 어쩌면 원하는 것을 전부 성공시키지 못했을 수도 있다. 자신의 발전 속도가 썩 만족스럽지 않을지도 모른다. 당신도 나와 같다면 더 많은 것을 성취하고 싶을 것이다. 나는 일흔을 바라보는 나이에도 만족을 모른다. 계속 성장하며 변화를 일으키고 싶다.

무엇이 당신을 방해하고 제한하는가? 그것이 무엇인지 알고 있는가? 만일 당신을 제한하는 것이 무엇인지 모르고 있다면 어떻게 그것을 없앨 수 있겠는가? '꼭 끝내야 할 일이 있으면 바쁜 사람에게 맡겨라'라는 말이 있다. 언뜻 들으면 무슨 말도 안 되는 소리인가 싶겠지만, 사실이 그렇다. 보통 많은 일을 완수할 수 있는 사람은 더 많은 업무가 부여돼도 생산성이 유지된다. 왜 그럴까? 타고나는 역량에 차이가 있기 때문일까?

사람들은 흔히 자신의 역량이 정해져 있다고 생각한다. 누구는 역량이 뛰어나고 누구는 역량이 부족하다는 말을 들으면 그대로 받아들인다. 당신은 자신의 역량을 대, 중, 소로 평가해 본 적이 있는가? 아직 '내 역량은 이 정도 수준이야' 하는 딱지까지 붙이지는 않았을 것이다. 어쩌면 '내게는 이 정도가 가능한 선이다' 싶은 수준에 안주하고 있을지도 모르겠다.

바로 그게 문제다.

'역량'이라는 말을 들으면 한계와 동의어라고 지레짐작하는 사람이 얼마나 많은지 모른다. 그들은 자신의 역량이 정해져 있다고 단정한다. 특히 일정한 나이를 넘어서면 그런 생각은 더욱 심해진다. 그들은 역량이나 잠재력 키우기를 단념하고 자신의 수준이라고 믿는 정도만 유지하기에 급급해한다. 사회운동가 로베르토 베르졸라 Roberto Verzola 는 특히 경제학자들이 이처럼 한계를 짓는 사고방식으로 악명이 높은데 그들의 더 큰 문제는 남들도 그런 사고방식을 받아들이도록 설득하는 데 있다는 것이다. 베르졸라는 이렇게 말했다.

경제학에서 가장 근본적인 가정은 희소성이다. 이는 결과적으로 풍요를 가정하지 못하게 한다. 그래서 주류 경제학자들은 대부분 풍요를 다룰 준비가 되어 있지 않다. 그들에게는 풍요를 설명하는 개념이 거의 없다. 풍요를 설명하는 공식 또한 전혀 없다. 풍요에 직면했을 때 그들은 희소성에 근거한 부적절한 이론에 의지한다.[1]

바꿔 말하면 그들은 한계에 중점을 두고 세상을 규정한다. 인간을 규정할 때도 한계에 중점을 둔다. 이는 너무나 협소한 시각이다. 우리는 한계가 아니라 가능성에 중점을 두고 세상과 자기 자신을 규정할 필요가 있다. 나는 사람들이 성장하고 역량과 잠재력을 키울 수 있다고 100퍼센트 확신하지만, 우리 모두 역량에 마개가 끼워져 있다는 안타까운 사실도 잘 알고 있다.

하지만 대부분은 그렇지 않다. 언제든 뽑아 낼 수 있는 마개 때문에 우리 인생이 확장되지 못하는 불상사는 없어야 한다. 마개가 우리의 잠재력을 규정하도록 내버려 둬서는 안 된다. 그 마개 너머에 있는 역량의 진면목을 볼 때 우리는 비로소 마개를 날려 버리고 역량을 키울 수 있다. 연재만화《피너츠》를 그린 찰스 슐츠Charles Schulz는 "인생이란 10단 기어 자전거와 같다. 대부분의 사람은 그중에서 평생 한 번도 사용하지 않는 기어가 있다."고 했다. 다시 말해 대부분의 사람에게는 사용하지 않는 역량이 있다. 우리에게는 아직 자각조차 하지 못한 역량도 있다. 하지만 이제 우리는 그 역량을 사용하고 키울 것이다.

2. 당신 안의 발전 가능성을 자각한다

성장이 지속되려면 반드시 자각이 필요하다. 자각하지 못한 사람은 유감스럽게도 자신이 자각을 했는지 안 했는지를 알지 못한다. 그것이 맹점이다. 자신이 무엇을 모르는지 그리고 무엇을 보지 못하는지 전혀 깨닫지 못한다. 나는 나 자신을 알아 가는 여정이 비교적 평탄했지만 오랜 시간이 걸렸다. 그 길의 출발점에는 내가 자각할 수 있도록 도와준 사람들이 있었다. 그들은 스스로 자각한 사람들이기에 내가 눈을 뜨도록 도와줄 수 있었다. 그렇게 눈을 뜨자 나 자신을 더 자세히 알고 싶다는 갈증이 생겼다. 내가 또 무엇을 놓치고 있는지, 무엇을 모르는지 궁금해지기 시작했다.

이번 장에는 그 길에서 내가 밟은 여정이 담겨 있다. 그렇다고 내가 종착점에 이르렀다고 생각하는 것은 아니다. 지금은 나 자신한테 '내가 무엇을 놓치고 있는가?'라고 묻는다. 나의 경험담이 도움이 되어 당신이 자신을 더 잘 알게 되었으면 좋겠다. 그래야만 당신의 역량을 발현할 수 있기 때문이다. 자신을 아는 자기 인식은 강력한 기술이다. 우리는 자기 인식을 통해 자신을 또렷하게 볼 수 있다. 자기 인식을 통해 의사 결정에 필요한 정보를 얻고, 자기 인식에 힘입어 우리에게 주어진 기회의 가치를 따져 볼 수 있다.

자기 인식이 있으면 자신의 한계를 시험할 수 있다. 아울러 타인도 이해할 수 있으며 타인과 더욱 공고한 협력 관계를 맺을 수 있다. 자신의 강점을 극대화하고 약점을 최소화할 수 있다. 자기 인식이 있으면 역량을 키울 수 있는 길이 열린다. 당신 안에 있는 가능성을 더 깊이 자각하고자 할 때 고려해야 할 것이 몇 가지 있다.

집중 : 내가 알아야 할 것을 탐색한다

《함께 승리하는 리더》에서 나는 우리가 어떤 사람이냐에 따라 타인을 보는 방식이 달라진다는 '렌즈의 법칙'을 소개했다. 나는 그 책에서 우리의 관점이 세계, 타인, 인생을 보는 견해를 어떻게 물들이는지 중점적으로 이야기했다. 사람들은 자신도 모르게 늘 보던 대로 사물을 보는 경향이 있다. 역량을 키우고 싶다면 보는 눈이 달라져야 한다. 자신과 세상을 새롭게 보겠다고 마음먹어야 한다. 자신이 알아야 할 것을 탐색하는 데 집중해야 한다.

자각 : 내가 알아야 할 것을 발견한다

일반적으로 사람들이 역량을 발현하지 못하는 이유는 그러고 싶은 마음이 없어서가 아니라 자각이 없기 때문이다. 유감스럽게도 자기 인식이란 하늘에서 뚝 떨어지지 않는다. 더군다나 자신을 제대로 알지 못하도록 가로막고 방해하는 요인이 한둘이 아니다. 예를 들면 이렇다.

- 자신의 잘못을 인정하지 않는 변명
- 현실과 동떨어진 성공에 대한 환상
- 내 말만 하고 남의 말은 듣지 않는 습관
- 해결되지 않고 남아 있는 부정적 감정
- 습관적으로 자기 자신에게서 눈을 돌리는 태도
- 부족한 자기 성찰
- 경험을 얻기 위해 마땅히 치러야 할 대가를 치르지 않으려는 회피

자기 인식을 체득한 사람은 대부분 현재의 경지에 이르기까지 이런 방해 요인과 씨름하고 혼신의 힘으로 노력했다. 자신에게서 몰랐던 부분을 발견하고 싶다면 먼저 그렇게 하고 싶다는 욕구가 있어야한다. 자신을 직시하고 경험을 성찰하려면 극기력이 있어야 한다. 남들에게 자신의 맹점을 볼 수 있도록 도와 달라고 부탁하려면 성숙해야 한다. 자신에 대해 알려면 나보다 나를 더 또렷하게 볼 수 있는 사

람의 도움이 필요하다. 나는 자기 인식이 없는 사람을 도와줄 때 다음과 같은 과정을 따랐다.

- 관계 : 먼저 그들과 관계를 형성함으로써 그들이 소중한 존재이고 내가 그들을 돕고자 한다는 진심을 알린다. 그러면 그들은 나를 신뢰하고 마음을 놓는다.
- 노출 : 관계의 기초를 다진 후에는 그들이 자기 인식의 중요성을 깨닫게 돕는다. 그들은 자기 인식을 우선시하지 않으면 인생에서 제자리만 빙빙 돌고 앞으로 나아갈 수 없다는 사실을 알아야 한다. 반대로 그들이 자신을 더욱 또렷하게 보는 법을 터득하고, 자신의 역량을 인지하기 시작하면 역량을 키우고 잠재력을 발현하기 위한 길이 열린다. 그때부터 나는 그들이 자신의 강점과 약점을 볼 수 있도록 격려를 아끼지 않는다.
- 경험 : 대체로 자기 인식을 키우려면 먼저 다른 누군가가 그 길을 보여 줘야 한다. 내 경험에 비춰 볼 때 가장 좋은 방법은 그들을 적절한 상황으로 밀어 넣는 것이다. 그들이 좋든 싫든 자신의 약점을 인정하고, 강점을 활용하며, 다른 리더들에게서 배우고, 자신의 경험을 돌아볼 수밖에 없는 상황을 말한다. 만일 내가 그들의 리더라면 나는 책임지고 그런 환경과 분위기를 조성할 것이다.
- 질문 : 질문을 하면 그들이 나의 취지를 정확하게 이해했는지, 자기 자신을 얼마나 잘 알아 가고 있는지 확인하는 데 도움이 된다.
- 평가 : 자각을 키우는 과정에서 가장 중요한 단계는 결과를 평가하는 것이다. 자신을 알아 가려면 오랜 시간에 걸쳐 반복이 필요하다.

멘토나 리더의 진솔한 피드백을 듣고 그것을 받아들일 때마다 그 사람은 중요한 발전을 이루게 된다.

- 반복 : 마지막으로 강조하고 싶은 것은 이런 과정이 한 번으로 끝나서는 안 된다는 것이다. 자각하지 못하는 사람을 도우려면 반복해서 가르쳐야 한다.

당신도 이런 과정을 통해 자각하지 못하는 사람이 자신을 알아 가도록 도울 수 있다. 그런데 혹시 당신이 자각하지 못하는 사람이라면? 그렇다면 믿을 만한 친구, 동료, 멘토, 가족 등 당신을 도와주고, 이끌어 주고, 지속적으로 진솔한 피드백을 줄 수 있는 사람을 찾아야 한다.

분별 : 내가 해야 할 것에 집중한다

자기 자신을 알아 가는 과정에서 어디에 집중할 것인지 분별해야 한다. 모든 것을 다 할 수는 없기 때문이다. 옛말에 '두 마리 토끼를 잡으려다 둘 다 놓친다'고 했다. 먼저 자신의 강점에 집중해야 한다. 어쩌면 당신도 이미 알고 있을지도 모르겠다. 약점에 집중하면 기껏해야 평균밖에 안 된다. 그래 봤자 누가 써주지도 않는다. 성공하는 사람들은 겨우 평균 정도의 성과를 내라고 직원을 채용하지 않는다.

성공하는 사람들은 탁월한 능력을 원한다. 탁월한 능력은 강점에 집중할 때 생긴다. 당신이 잘하는 게 무엇이든 그것을 더 잘하기 위해 힘쓰자. 그것이 역량을 키우는 최선의 길이다. 앞으로 우리는 모든 사람이 보유하고 있는 핵심 역량에는 어떤 종류가 있고 어떻게 하면 핵심 역량을 키울 수 있는지 알아볼 것이다.

의도 : 현실을 자각하고 역량에 도전해야 성장할 수 있다

《의도적인 삶》Intentional Living에서 나는 좋은 의도를 품는 것과 의도적으로 사는 것의 결정적인 차이점을 이야기했다. 좋은 의도를 품고만 있으면 기분은 좋아질지 모르나 결과적으로 자신이나 타인에게 긍정적인 변화가 생기지 않는다. 관건은 실천이다. 배운 것을 행동으로 옮길 때 비로소 변화가 일어난다. 나는 20대 때 세상에 변화를 일으키려면 의도적으로 성장에 매진해야 한다는 사실을 깨달았다. 그래서 책상 앞에 앉아서 '시시한 사람'이라는 글을 썼다.

> 아아, 슬프도다. 사람이 현재의 삶에, 현재의 생각에, 현재의 행동에 만족해 영혼의 문을 두드리기를 영영 그치고, 하나님과 인류를 위해 더 큰 일을 하겠다는 열망이 사그라지는 날이여.

내가 이 글을 쓴 이유는 절대로 시시한 사람이 되고 싶지 않았기 때문이다. 그 누구도 그런 삶을 원하지 않겠지만 때로는 누구라도 시시함의 덫에 빠질 수 있다. 우리 안에는 역량에 도전하지 못하도록 자꾸만 아래로 끌어당기려는 힘이 존재한다. 그런 타성을 반드시 이겨내야만 하는데 그때 다시 일어서는 힘이 필요하다. 당신이 어떻게든 삶을 개선하기 위해 다시 일어서려면, 먼저 현재 잠재력 이하로 살고 있다는 사실을 자각해야 한다. 지금 아무리 생산적이고 성공적인 삶을 살고 있어도 여전히 당신에게는 개선의 여지가 있다. 역량을 키울 여지가 있다. 당신 안에는 지금까지 한 번도 사용하지 않은 역량과 잠재력이 많이 있다. 당신이 잠재력을 더 키우겠다고 마음만 먹으면 그리고 다시 일어서겠다는 결심만 한다면 그 길은 얼마든지 열린다.

3. 마개의 정체를 자각해야 그 마개를 뽑을 수 있다

역량을 키우기 위한 다음 단계는 당신을 막고 있는 마개를 뽑아 버리는 것이다. 혹시 예전에 코끼리를 어떻게 길들였는지 들어 본 적이 있는가? 가느다란 밧줄 하나로 코끼리를 꼼짝 못하게 할 수 있었다. 수컷 아시아코끼리 성체의 어깨 높이가 3미터나 되고 몸무게가 4톤 정도 나간다는 사실을 알면 설마 싶을 것이다.

코끼리가 어려서 몸무게가 몇 백 킬로그램밖에 안 될 때 다리에 사슬을 감아서 땅속 깊숙이 박힌 말뚝이나 나무에 묶어 놓는다. 코끼리는 멀리 가려 하지만 사슬을 끊을 수 없다는 현실을 깨달으면 스스로 한계를 정한다. 그러면 사슬이 아니라 밧줄처럼 쉽게 끊을 수 있는 것으로 묶어 놔도 코끼리는 그 밧줄이 자신보다 강하다고 믿어 버린다. 사람도 코끼리와 같다. 우리는 과거에 경험했던 제약이 영원하다고 믿는 경우가 비일비재하다. 혹은 실제로 존재하지 않는 한계에 얽매여 진정 열망하는 길을 떠나지 못한다. 이런 것들이 모두 끊어 버려야 할 사슬이다.

그런데 자각이 모든 것을 바꾼다. 우리의 '한계' 중 많은 것이 헛것임을 자각하는 순간부터 그 한계를 극복해 나갈 수 있다. 마개를 뽑아 버리고 성장으로 가는 길을 트게 된다. 여기에 대해서는 앞으로 더 자세히 알아볼 것이다.

《안 깨졌으면 깨버리면 되지!》If It Ain't Broke ... Break It!에서 로버트 크리겔Robert Kriegel과 루이스 패틀러Louis Patler 는 "사람의 한계란 절대 알

수 없다. 세상의 어떤 검사, 스톱워치, 결승선으로도 인간의 잠재력을 측정하지 못한다. 꿈을 좇는 사람은 한계로 보이는 벽을 훌쩍 뛰어넘어 버린다. 우리 안에 존재하는 잠재력은 한계가 없고 많은 부분이 아직 사용되지 않은 채 남아 있다."라고 말했다.[2] 그 시작은 당신을 제약하는 마개의 정체를 자각하는 것이다.

4. 당신은 이미 보유하고 있는 역량을 계발할 수 있다

사람은 누구나 타고난 재능에 바탕을 둔 역량이 있다. 개중에는 교향악 연주자, 프로 운동선수, 위대한 화가에게서 보듯이 특정한 능력을 요구하는 역량도 있다. 반대로 다양한 능력에 의존하는 보편적인 역량도 있다. 이 책에서는 보편적인 역량 중 일곱 가지를 살펴보겠다.

- 에너지 역량 : 앞으로 밀고 나가는 능력
- 정서 역량 : 감정을 다스리는 능력
- 사고 역량 : 효율적으로 생각하는 능력
- 대인 역량 : 인간관계를 형성하는 능력
- 창조 역량 : 다양한 선택안 중에서 답을 찾는 능력
- 생산 역량 : 결과를 달성하는 능력
- 리더십 역량 : 사람들을 격려하고 인도하는 능력

각 영역에서 소질을 극대화해서 역량을 키우는 방법을 알아보자.

5. 당신은 선택을 통해 가능성을 극대화할 수 있다

그런가 하면 선택이 중요하게 작용하는 역량도 있다. 물론 재능이 전혀 상관없다는 말은 아니지만 앞서 말한 영역보다는 재능이 덜 중요하다. 나는 당신이 어떤 선택을 해야 역량을 키울 수 있는지 파악할 수 있도록 도와주고 싶다.

- **책임 역량** : 내 인생은 내가 책임지겠다는 선택
- **성품 역량** : 좋은 가치관에 입각한 선택
- **풍요 역량** : 세상에는 충분한 것 이상의 자원이 있다고 믿겠다는 선택
- **극기 역량** : 현재에 집중하고 끝까지 해내겠다는 선택
- **의도 역량** : 의도적으로 의미를 추구하겠다는 선택
- **태도 역량** : 어떤 상황에서도 긍정성을 견지하겠다는 선택
- **위험 역량** : 안락 지대를 벗어나겠다는 선택
- **믿음 역량** : 신앙을 공고히 하겠다는 선택
- **성장 역량** : 얼마나 멀리까지 갈 수 있느냐에 집중하겠다는 선택
- **협력 역량** : 다른 이들과 힘을 모으겠다는 선택

이상의 영역에서 역량을 키우는 방법 역시 차차 알아볼 것이다. 역량을 계발하면서 선택을 극대화하면 잠재력을 발현하는 과정에서 가속도가 붙는다. 하지만 가속도는 한 번 민다고 바로 생기지 않는다. 가속도는 꾸준히 여러 번 밀 때 생긴다.

스스로 만든 한계를 뛰어넘고 얼마나 멀리까지 갈 것인가

얼마 전 우연한 기회에 제시 이츨러Jesse Itzler의 이야기를 들었다. 많은 사람이 스스로 짊어지는 한계에 대한 이야기였다. 이츨러는 래퍼로 시작해 사업가로 변신, 마키스 젯Marquis Jet을 공동 설립하고 이후 NBA 애틀랜타 호크스의 공동 구단주 중 한 명이 된 인물이다. 다재다능한 그는 울트라마라톤도 즐긴다. 이츨러는 울트라마라톤에서 교대해 가며 뛰어도 녹초가 되는데 혈혈단신으로 참가한 사람을 봤다고 한다. 나중에 알고 보니 그는 해군 특수부대 네이비 실Navy SEALs(미국 해군 소속의 특수 임무부대의 명칭―옮긴이) 대원이었다.

이츨러는 그에게 함께 지내면서 경험에서 우러나는 지혜를 전수해 줄 수 없는지 물었다. 그에게 훈련도 받고 싶다고 했다. 그는 이츨러의 부탁을 받아들였는데, 이츨러가 자신의 지시를 모두 따르고 절대 그의 실명을 쓰지 않는다는 조건을 요구했다. 《네이비 실 동고동락 일기》Living with a SEAL에서 이츨러는 '실'(책에서 그를 이렇게 불렀다)이 약속 시간에 정확히 맞춰 맨해튼에 있는 그의 아파트에 나타났다고 했다. 한겨울에 반바지와 티셔츠만 걸치고 운동화를 신은 채 말이다. 그런데도 실은 태연하기만 했다.

실은 31일 동안 이츨러를 육체적, 정신적으로 압박했다. 그들은 하루에 2~4회씩 훈련했다. 동트기 전에 일어나 센트럴파크를 달리는가 하면 실이 예고도 없이 불쑥 집무실로 찾아와 한 시간 동안 고된 운동을 시키기도 했다. 한밤중에 눈길과 빙판을 수십 킬로미터씩 달리기도 했다. 얼음이 꽁꽁 언 호수로 가서 구멍을 내고 물속에 풍덩 뛰어들었다가 저체온증에 걸릴까 봐 집까지 전력 질주해 가기도 했다. 실은 "자신을 한계까지 밀어붙이려면 한계까지 훈련해야 합니다."라고 말했다.[3]

함께 한 달간 지내면서 이틀러가 자신의 멘토에 대해 알아낸 내용은 손에 꼽을 만큼 많은 부분이 베일에 싸여 있었다. 이틀러는 실이 일부러 음식을 많이 먹지 않는다는 것을 알았다. 실은 "난 잠들 때 배가 고픈 게 좋아요. 그래야 일어났을 때 배가 고프거든요. 인생에서 중요한 건 자신의 안락 지대를 벗어나는 겁니다."라고 말했다.[4] 그는 영하의 날씨에 바깥에서 바지와 얇은 티셔츠만 입고 잠을 자기도 했다. "자신을 계속 밀어붙이지 않으면 자신이 어떤 사람인지 알 수 없습니다."라고 말하면서 말이다.[5] 하지만 이틀러에게 가장 큰 교훈을 준 것은 실이 참가했던 또 다른 마라톤에 대한 이야기가 아닐까 싶다. 이틀러는 이렇게 말했다.

> 실은 24시간과 48시간 달리기 중 하나를 선택해야 하는 마라톤에 참가한 적이 있다고 했다. 충격적인 사실은 그가 48시간을 지원했다는 것이다. 23시간쯤 지나자 약 200킬로미터를 주파했는데, 대퇴사두근이 파열되고 말았다. 그는 주최 측에 24시간 달리기로 변경할 수 있는지 물어봤다. 주최 측에서 불가능하다고 하자 그는 "네, 알겠습니다!"라고 말하고는 테이프를 달라해서 대퇴사두근을 칭칭 감았다. 그렇게 근육이 파열된 상태로 남은 24시간을 절뚝절뚝 걸어서 48시간을 완주했다.

이 사건을 두고 실은 "우리가 더 이상은 안 된다고 생각할 때 사실 우리 몸은 기량의 40퍼센트밖에 발휘하지 않은 상태입니다. 우리가 스스로 한계를 만드는 거죠."라는 인상적인 말을 남겼다.[6] 특별 훈련이 막바지에 이르렀을 때 이틀러는 그동안 무엇을 배웠고 자신이 어떻게 달라졌는지 생각해 봤다.

처음 우리 집에 왔을 때 실은 내게 정신을 다스릴 줄 알아야 한다고 말했다. 그때는 그냥 지나가는 말인 줄 알았지만, 이제 와서 보니 그 말에 내가 생각했던 것보다 더 큰 진리가 들어 있었다. 우리의 정신은 종종 우리에 대해 작은 거짓말을 하고, 우리는 그 거짓말을 진실로 믿는다. 그래서 '이건 못해', '저건 안 돼'라고 생각한다. 하지만 사실은 그렇지 않다. (중략) 나는 실을 본다. (중략) 그는 그저 내일 더 나은 사람이 되기만 바랄 뿐이다. 이제는 나의 바람도 마찬가지다.[7]

그것은 이틀러에게 좋은 목표였다. 내게도 좋은 목표다. 그리고 당신에게도 역시 좋은 목표다. 이 여정을 시작하는 시점에서 당신은 자신에게 아직 역량의 40퍼센트밖에 발휘하지 않았다고 말해도 좋을 것 같다. 만약 당신의 역량이 지금까지 생각했던 수준보다 최소 60퍼센트는 더 남아 있다고 가정한다면 어떻게 될까? 꼭 네이비 실이 아니더라도 당신 안에는 아직 한 번도 사용하지 않은 역량이 많이 남아 있다. 만약 그게 60퍼센트가 아니라면? 겨우 40퍼센트, 25퍼센트 혹은 고작 10퍼센트밖에 안 된다면? 그래도 당신의 인생이 달라지지 않겠는가?

당신 안에 더 많은 가능성이 있다고 믿고, 그것을 쓰기 위해 노력하는 것이야말로 한계 없는 삶을 받아들이기 위한 첫걸음이 될 수도 있다.

당신이 앞으로 나아가지 못하는 이유

역량 도전을 받아들일 준비가 되었는가? 당신은 분명 역량을 키우고 더 많은 것을 이룰 수 있기를 열망할 것이다. 아마도 잠재력을 증대할 수 있다는 생각에 매료되어 있을 것이다. 그런데 혹시 여전히 의구심이 남아 있는가? 그렇다면 무료 역량 검사를 통해 당신의 현주소를 알아보면 좋을 것이다. 그럴 의향이 있다면 잠시 책 읽는 것을 멈추고 www.CapacityQuiz.com에서 검사를 받아 보자. 이 장의 나머지 부분은 나중에 읽어도 된다. 하지만 당신의 역량에는 '나중'이 없다. 역량 도전을 받아들이는 것보다 현상을 유지하는 것이 더 쉽긴 하다. 굳이 잠재력을 키우겠다며 고생하지 않아도 될 이유는 얼마든지 찾을 수 있다. 하지만 그런 유혹에 넘어가면 안 된다.

나는 어릴 때 외증조할아버지로부터 잘 아는 사이였던 헨리 포드에 대한 이야기를 많이 들었다. 포드는 1890년대 중반에 자전거 부품과 내연기관으로 생애 첫 차를 만들기 시작했다. 그의 작업실은 아내와 함께 세 들어 살았던 집 뒤편의 창고였다. 그는 사람들의 이동 수단이 달라질 거라고 믿었다. 물론 그에게 의구심을 표하고 헛된 꿈을 꾸고 있다고 생각하는 사람도 많았다. 설사 자동으로 움직이는 차를 만들어도 어차피 도로가 많지 않으니 단념하라며 타이르는 사람도 있었다. 하지만 포드는 흔들리지 않았다.

1896년에 그는 프로젝트를 완료해 '사륜차'라는 이름을 붙였다. 하지만 제작 과정에서 작은 착오가 있었다. 차가 너무 커서 작업실 문을 빠져나가지 못했던 것이다. 그래서 어떻게 했을까? 차를 밖으로 끌고 나가기 위해 벽돌 벽을 허물어 버렸다. 문의 역량이 부족하다고 그의 역량에까지 한계가 생기는 것을 허용하지 않았다. 알다시피 포드는 1903년에 포드자동차를 설립해 누구나 자동차를 탈 수 있는 새로운 시대를 열었다.

인생을 개선하겠다면서 한계를 없애지도, 역량을 키우지도 않는 것은 작은 창고에서 차를 만들고 차가 밖으로 나가지 못하는데도 벽을 허물지 않는 것과 같다. 좁은 곳에 갇혀 있는 역량은 아무 데도 가지 못한다. 한계를 없애라. 그리하면 새로운 세상이 열릴 것이다.

역량 자각을 위한 질문

❶ 이번 장에서 열거한 능력과 선택의 유형 중 어떤 역량을 더 키우고 높은 수준으로 이끌고 싶은가?

❷ 그 유형의 역량을 키운다면 당신의 삶이 어떻게 달라질까? 그런 삶이 어떤 모습이고 어떤 느낌일지 묘사해 보자.

❸ 자신을 더 잘 알기 위해 어떤 전략을 쓸 것인가? 당신은 누구한테 배울 것이며 누구에게 변화하고 성장할 수 있도록 도와 달라고 부탁하겠는가?

제2장

우리의 가능성을 제한하는
마개를 어떻게 없앨까

라이프 코치와 강연가를 훈련하고 자격증을 수여하는 존 맥스웰팀John Maxwell Team 행사에서 몇 년 전에 닉 부이치치Nick Vujicic라는 멋진 사람을 만났다. 그는 존 맥스웰팀의 폴 마티넬리Paul Martinelli 대표가 초청한 연사였다. 부이치치는 영감과 감동을 주는 사람이다. 마음가짐도 훌륭하고 유머 감각이 출중하며, 항상 온정이 넘친다. 이제 겨우 30대 초반인데도 다섯 권의 책을 출간하고, 두 편의 영화와 한 편의 뮤직비디오를 제작, 〈오프라 윈프리 쇼〉에 출연했으며 지금까지 전 세계에서 수억 명에게 강연했다. 그의 강연장은 언제나 청중으로 인산인해를 이룬다.

그래도 별다른 감흥을 느낄 수 없는가? 부이치치가 팔과 다리가 없다는 사실을 알고 나서도 과연 그럴 수 있을까? 부이치치는 사지가 없이 태어나 힘겹게 성장기를 보냈다. 따돌림과 괴롭힘을 당하며 외롭게 지냈다. 겨우 여덟 살 때 자살을 생각했을 정도였다. 하지만 그는 그런 어려움을 꿋꿋이 견뎌 냈다. 믿음, 부모님의 사랑, 세상에 변화를 일으키겠다는 열망이 그에게 큰 힘이 됐다. 그는 자신이 신체적 한계에 얽매이는 것을 허용하지 않았다. 그는 자신에게 주어진 모든 것을 최대한으로 활용했다. 《닉 부이치치의 허그》에서 그는 이렇게 말했다.

> 어린 시절에 시각과 청각을 모두 잃었지만 장애를 딛고 저명한 활동가이자 저술가가 된 헬렌 켈러는 "안전한 삶은 현실적으로 존재하지 않는다. …… 인생은 위험을 무릅쓰거나 아무것도 하지 않거나 둘 중 하나다."라고 말했다. 위험은 삶의 일부가 아니라 삶 그 자체다. 인생이란 안전지대와 꿈 사이의 공간을 가리킨다. 대단히 불안한 구역이지만 자신의 실체가 드러나는 자리이기도 하다. 가족들과 함께 고공 줄타기를 하는 것으로 유명한 칼 월렌더Karl Wallenda는 이렇게 말했다. "팽팽한 줄 위에 서 있을 때만 살아 있음을 실감합니다. 나머지는 그저 그 순간을 기다리는 작업일 따름입니다."[1]

부이치치는 청중에게 강연으로 동기부여를 하는 연사가 되고자 했지만 아무런 경험도 없고 내세울 만한 것도 없었기에 아무도 불러 주지 않았다. 그는 직접 여러 학교에 전화를 걸어 따돌림, 원대한 꿈, 불굴의 의지에 대한 강연을 제안했지만 52번이나 거절당했다. 그런데 53번째 학교에서 그의 제안을 받아들였고 강연료로 50달러를 제시했다. 그는 신이 났지만 학교까지 가는 데만 차로 두 시간 30분이 걸렸다. 그래도 낙심하지 않고 동생 에어런에게 강연료를 줄 테니 학교까지 태워 달라고 부탁했다. 막상 학교에 가보니 청중이라고는 학생 열 명이 전부인데다 그에게 주어진 시간은 5분에 불과했다. 고작 5분 강연을 위해 왕복 다섯 시간을 허비한 것이다. 순간 어리석은 짓을 했다는 생각이 들었다.

그런데 그 다음 주부터 이 학교, 저 학교에서 그의 이야기가 듣고 싶다고 요청해 왔다. 10여 년이 지난 지금도 1년에 3만 5,000건의 강연 요청이 쇄도한다. 부이치치는 사람들에게 꿈을 크게 꾸고 조금은 어리석어지라고 조언한다. "내가 이상하게 생겼다는 이유만으로 세상은 이렇게 생각하죠. '어휴, 저 사람은 생산적인 삶을 살 수 없겠어. 유머 감각도 있을 리 없지. 인생을 사랑하는 것도 불가능해.' 세상은 사람들을 고정관념 속에 집어넣어요. 그런데 만약 세상이 너는 못났다고 말한다면 그건 거짓말이에요. 그런 말 말고 또 다른 의견을 들어 보세요."라고 말한다.[2]

자신의 가치를 깨닫고 역량을 키우자

나는 당신에게 그렇게 또 다른 의견을 주는 사람이 되고 싶다. 당신에게는 큰 가치가 있고, 큰 잠재력이 있다고 말이다. 당신은 지금도 충분히 좋은 사람이지만, 더 나아가 인생에서 더 큰 의미를 성취할 능력이 있다. 부이치치의 말을 빌리자면 "하나님이 팔과 다리 없는 사람도 당신의 손과 발로 쓰신다는 건 마음이 있는 사람이라면 누구라도 다 쓰신다는 거예요."라고 하겠다.

매컴 커뮤니티 칼리지Macomb Community College의 홍보학 교수이자 홍보국 부국장인 캐서린 알레즈Catherine B. Ahles 는 "우리는 자신이 될 수 있는 것을 수백 가지나 발견하며 20대를 보낸다. 하지만 30대에 접어들면 우리가 절대 될 수 없는 것을 발견하기 시작한다. 40대가 넘어서는 그 모든 것을 아울러 자신의 능력과 제약을 인지하고 가능한 한 최고의 존재가 되는 것이 우리의 과제이다."라고 말했다. 나는 그녀의 조언이 분명 가치 있다고 믿지만 우리가 나이에 제약을 받는다고는 생각하지 않는다.

우리는 20대 이전부터 능력과 제약을 인지할 수 있다. 그리고 50대를 넘어서도 여전히 역량을 계발할 수 있다. 제1장에서 말했듯이 그 시작은 자기 인식을 키우는 것이다. 즉, 인생을 막고 있는 수많은 마개를 자각하고 그중에서 무엇을 제거할 수 있고 없는지 아는 것이다.

제거할 수 없는 마개는 인정한다

나는 당신이 한계 없는 삶을 살 수 있으며, 당신이 생각하는 것 이상으로 멀리 나아가고 당신이 꿈꾼 것 이상으로 많은 일을 할 수 있다고 믿는다. 그렇다고 당신한테 전혀 제약이 없다는 말은 아니다. 제약은 누구에게나 있다. 개중에는 절대 없앨 수 없는 마개도 존재한다. 부이치치는 어렸을 때 하나님께 팔과 다리가 자라나게 해달라고 기도했다.

물론 그런 일은 일어나지 않았다. 부이치치는 그런 제약을 인정해야 했고 그것을 감수하고 사는 법을 터득할 수밖에 없었다. 하지만 대부분 자신이 그런 제약을 받고 있다는 것을 용납하지 않았다. 인생에서 인정하고 받아들여야 할 마개는 무엇인지 생각해 보자.

감수하고 살아야 하는 출생의 마개

우리는 출생을 선택할 수 없고 그때로 돌아가서 바꿀 수도 없다. 무조건 감수하고 살아야 한다.

- 출생지 : 당신이 태어난 곳이 마음에 들 수도 있지만 안 들 수도 있을 것이다. 그것은 중요하지 않으며 어쩔 수도 없다.
- 출생 연도 : 시대를 잘못 타고났다며 한탄하는 사람이 있다. 중세나 서부 개척 시대에 태어났으면 좋았을 거라는 식이다. 그런 생각은 단지 '느낌'일 뿐 사실이 아니다. '지금 있는 곳이 당신이 유일하게 있을 수 있는 곳'이라는 말처럼 지금 이 순간이 당신이 유일하게 있을 수 있는 시대다. 당신은 정확히 태어나야 할 시기에 태어났다.
- 출생 가족 : 당신은 부모, 출생 순서, 형제자매, 양육 환경을 선택할 수 없다. 좋든 싫든 받아들이고 최선의 결실을 봐야 한다.
- 출생 특질 : 유전자 구성, 인종, 골격, 키 등은 바꿀 수 없다. 덩크슛을 하고 싶은데 키가 170센티미터밖에 안 된다면? 종목을 바꾸거나 170센티미터의 키로 NBA 슬램덩크 대회에서 우승을 거머쥔 스퍼드 웹_{Spud Webb}처럼 기량을 기르는 수밖에 없다. 다시 말해 적응하고 극복하는 법을 배워야 한다.

삶이 절망스러울 때는 부이치치를 떠올려 보자. 그는 99센티미터의 키에 팔도 다리도 없이 작은 발 하나에 발가락 두 개가 전부다. 하지만 수영도 하고 낚시도 하고 그림도 그리고 1분에 45개의 단어를 타이핑한다.

현실 자각이 우선돼야 인생의 마개를 제거할 수 있다

인생의 시작도 그렇지만, 살다 보면 어쩔 수 없는 것이 많다. 사고를 당하거나 병을 앓고, 사랑하는 사람을 잃는다든지 꿈을 이룰 소질이나 능력이 없다는 현실을 깨닫게 된다. 나는 이를 '인생의 마개'라 부른다. 나의 아버지는 여섯 살 때 어머니를 여의셨다. 언제나 당신 삶에 부재한 모성에 대한 그리움이 있었던 것 같다. 아버지가 어머니를 대하고 자식들이 어머니를 어떻게 대하기를 원하는지 보면 알 수 있었다. 어릴 때 우리 형제는 어머니 대신 설거지를 해야 했다. 우리가 투덜대면 아버지는 "내가 너희 나이일 때 어머니가 살아계셨으면 기쁜 마음으로 설거지를 했을 거란다."라고 말씀했다.

내 나이 예순이 넘어 어머니가 돌아가셨지만, 지금도 어머니가 그립다. 사람은 누구나 크고 작은 인생의 마개에 얽힌 사연이 있다. 흠집 없고 굴곡 없는 인생이 어디 있으랴. 마크 트웨인이 우리의 인생에서 가장 위대한 날은 우리가 태어난 날과 우리가 태어난 이유를 깨닫는 날이라고 말했다. 삶의 목적을 달성하기 위해 우리가 절대 바꿀 수 없는 제약을 자각해야 한다. 그래야만 우리가 극대화할 수 있는 것에 관심을 집중해서 역량을 키울 수 있다.

우리가 반드시 제거해야 하는 마개

닉 부이치치는 '가장 큰 유혹은 이제 이 세상에서 할 건 다 했다면서 현재의 삶에 안주하고 싶은 마음'이라고 했다.[3] 나는 그런 마음을 수많은 사람이 성공, 생산성, 성취를 원하는 만큼 이루지 못하게 막는 문제라고 본다. 이제 할 만큼 했다고, 모든 역량을 발현했다고, 더는 오를 수 있는 산이 없다고 착각한다. 마음 편히 현재에 눌러앉아 버린다.

분명히 말하건대, 당신은 아직 역량 발현의 근처에도 못 갔다. 한계에 닿으려면 한참 멀었다. 안주의 유혹을 떨치고 다시 일어서야 한다. 일흔을 바라보는 나도 지난 45년간 성장에 매진했음에도 여전히 발전하는 내 모습에 놀란다. 당신도 자신에게 더 큰 역량이 있다고 믿고 안주하지 않고 일어서겠다는 의지가 있다면 스스로 발전하는 모습에 놀라게 될 것이다. 그러기 위해서는 두 가지 유형의 마개를 제거해야 한다.

남들이 끼워 놓은 마개

첫 번째 유형의 제약은 남들이 끼워 놓은 마개 때문에 생긴다. 내가 아는 한 이를 극명하게 보여주는 이야기는 《구약성경》에 있다. 하나님이 선지자 사무엘에게 베들레헴에 사는 이새의 집으로 가서 그 아들 중 하나에게 기름을 부어 이스라엘의 다음 왕으로 세우라고 하셨다. 이새의 집에 도착한 사무엘은 그의 아들 중 하나가 왕이 될 것이니 아들들을 보여 달라고 했다. 이새와 부인은 틀림없이 흥분했을 것이다. 누가 왕이 될지 나름의 추측도 해봤을 것이다. 그들도 사무엘과 같은 생각이었을지 모른다. 사무엘은 이새의 첫째 아들 엘리압을 보고 '왕의 풍모를 갖췄군' 하고 생각했다. 하지만 엘리압은 하나님이 원하시는 사람이 아니었다. 사무엘은 이새의 일곱 아들을 모두 본 후 "이 중에는 없는데 혹시 이들이 전부인가?"라고 물었다.

사실 한 명이 더 있었다. 바로 다윗이었다. 이새는 다윗은 절대 왕이 될 재목이 아니라고 생각해서 애초에 불러들이지도 않았다. 하지만 하는 수 없이 양을 치는 풀밭으로 사람을 보내 다윗을 데려왔다. 다윗이 누추한 차림으로 숨을 헐떡이고 냄새를 풀풀 풍기며 나타났다. 그 소년은 어느 누구와 비교해도 왕이 될 자질이 부족해 보였다. 그런데 그가 바로 하나님이 원하시는 사람이었다. 누구도 다윗의 잠재력을 못 알아봤지만 하나님만은 알아보셨다.

사람들은 다윗의 엄청난 역량을 인정하지 않았다. 형들은 다윗이 왕도, 군인도 될 재목도 아니라고 생각했다. 어느 날, 이새는 다윗에게 전선에서 싸우고 있는 형들에게 음식과 물자를 가져다주라고 보냈다. 전장에서는 적장 골리앗이 자신을 꺾을 용사가 있으면 나와 보라고 큰소리치며 이스라엘 군대를 모욕하고 있었다. 다윗은 하나님을 무시하는 골리앗의 언동에 분개했다. 그래서 맏형에게 골리앗을 쓰러뜨리면 어떻게 되는지 묻자 형들은 네가 여기 왜 있으며, 여긴 사나이들의 싸움터라는 식으로 무시했다. 그래도 다윗은 굴하지 않았다.

거인 골리앗에 맞서겠다는 자가 나타났다는 말을 듣고 사울 왕은 다윗을 불러들였다. 하지만 다윗을 보자마자 용사의 재목이 아니라고 생각하고 단념하도록 타일렀다. 다윗이 전의를 굽히지 않자 사울 왕은 자신의 갑옷을 다윗에게 입혔다. 2미터 키에 몸무게가 110킬로그램이나 나가는 거구인 사울 왕의 갑옷은 165센티미터에 60킬로그램 정도 되는 목동에게 맞지 않았다.

다윗은 갑옷을 벗고 달랑 돌팔매 하나만 들고 골리앗에게 맞섰다. 골리앗도 그런 다윗을 보자 어이가 없었다. 하지만 다윗은 돌팔매를 날려 골리앗을 풀썩 쓰러뜨렸다. 이후 다윗은 왕이 되어 히브리의 모든 족속을 아울러 통일 이스라엘 왕국을 건립하고 적들을 정벌해 왕위를 확립했다. 훗날 역사상 가장 지혜로운 왕으로 일컬어지는 아들 솔로몬에게 왕좌를 물려줬다.

남들이 끼워 놓은 많은 마개를 제거하고 위대한 리더가 된 극적인 이야기다. 우리도 누구나 남들이 끼워 놓은 크고 작은 마개를 갖고 있다. 지금의 나는 다른 사람의 말에 섣불리 내 잠재력을 포기하지 않는다. 다른 사람이 내게 마개를 끼우고 나의 잠재력을 규정하는 것도 거부한다. 얼마나 힘겹게 싸워서 여기까지 도달했는데 남들이 내 삶을 좌지우지하도록 내버려 둔단 말인가.

당신에게도 주변 사람들이 끼워 놓은 마개가 있다. 그중에는 당신이 자각하지 못하는 마개도 있을 것이다. 그들이 당신이라는 사람을 규정하게 내버려 두지 마라. 당신 안에 있는 가능성에 눈뜨기 바란다!

스스로 끼워 놓은 마개

어쩌면 자신을 가장 크게 제약하는 마개는 다른 누군가가 아니라 스스로 끼웠는지도 모른다. 저술가, 강연자, 라이프 코치로 활동 중인 미셸 로젠탈Michele Rosenthal은 초등학교 때 겪은 사건으로 인해 스스로 끼운 마개와 지금도 씨름하고 있다고 한다.

4학년 때 나는 다른 학생 네 명과 수학 특기부가 됐다. (중략) 특기부 생활은 즐거웠다. 수학 문제라면 편안한 마음으로 자신 있게 풀 수 있었다. 어느 날 특기부 선생님이 갑자기 수학 시험을 봤다. 네 개의 수를 더하는 간단한 덧셈 문제 열두 개를 6분 안에 푸는 시험이었다. 선생님은 "아주 쉬운 문제니까 열두 개를 다 못 맞히면 바보다."라고 말했다. 바보라고? 나는 하나씩 답을 써내려 갔다.

시간을 정해 놓고 시험을 보기는 처음이었는데, 문제별로 시간을 배분하는 방법을 몰랐던 것이다. 최대한 빨리 계산했지만 정답이라는 확신이 서지 않았다. 당혹감이 밀려들면서 두뇌 회전이 멎고 눈앞에서 숫자들이 빙글빙글 돌았다.

선생님이 연필을 내려놓으라고 했을 때 답란이 다 채워져 있긴 했지만, 모두 오답이라는 것을 알고 있었다. 다음 날 돌려받은 시험지 위에 빨간 글씨로 커다랗게 '-12'라고 쓰여 있었다. 완전한 실패였다. 시험지를 들고 집으로 돌아가는 내내 울음이 그치지 않았다. 돌아보면 그날부터 '나는 수학을 못해'라고 믿었다. 그 믿음은 지금도 여전하다.[4]

우리는 누구나 스스로 마개를 끼운다. 하지만 그 마개를 계속 끼운 채로 살 필요는 없다. 평생 그런 마개에 제약을 받을 필요도 없다. 이를 극복하고 일어서야 한다. 내가 스스로에게 끼웠던 마개는 어떤 것이 있는지 살펴보자.

남들에게 잘 보이고 인정받고 싶은 마음

처음 목회를 시작했을 때 나는 사람들의 비위를 잘 맞춰 주는 사람이었다. 모든 사람에게 호인이 되고 싶어서 분위기를 망치는 행동을 하지 않았다. 리더가 되고자 하는 사람에게는 부적절한 태도였다. 나는 그 마개를 제거하는 법을 터득해야 했다. 사람들이 불쾌해하거나 나를 비난해도 꿋꿋이 정도를 걷고 조직을 위한 최선의 행동을 해야 했다. 마음 편히 남들이 좋아할 만한 행동을 하고 싶을 때마다 조직과 그 구성원들에게 도움이 되는 비전을 생각했다. 그 덕분에 더 나은 선택을 할 수 있었다.

나를 제한하는 환경에 안주하고 싶은 마음

대부분의 사람이 태어날 때부터 주어진 환경을 그대로 받아들인다. 그걸 당연하게 받아들이다 보면 다른 환경은 선택할 수 없다고 믿게 된다. 인생에 스스로 마개를 끼워 버리는 셈이다. 나는 작은 마을의 아주 보수적인 환경에서 자랐다. 리더십을 존중하거나 가르치지도 않았고 열심히 일하고 착하게 살면 그만이라고 했다. 하지만 내 생각은 달랐다. 나는 변화를 일으키고 싶었다. 리더십에 관해 배우기 시작하면서부터 잠재력을 키우고 성장하고 싶다면 그 환경에서 벗어나야 한다는 것을 깨달았다.

30대 초반에 실제로 그렇게 행동함으로써 그 마개를 제거했다. 그러지 않았다면 그 마개가 계속 끼워져 있었을 것이다. 내가 그 마개를 뽑아 버릴 수 있다는 사실을 깨닫고 나서도 마개를 끼운 상태에서 살았다면 나 스스로 그런 삶을 선택한 것이리라.

성장의 본보기를 만나야 변화가 일어난다

나는 열일곱 살 때부터 목회자가 되고 싶었다. 대학교 4학년 때 목사가 될 준비를 하면서 교회 운영법 강의 시간에 목사가 되면 이루고 싶은 목표를 적었다. 교인 500명 규모의 교회를 이끌고 싶다고 썼던 기억이 난다. 그 정도만 해도 내게는 대담한 목표였다. 교인이 500명이면 내가 하는 한 가장 큰 교회였으니까. 대학을 졸업하고 2년 정도 지났을 무렵, 엘머 타운스가 쓴 《미국 10대 주일학교의 성장 비결》The Ten Largest Sunday Schools and What Makes Them Grow이라는 책을 읽다가 '잠깐, 이 교회는 교인이 500명도 넘잖아!' 하고 생각했다.

나는 그런 교회가 있는 줄도 몰랐다. 그 책에 나온 교회 열 곳이 모두 교인이 500명을 넘었다. 별안간 지금까지 봐왔던 모든 것을 초월하는 성장의 본보기가 생긴 것이다. 바로 그날 이 마개가 헐거워졌다. 나는 엘머 타운스가 소개한 10대 교회의 리더들을 만나 보려고 백방으로 노력했다. 마개가 점점 더 헐거워지다 결국에는 완전히 뽑히면서 나 자신, 내 리더십, 내가 원하는 영향력에 대한 생각과 기대치가 달라졌다. 더 큰 목표를 향해 다시 일어서는 계기를 마련했다.

스스로 끼운 마개를 푸는 방법

스스로 끼운 마개가 이렇게 점진적으로 풀리는 것은 나뿐만 아니라 대부분의 사람이 경험하지 않았을까. 마개는 한 번에 휙 날아가지 않는다. 우리가 새로운 생각과 성공한 사람들을 접할 때마다 조금씩 헐거워진다. 그렇게 헐거워질 만큼 헐거워져야 뽑히는 것이다. 리더십의 영역에서 내가 스스로 끼우거나 남이 끼운 마개를 뽑아 내는 과정을 보면 다음과 같다.

- 노출 : 1973년에 엘머 타운스의 《미국 10대 주일학교의 성장 비결》을 읽었다. 그 책에 나오는 교회는 모두 교인이 500명 이상이었다. 나는 교인 500명 이상의 교회를 이끄는 게 가능하다는 사실을 깨달았다.
- 귀감 : 1974년 그 책에 소개된 목사님 열 명 중 두 명을 면담했다. 그분들은 내가 성공할 수 있다고 말했으며, 나도 그럴 수 있다고 믿기 시작했다.
- 표출 : 1975년 지그 지글러_{Zig Ziglar}의 《정상에서 만납시다》를 읽었다. 내가 잠재력을 발현하려면 의도적으로 살아야 한다는 것을 깨달았다.
- 실험 : 교회에서 셔틀버스 구입 프로젝트를 시작했다. 각 버스에 창세기부터 《성경》의 각 권 이름을 순서대로 붙여 나갔다. 버스가 룻기(8호 차)까지 갔을 때 석유 파동으로 운행이 어려워졌지만 어쨌든 장벽은 돌파했다.
- 체험 : 1975년 우리 교회의 주일학교가 오하이오 주에서 가장 빠르게 성장하는 주일학교로 등극했다.
- 유레카 : 1976년 채터누가에서 열린 행사에서 테네시 템플 대학의 설립자인 리 로버슨_{Lee Roberson}이 "모든 것의 성쇠는 리더십에 달려 있습니다."라고 말했다. 내 인생에서 리더십이 중요하다는 사실을

처음으로 깨달았다.

당신의 역량을 키우기 위해서는 어떤 마개를 조금씩 풀어서 날려 버려야 할까? 현실에 안주하는 태도가 당신을 제약하고 있지는 않은 가? 루이스C. S. Lewis 는 현실 안주를 인간의 최대 적이라고 했다. 혹시 지금의 당신이 마음에 들지 않는가? 마크 트웨인은 누구나 스스로의 승인 없이는 자기 자신을 편하게 여길 수 없다고 했다. 당신을 막고 있 는 마개는 무엇인가? 그것을 파악하고 열심히 풀어야 한다.

스스로를 믿어야만 꿈을 이룰 수 있다

나는 당신이 의미 있는 삶을 살기 바라기 때문에 당신의 인생에서 마 개를 없애 주는 사람이 되고 싶다. 나는 당신이 잠재력을 발현하고 꿈 을 이루도록 돕고 싶다. 내가 당신을 돕는 것은 당신을 믿는 것에서부 터 시작한다. 이렇게 말하면 '내가 누군지도 모르면서!'라는 생각이 들 것이다. 사실 그렇다. 당신이 어떤 사람인지 알면 좋겠지만, 어마어마 한 잠재력이 있다는 것만은 분명하다.

그렇다고 당신이 할 수 있는 일과 당신이 될 수 있는 존재가 사라 지는 것은 아니다. 내 친구인 닉 부이치치는 "과거에 받은 억울한 상처 에 연연해서 인생의 걸음을 멈추지는 마세요."라고 했다. 주변에서 당 신의 기운을 북돋워 주겠다며 과도하게 칭찬하고 치켜세울지도 모른 다. 나는 당신이 어떻게 해야 할지도 모르면서 무조건 자신 있는 척하라고 말하는 게 아니다.

우리는 누가 '치켜세워 준다'고 성공하지 않는다. 하지만 타인의 '도움'을 받아서 성공할 수는 있다. 타인에게 성장하는 법을 배울 수 있다. 외면의 승리를 위해 내면의 승리를 쟁취하는 법을 안내 받을 수도 있다. '믿어야만 이룰 수 있다'는 생각은 오래가지 않는다. 하지만 '이루면 믿을 수 있다'는 생각이 지속되며 진정한 자신감을 심어 준다.

내가 신출내기였을 때 나를 믿어 주는 사람이 있었다. 그들은 내가 나 자신을 믿는 것보다 더 강하게 또 내가 나 자신을 믿기도 전에 나를 믿어 줬다. 그런 믿음을 뒷받침하기라도 하듯 내게 기회를 줬다. 사람들은 리더를 믿으면 좋다고 하지만, 리더가 자기 사람을 믿으면 훨씬 더 좋다. 하지만 뭐니 뭐니 해도 자기 자신을 믿는 것이 가장 좋다. 내 인생에서 중요한 사람들은 나를 믿어 줬고, 그 믿음 덕분에 내가 나를 믿게 됐다.

어린 시절 부모님은 매일 나를 굳게 믿는다고 말씀해 주셨다. 고등학교 때는 농구부의 네프 감독님이 나를 믿어 주셨다. 시합 때마다 4쿼터가 되면 감독님은 "존, 날 봐라. 이제 네 무대다. 널 믿는다."라고 말씀하셨다. 20대에 목사가 됐을 때 당시 노회장이었던 레너드 피츠 Leonard Fitts 목사님이 내게 리더십이 있다는 말을 처음으로 해주셨다. 노회 임원인 밥 클레인 Bob Klein 목사님은 "내가 날마다 맥스웰 목사님을 위해 기도합니다. 목사님 안에 우리 조직에 힘이 될 어마어마한 잠재력이 있다고 생각해요."라고 말씀하셨다.

혹시 당신을 믿어 주는 사람이 없다면 내가 첫 번째 사람이 되겠다. 나는 당신을 믿는다. 당신이 최고의 모습을 발현하기를 바라고 스스로 믿기를 바란다. 필요하다면 나의 믿음을 빌려 줄 수 있지만 그것은 오래가지 않는다. 성공하려면 반드시 당신 스스로 자신을 믿어야 한다. 남들이 당신을 믿어 주지 않아도 당신은 성공할 수 있지만, 당신이 자신을 믿지 않으면 절대 성공할 수 없다. 그리고 변화를 일으키려면 가만히 있지 말고 자신에 대한 믿음이 생기도록 행동해야 한다.

닉 부이치치는 "현재의 삶이 잘 풀리지 않아도 물러나지 않고 계속 밀어붙인다면 불가능이란 없다. 희망을 단단히 붙들라."라고 말했다.[5] 희망을 단단히 붙든 채 이 책장을 넘기고 다시 일어서기 위해 본격적으로 행동에 들어갈 채비를 하자.

역량을 가로막는 마개를 파악하기 위한 질문

❶ 당신이 바꿀 수 없는 출생과 인생의 마개는 무엇인가? 목록을 작성해 보자.

❷ 남들이 당신에게 끼웠고 이제는 뽑아 버리고 싶은 마개는 무엇인가? 그런 마개를 조금씩 풀려면 어떻게 해야 하는가?

❸ 당신이 스스로 끼워서 역량을 제한하고 있는 마개는 무엇인가? 그런 마개를 조금씩 풀려면 어떻게 해야 하는가?

*No
Limits*

능력,
내 안의 가능성을
100퍼센트 끌어내는 힘

우리는 보통 '역량'을 단일한 속성이라고 생각한다. 역량을 단일하게 보는 것은 너무나 편협한 시각이다. 앞서 역량은 고정되어 있지 않다고 설명했다. 역량은 더욱 커질 수 있다. 제2부에서는 우리가 보유한 능력을 극대화하는 방법을 소개하겠다. 역량을 키우는 과정의 1단계가 자각이라면, 2단계는 자신한테 다양한 역량이 있다는 사실을 깨닫는 것이다. 당신 안에 존재하는 무수히 많은 역량은 당신의 재능과 선택을 토대로 한다.

제2부에서는 선택보다 재능에 의존하는 7대 역량에 초점을 맞추고자 한다. 그렇다고 이런 역량이 선택과 전혀 무관하다는 말은 아니다.

- 에너지 역량 : 앞으로 밀고 나가는 능력
- 정서 역량 : 감정을 다스리는 능력
- 사고 역량 : 효율적으로 생각하는 능력
- 대인 역량 : 인간관계를 형성하는 능력
- 창조 역량 : 다양한 선택안 중에서 답을 찾는 능력
- 생산 역량 : 결과를 달성하는 능력
- 리더십 역량 : 사람들을 격려하고 인도하는 능력

이러한 역량은 모든 사람이 보유하고 있으며 성공에서 중요하게 작용한다. 이 일곱 가지 영역에서 오늘의 역량을 꾸준히 극대화하면 내일의 잠재력이 커진다. 각각의 역량을 살펴보기 전에 한 가지만 일러두고 싶다. 이들 역량은 따로따로 계발되지 않고 모두 함께 움직인다. 따라서 두 가지 측면에서 생각하면 좋을 것 같다. 첫째, 역량은 층층이 쌓인다. 이는 당신의 인생을 쌓아 올리는 데 튼튼한 토대가 된다. 집을 모래 위에 짓지 않고 층층이 쌓은 단단한 돌 위에 지어야 한다는 말이다. 그래야만 무거운 하중을 견뎌내고 크고 견고한 건축물을 지을 수 있다.

둘째, 이들 역량은 서로 연결되어 있다. 하나의 역량을 키우면 다른 역량과 맞물려 상승효과를 일으키면서 전체적인 잠재력이 증가한다. 가령 당신이 앞으로 밀고 나갈 수 있도록 에너지 역량을 키우면 사람들을 격려하고 인도하는 리더십 역량도 커져서 전반적으로 역량이 향상된다. 그러면 에너지가 바닥나서 그동안 교류하지 못했던 사람들을 만나 최상의 인간관계를 형성하는 법을 터득하게 될 것이다. 결과적으로 이런 긍정적인 상호 작용을 통해 다시 일어서는 힘을 얻게 된다.

7대 역량을 계발할 때는 당신 앞에 있는 선택안을 잘 살펴보자. 능력을 키울 수 있는 방법을 찾아보자. 놀라운 중첩 효과가 일어나 잠재력이 어마어마하게 증가할 것이다.

제3장
....

주변에 좋은 영향을 주며
앞으로 나간다

몇 년 전 제프리 데이비스Jeffrey Davis가 쓴 《1,000개의 구슬》1,000 Marbles
이라는 책을 읽고 깊은 감명을 받았다. 주인공은 노년에 접어들 즈음
항아리에 수백 개의 구슬을 넣었다. 각각의 구슬은 그가 평균 기대 수
명까지 산다면 앞으로 남은 토요일을 의미했다. 그는 구슬을 볼 때마
다 자신의 삶이 제한되어 있으니 최대한 활용해야 한다고 되뇌었다.
그 이야기를 읽었을 당시 나는 60대 중반이었고, 앞으로 어떻게 살 것
인지 많은 생각을 했다. 존 맥스웰 컴퍼니와 존 맥스웰팀이라는 두 개
의 사업체를 설립하는 데 동의한 직후였고, 이를 위해 일흔 살까지 내
모든 것을 바쳐야 한다고 믿고 있었다.
 그 구슬 이야기를 읽고 나서 내가 설립한 회사의 CEO 마크 콜Mark

Cole에게 항아리에 구슬을 채워 달라고 부탁했다. 각각의 구슬은 내가 일흔 살이 될 때까지 남은 주간을 의미했다. 항아리를 사무실에 놓고 직원들에게 우리가 함께할 시간이 제한되어 있다는 사실을 되새기게 하고 싶었다. 나는 그들과 함께 유산을 만들어 갈 계획이었다. 회사의 승계 계획을 세웠다. 내가 조직에 쓸모없음에도 눌러앉고 싶지 않았으며, 일흔으로 가는 과도기를 잘 보내고 싶었다. 그들이 나와 함께하는 시간을 최대한 활용할 수 있기를 바랐다.

나는 자신이 잘하고 있는 줄 알았는데 시간이 흐르면서 이런저런 문제가 보였다. 내가 일에서 손을 떼려 하지 않았고 심지어 일을 그만두는 게 싫었다. 오히려 일하는 게 즐거웠다. 내 인생 최대의 성공을 구가하며 어느 때보다도 많은 기회를 누리고 있었다. 두 회사도 빠르게 성장하며 잠재력을 발현하기 시작했다. 내가 어떻게 해야 할지 혼란스러웠다.

그러던 중 친구이자 월로 크릭 커뮤니티 교회Willow Creek Community Church의 담임 목사인 빌 하이벨스Bill Hybels와 함께 있으면서 생각이 싹 바뀌었다. 존 맥스웰 컴퍼니에서 매년 개최하는 리더십 연수회 '익스체인지'Exchange가 열리는 버진제도 세인트토머스 섬에서 그와 담소를 나누었다. 나는 작년 익스체인지 때 그 구슬 항아리를 들고 가서 남은 시간을 세고 있다고 말한 바 있었다.

하이벨스는 내가 구슬 항아리의 구슬을 세고 있다는 말을 팟캐스트로 들었다. 그는 범선 위에 앉아서 나를 뚫어지게 쳐다봤다. 그러고는 "존, 정신머리를 구슬이랑 바꿔 먹은 거 아니에요?"라며 그만이 할 수 있는 말을 했다. 그는 나보다 몇 살 어렸지만 형이 동생을 나무라듯

"그만두긴 뭘 그만둬요! 남은 세월을 세긴 뭘 셉니까! 아직 해야 할 일이 얼마나 많은데요. 아직 세상에 줄 게 얼마나 많은데요. 머리가 어떻게 된 거 아닌가요?"라고 타박했다.

머리를 한 대 얻어맞은 기분이었다. 정신이 번쩍 들었다. 하이벨스의 말이 옳았다. 나는 구슬을 세는 것을 그만둬야 했다. 구슬은 희소성의 사고방식을 따르는 것이었다. 그때까지만 해도 항상 풍요의 사고방식으로 살아왔는데 왜 굳이 나 자신을 제한하려고 한단 말인가? 내가 세상에서 가장 하고 싶은 일을 하고 있는데! 가능한 한 언제까지라도 내 존재와 에너지를 쏟아 부어 세상에 변화를 일으키고 싶었다.

이듬해 열린 익스체인지에서 나는 다시 구슬 항아리를 가져왔다. 이번에는 항아리에 있는 구슬을 전부 바닥에 쏟아 버렸다. 내게 에너지가 남아 있는 한 계속 일하면서 사람들에게 가치를 더하고 세상에 변화를 일으키겠다고 천명했다. 그러기 위해서는 다음과 같은 네 가지가 필요했다.

- 재점화 : 한번 내려간 기어를 다시 올리기는 쉽지 않다. 말하자면 관중석에서 나와 옛날 유니폼을 꺼내 입고 경기장에 뛰어드는 것과 같다. 하지만 나는 그렇게 해야만 했다. 내 회사에 더 많은 시간과 관심을 기울여야 했다.
- 재투자 : 회사를 도우려면 대충대충 건성으로 해서는 안 되었다. 정서적, 신체적, 재정적으로 재투자가 필요했다.
- 재창조 : 어제의 성공이 내일의 성공을 보장하지 않는다. 회사의 역량이 극대화되도록 도우려면 회사의 재창조에 힘을 보태야 했다.

우리가 최고가 되기 위해 개선하고 노력하지 않는다면 도태당할
수 있었다.

- 재충전 : 개인적으로 운동, 식습관 개선, 휴식을 통해 재충전이 필요
했다.

나는 즉각 변화를 일으키기 시작했다. 그 결과 새로운 에너지가 불끈
일어났다. 시간보다 에너지를 관리하는 게 더 낫다는 교훈도 얻었다.

시간이 아닌 에너지에 집중해야 한다

우리는 다양한 역량을 키울 수 있지만 시간을 늘릴 수 없다. 하루가 몇
분이고, 일주일이 며칠이며, 1년이 몇 주라는 사실은 고정되어 있다. 우
리가 이 세상에서 보내는 시간도, 살날도 정해져 있다. 그래서 에너지에
집중해야 한다. 에너지는 우리의 능력으로 다스릴 수 있다.《몸과 영혼
의 에너지 발전소》에서 짐 로허Jim Loehr 와 토니 슈워츠Tony Schwartz 는 '문
제는 시간이 아니라 에너지'라고 했다. 그들의 설명을 들어 보자.

> 우리 삶의 궁극적인 척도는 이 지구상에서 얼마나 오래 버티느
> 냐가 아니라, 주어진 시간에 얼마나 많은 에너지를 쏟으며 사느
> 냐에 있다. 이 책에서 전하고자 하는 핵심 내용과 우리 연구소
> 에서 매년 실시하는 트레이닝의 개요는 아주 간단하다. 효과적
> 인 에너지 관리가 성공과 건강, 행복을 좌우한다. (중략) 당신의

하루는 24시간으로 고정되어 있지만, 당신이 쓸 수 있는 에너지는 그렇지 않다. 그것이야말로 당신이 가지고 있는 가장 소중한 자산이다. 시간의 법칙과 달리 에너지의 법칙에서는 당신이 더 많은 에너지를 쏟아 부을수록 훨씬 더 강한 힘을 가질 수 있으며, 더 생산적인 사람이 될 수 있다. 반대로 다른 사람이나 환경을 탓할수록 당신의 에너지는 부정적으로 변하고, 매사에 타협하고 절충하게 된다.[1]

더 많은 일을 하고 세상에 더 큰 영향을 끼치고 싶다면 에너지 역량을 키워야 한다. 제너럴 일렉트릭의 CEO였던 잭 웰치Jack Welch 는 리더를 기용할 때 그 사람이 지닌 에너지를 매우 중요하게 봤다. 아무리 뛰어난 자질과 능력을 갖춘 사람이라도 에너지가 차 있지 않거나 부정적인 에너지가 있다면 좋은 리더가 될 수 없다. 그는 리더라면 조직원에게 에너지를 불어넣고 팀 전체에 의욕을 불러일으켜 생산성을 높이는 능력을 갖추고 있어야 한다고 생각했다.

나도 에너지의 중요성을 인정한다. 나는 에너지가 '충만한' 집안에서 자랐다. 아버지는 항상 열정적으로 일했으며 이곳저곳 사람들을 도우러 다니셨다. 어머니는 부지런히 가족을 돌보고 살림을 챙기셨다. 래리 형은 열서너 살 때부터 일을 했다. 나로 말하자면 한시도 가만히 앉아 있지 못하는 아이였다. 선생님들이 "존은 쉴 새 없이 말하고 수업 중에도 교실을 돌아다녀요."라고 말한 적이 한두 번이 아니었다. 아침에 내가 침대에서 나올 때마다 부모님은 "어이쿠, 쟤가 또 일어났네." 하셨을 것이다.

에너지를 이끌어 내기 위한 세 가지 조건

내가 지금까지 지켜봤는데, 잠재력을 발현하는 사람들은 느긋하게 앉아서 일이 생기기만 기다리지 않는다. 그들은 밖으로 나가서 일을 만든다. 그러자면 에너지와 함께 목적의식과 집중력이 필요하다. 어떤 식으로 에너지를 집중해야 할까? 나는 사람들에게 우선순위를 정할 때 3R을 염두에 둘 것을 강조했다.

> 요구_{Requirement} : 내가 해야 하는 것
>
> 성과_{Return} : 내가 잘하는 것
>
> 보상_{Reward} : 내가 좋아서 하는 것

3R을 에너지에 접목하기는 이번이 처음이다. 누구나 보상을 주는 일을 하면 십중팔구 에너지가 생긴다. 좋은 성과가 뒤따르는 일도 마찬가지다. 하지만 대부분 요구에 의해 일할 때는 에너지를 못 느낀다. 요구가 성과나 보상과 맞물리면 이야기가 달라진다. 이 세 가지를 일치시킬 수 있으면 일할 때 에너지가 생긴다. 그러려면 어떻게 해야 할까? 직업을 바꿀 수도 있고 당신에게 요구되는 업무를 상사와 함께 조정할 수도 있다. 또는 조직에 '필요한' 일과 '오로지' 나만 할 수 있는 일을 구별하는 방법을 터득해도 좋다.

나도 그 둘을 구별하기 시작하면서 에너지 전환이 일어났다. 조직에 필요한 일을 모두 '내'가 해야 할 필요는 없다. 굳이 내가 직접 할 필요가 없는 일은 다른 사람에게 위임했다. 내게 요구되는 일 중에서

불필요한 것은 빼버릴 권한도 있었다. 어쩌면 당신도 그럴 수 있을 것이다.

시간이 흐르면서 나는 점점 더 자유롭게 일정을 관리할 수 있게 됐고, 꾸준히 3R을 일치시켜 나갔다. 3R이 서로 잘 맞물릴수록 에너지도 증가했다. 현재 내게 요구되는 일은 인도하고, 소통하고, 창조하는 것이다. 이 일은 내 열정이나 재능과 일치하기 때문에 나는 일흔이 다 된 나이에도 에너지가 넘친다.

내 안의 에너지를 끌어내는 질문을 던진다

직업상 당신이 해야 하는 일을 변경할 수는 없어도 에너지를 극대화할 수 있는 방법은 있다. 지금부터 다섯 가지 질문으로 에너지 역량을 관리하고 증대하는 전략을 소개하겠다. 이 질문에 답하고 그에 따라 행동하면 에너지가 몰라보게 상승할 것이다.

1. 충전 : "나는 언제 완전히 충전되는가?"

나는 사람들이 휴대폰과 노트북을 충천하듯 자신도 의도적으로 충전했으면 좋겠다. 그러면 이전과 비교할 수도 없을 만큼 생산적인 삶을 살고 엄청난 보람을 느끼게 된다. 저술가이자 연구자인 톰 래스 Tom Rath 는 《당신은 완전히 충전됐습니까?》에서 에너지가 우리 삶에 미치는 영향을 이렇게 설명했다.

에너지가 완전히 채워졌을 때 우리는 더 많은 일을 해낼 수 있다. 에너지가 꽉 채워진 사람은 주변 사람과의 관계에서도 적극적이다. 마음은 맑고 몸도 건강하다. 완전히 충전된 날은 일에 대한 몰입도나 행복감도 더 커지는 걸 경험하게 된다. 이 같은 충전감 내지 충만감은 주변 사람들에게 전달되고 다시 또 그 주변 사람들에게 전달되어, 지속적인 상승작용을 일으킨다.[2]

톰 래스는 사람이 하루 동안 '완전 충전'을 경험하기 위한 세 가지 핵심 조건을 설명했다.

- 의미 : 다른 사람에게 도움이 되는 어떤 일을 하는 것
- 대인관계 : 부정적인 순간보다 긍정적인 순간을 훨씬 더 많이 만드는 것
- 에너지 : 당신의 정신 및 육체 건강을 더 좋아지게 만드는 선택을 하는 것[3]

나는 톰 래스의 말에 자극을 받아 '무엇이 나를 완전히 충전시키는가?'라고 자문해 봤다. 내 대답을 소개하는 이유는 당신도 자극을 받아서 무엇이 당신을 충전시키는지 생각해 볼 거라 믿기 때문이다.

최고의 재능을 발휘해서 좋아하는 일을 할 때

나는 인도하고 창조하고 소통할 때면 언제나 완전히 충전되어 있다. 나는 내 안에 있는 최고의 재능을 발휘해서 내가 정말로 좋아하고

관심 있는 일을 한다. 나는 그런 일을 하도록 창조됐고 그런 일을 할 때 마음속으로 '나는 이 일을 하기 위해 태어났다'고 말한다. 당신은 어떤 활동을 할 때 이런 느낌이 드는가?

가까운 사람들과 함께 성장하고 추억을 만들 때

내가 살면서 가장 즐거울 때는 가까운 사람들을 도와서 그들이 정을 느끼고, 추억을 만들고, 자기 자신을 알아 가며 배우고 성장하고 성숙해질 때다. 나는 사랑하는 사람들과 그런 경험을 나누는 게 좋다. 그래서 우리 가족은 매년 여행을 간다. 우리는 함께 성장하고, 추억을 만들고, 더 좋은 사람 그리고 더 좋은 가족으로 발전한다. 당신은 누구와 무엇을 할 때 에너지가 충만해지는가?

사람들을 돕고 그들에게 가치를 더할 때

나는 사람들을 사랑하기에 날마다 그들에게 가치를 더할 방법을 모색한다. 여기에는 우리 직원이나 고객뿐만 아니라 생판 모르는 사람도 포함된다. 사람들을 도울 때 나는 에너지가 충만해지고 내 소명을 잘 따르고 있다는 확신이 든다. 당신은 타인을 위해 무엇을 할 때 목적의식이 강해지고 에너지가 생기는가?

건강을 챙기고 신체 에너지를 최고로 발산할 때

솔직히 지금까지 내가 건강을 잘 돌본 것은 아니다. 너무 오랫동안 운동을 게을리하고, 제대로 쉬지 않고, 불량한 식습관을 유지하며 살았다. 하지만 최근에는 나를 돌보고 건강을 챙기는 게 이기적인 일도,

시간 낭비도 아니라는 것을 깨달았다. 따지고 보면 건강은 내가 본연의 임무를 다하는 것과 직결된 문제다. 몸이 아프거나 죽기라도 하면 더는 그런 일을 할 수 없지 않은가? 당신은 더 건강해지고 더 큰 신체 에너지를 발산하기 위해 무엇을 할 수 있겠는가?

가능성을 확장하고 역량을 강화해 에너지가 충만한 인생을 살 때

언젠가 친구에게서 '성장이 곧 행복'이라는 말을 들었다. 나도 같은 생각이다. 지금까지 사람들을 발전시키고, 회사를 설립하고, 가능성을 확장하고, 역량을 증대하면서 행복과 에너지가 충만한 인생을 살아왔다. "자신이 살 수 있는 것보다 못한 삶, 옹졸한 삶에 안주하면 열정이 절대 생길 수 없다."는 넬슨 만델라의 말은 옳다. 당신은 어떤 대담한 행보로 에너지를 키우겠는가?

하나님의 존재를 절감하고 의지할 때

나는 지금 이 문장을 쓰면서 바다를 내다보고 있다. 드넓은 바다가 보이는 책상 위로 장식판 하나가 눈에 띈다. 거기에는 '오, 하나님. 망망한 당신의 바다 위에서 제 배는 그저 미미할 뿐이옵니다'라고 쓰여 있다. 나는 신앙인이라서 그 말을 읽을 때마다 하나님의 위대함을 생각하며 겸허해지는 것은 물론이고 하나님을 더욱 의지하게 된다. 내 안에 계신 하나님의 존재를 새삼 느끼며 그분을 따르고 그분의 인도를 구한다.

그리고 나를 향한 하나님의 무조건적인 사랑을 자각하게 된다. 이 모든 생각이 내게 에너지를 불어넣는다. 만약 당신도 신앙인이라면 하나님께 가까이 다가가 에너지를 받을 수 있는 방법은 무엇일까?

이상이 나를 충전시키는 것들이다. 당신은 어떤가? 아직 모르겠다면 시간을 내서 생각해 보자. 그러면 자신을 완전히 충전하겠다는 의도를 갖고 살게 될 것이다.

2. 방전 : "무엇이 기력을 고갈시키는가?"

아마도 어릴 적부터 열심히 노력하면 '무엇이든' 이룰 수 있다고 믿으며 자란 사람도 있을 것이다. 하지만 실상은 그렇지 않다. 나는 우리의 잠재력이 무궁무진하다고 믿지만, 재능이 없는 영역에서는 기량을 최고로 뽑아낼 수 없다는 사실도 잘 안다. 내가 아무리 노력해도 전문 발레리노가 될 수는 없는 노릇이다.

갤럽에서 업무 몰입을 방해하는 요소를 조사해 보니, 많은 사람이 '하면 된다'는 정신으로 능력과 재능이 없는 일을 하며 고군분투하는 것으로 드러났다. 그런 싸움은 사람의 기력을 쪽 빼놓는다. 왜 자신과 어울리지 않는 모습으로 살아가기 위해 인생을 허비해야 하는가? 그 대신 자기 본연의 모습을 살리기 위해 노력하면 얼마나 좋을까? 타고난 강점을 파악하고 계발해서 자신과 타인을 이롭게 한다면 얼마나 좋을까? 이를 수영에 비유하면, 물살을 타는 것과 거스르는 것의 차이라고 할 수 있다.

물살을 타면 힘도 덜 들고 속도도 잘 나지만 물살을 거스르면 힘만 빠진다. 물살을 타면 눈부시게 나아가지만 물살을 거스르면 힘겹게 발버둥 쳐야 한다. (불편한 상황과 작업을 견뎌 내며 일해야 한다.) 자신의 약점인 영역에서는 아무리 발버둥 쳐도 기력만 고갈될 뿐이다. 발버둥 칠 기운과 끈기로 강점을 발휘한다면 멀리까지 나아갈 수 있다.

많은 사람의 기력을 고갈시키는 또 다른 요인은 변화에 대응하는 것이다. 체조 선수 댄 밀맨Dan Millman은 "변화의 비결은 오래된 것과 싸우는 데 에너지를 낭비하지 않고 새로운 것을 만드는 데 모든 에너지를 쏟아 붓는 것이다."라고 말했다. 이 조언을 따른다 해도 대부분 변화로 인해 기력이 바닥나는 것을 느끼게 된다. 그도 그럴 것이 변화를 일으키려면 정신적, 정서적, 신체적으로 엄청난 에너지가 소모되기 때문이다. 변화를 지속하려면 의지력과 극기력이 요구되는데, 이런 힘은 우리가 생각하는 것만큼 넉넉하지 않다.

무엇이 당신을 기진맥진하게 만드는가? 그 정체를 알고 있는가? 무엇이 당신의 활력을 쭉 빨아들이는지 살펴본 적 있는가? 무엇이 당신의 에너지를 고갈시키는지 알고 그것을 극복하기 위해서는 적절히 조치가 필요하다.

3. 근접성 : "에너지를 북돋워 주는 대상과 가까이 있는가?"

내가 근접성의 원칙을 알게 된 것은 대학을 졸업한 직후였다. 대학을 졸업하고 6월에 나는 마거릿과 결혼해 고향에서 400킬로미터쯤 떨어진 곳에서 살았다. 그녀와 함께 새로운 삶을 시작하면서 한껏 들떴지만 보름쯤 지나자 그동안 부모님에게서 얼마나 많은 에너지를 받았는지 절감했다.

우리 부모님은 에너지의 접점이었다. 아버지의 긍정적인 태도와 자신감은 전염성이 있어서 어릴 때부터 근처에만 가도 덩달아 에너지가 솟았다. 어머니는 나를 조건 없이 사랑하셨고, 언제나 내 말을 귀담아 들을 준비가 되어 있었다. 살림이 넉넉하지 않은 우리 부부는 장거리 통화료가 비싸 어쩌다 한 번씩 부모님과 통화하는 게 다였다. 그러다 보니 나는 에너지가 급격히 떨어져서 적응하느라 쩔쩔맸다.

톰 래스는 연구를 통해 근접성의 중요성을 강조하며 이렇게 말했다. "우리가 매일 보거나 가깝게 사는 이웃이나 근처에 사는 사람이 멀리 떨어져 있는 사람보다 행복감에서 비교도 안 될 만큼 큰 영향을 미칩니다."[4] 사람만 우리 삶에서 에너지 플러스극이 되는 것은 아니다. 긍정적인 자극을 준다면 무엇이든 에너지원이 될 수 있다. 여기서의 관건은 그런 사람이나 사물을 의도적으로 가까이 두려는 노력이다.

나는 예전부터 의도적으로 에너지 플러스극을 가깝게 두고 에너지 주사가 필요할 때마다 맞을 수 있는 여건을 만들었다. 예를 들어, 강연을 준비하다 정신적인 에너지 주사를 맞고 싶으면 아이폰에 저장해 둔 영감과 기운을 주는 인용구를 두어 구절 읽는다. 집무실에서 글을 쓰다 에너지가 필요하면 내 인생을 바꾼 책들을 펼친다.

그러면 지금 하고 있는 일이 누군가에게 이로운 영향을 미칠 거라는 사실을 되새기게 된다. 기분이 처지면 가까운 사람에게 전화를 건다. 이 모든 것이 기운을 북돋워 준다. 당신도 무엇이 당신의 기운을 북돋워 주는지 알아야 한다. 아래의 목록에서 당신의 에너지원이 될 만한 게 있는지 찾아보자.

- 음악 : 기운이 나는 노래
- 생각 : 자극이 되는 아이디어

- **경험** : 생기를 주는 활동
- **친구** : 힘이 되는 사람
- **오락** : 활기를 주는 재미있는 일
- **영혼** : 나를 강건하게 하는 영성 활동
- **희망** : 영감과 의욕을 불러일으키는 꿈
- **가정** : 나를 아끼는 식구들
- **재능** : 내 기를 살려 주는 능력
- **추억** : 빙긋 웃게 되는 기억
- **서적** : 나를 변화시키는 메시지

아마 에너지 플러스극을 찾고 나면, 에너지 역량이 이렇게 커질 수 있다는 사실에 놀라게 될 것이다.

4. 100퍼센트 : "언제 충전된 에너지를 쓸 것인가?"

에너지는 최대한 키우는 것도 중요하지만 현명하게 쓰는 것도 중요하다. 필요할 때는 쓰고 필요하지 않을 때는 잘 보존해야 한다. 그러려면 언제 필요하고, 언제 필요하지 않은지 알아야 한다. 열여덟 살 때나 자신에게 이런 질문을 하게 된 계기가 있었다. 당시 대학교 1학년때 친구 스티브 베너가 슈퍼마켓의 창고 정리 업무를 지원해 보자고했다. 나는 그와 함께 슈퍼마켓으로 가서 점장을 만났다.

점장은 "친구들, 가게 뒤쪽으로 가지."라며 몸을 휙 돌리고 성큼성큼 걸어갔다. 나는 그가 왠지 서두른다는 생각을 했다. 스티브는 바로 따라나섰지만 나는 한 박자 느리게 쫓아갔다. 우리는 가게 뒤편에서 지원서를 작성하고 점장과 악수를 한 다음 집으로 왔다. 이튿날 스티브는 합격했고 나는 불합격했다. 그날 내내 너무나 혼란스러웠다. 아니, 왜 스티브는 되고 나는 안 된다는 거야? 다음 날이 되자 도저히 가만히 있을 수가 없었다. 나는 그 점장을 찾아가 불합격된 이유를 물었다.

"내가 가게 뒤로 가자고 했을 때 빠릿빠릿하게 움직이지 않았잖아. 내가 찾는 건 에너지가 있는 애들이야. 스티브는 그랬지만 자네는 아니었어!"

나는 스티브보다 일을 잘할 자신이 있었는데, 순전히 빠릿빠릿하다는 이유만으로 스티브가 뽑힌 것이었다. 그 순간 깨달았다. 재능을 빠릿빠릿하게 발휘하지 못할 바에야 몸이라도 빠릿빠릿하게 움직이는 게 낫다는 것을! 그때부터 에너지가 필요할 때 에너지를 확실하게 끌어 모으는 것을 원칙으로 삼았다. 온종일 에너지가 충만한 채 살 수는 없으니까. 나는 날마다 일정표를 보며 언행과 생각이 생활이나 직업의 성공에 결정적인 영향을 미치는 시간을 확인한다. 제프리 지토머Jeffrey Gitomer의 표현을 빌리자면 '쇼타임'이 언제인지 파악한다.

나는 내일 일정이 꽉 차 있다. 자세히 보니 쇼타임이 세 번 있다. 오전 10시에 메이저리그 세인트루이스 카디널스의 마이크 매시니Mike Matheny 감독을 비롯해 리더 20명을 만날 예정이다. 오후 2시에는 마크 콜을 만나 과테말라에서 25만 명에게 리더십 덕목을 가르칠 현지 리더 5만 명을 훈련하는 프로젝트를 비롯해 세 가지 중요한 문제를 논의할 것이다. 오후 6시에는 원호프OneHope의 롭 호스킨스Rob Hoskins 대표를 만날 예정이다. 향후 5년 동안 아동 500만 명의 리더십을 계발한다는 비전을 후원자들에게 알리기 위한 행사를 준비 중이다.

내일 100퍼센트 충전되어 있지 '않아도' 되는 때는 언제일까? 오전 7시 30분 헌혈할 때, 점심 먹을 때, 포트로더데일로 운전해 갈 때, 저녁 축하연에서 악수할 때다. 당신은 날마다 쇼타임이 언제인지 알고 있어야 한다. 쇼타임이 몇 시에, 하루에 몇 번이든 간에 그 현장에서는 100퍼센트의 에너지를 내야 한다. 그래야만 역량을 발현할 수 있다.

5. 여유 : "재충전을 하고 다시 성장할 틈이 남아 있는가?"

에너지를 극대화하기 위해 스스로 물어야 하는 마지막 질문은 삶의 여유에 관한 것이다. 여기서의 여유란 숨을 돌리고, 생각하고, 이것저것 조정할 수 있는 여분의 시간을 말한다. 삶에 여유가 있어야 성장할 틈이 생기고 재충전할 기회가 생긴다. 솔직히 이 부분이 지금도 여전히 고민되는데, 여유를 갖는 것에 약하기 때문이다. 너무 오랫동안 무리한 일정을 잡으면서 살고 있다. 덕분에 생산적인 삶을 살고 있지만, 한편으로는 여유가 없어서 좋은 기회를 놓치곤 한다.

올해만 해도 여유가 없어서 오거스타 내셔널 골프 클럽에서 게임할 기회를 두 번이나 놓쳤다. 올해 안에《당신 안에 잠재된 리더십을 키우라》를 개정하고 싶었는데 여유가 없어서 못했다. 그래도 나는 계속 배우고 있다. 내년에는 일정표에 이 작업을 처리할 틈을 남겨 두기로 결심했다. 몇 년 전《하버드 비즈니스 리뷰》에서 에너지 관리에 대한 글을 읽었는데, 여유가 있어야 건강과 능률 등 여러모로 이롭다고 한다. 말하자면 어려움을 겪고 나서는 심신을 회복하며 정서적 기반을 다질 시간이 필요하다는 내용이었다. 다시 일어서는 힘을 비축할 시간이 절실하다. 사람이 그런 여유가 없으면 부정적으로 변한다고 한다.

생리적으로 볼 때 간헐적 회복이 없으면 장기간에 걸쳐 고도로 긍정적인 감정을 유지하기란 불가능하다. 무리한 요구와 예상치 못한 난관에 직면하면 하루에도 몇 번씩 부정적 감정(투쟁-도피 모드)에 빠지기 쉽다. 짜증이 나고 마음이 급해지거나 불안과 염려가 엄습한다. 이런 감정 상태가 되면 에너지가 유출되고 인간관계에서 마찰이 생긴다. 투쟁-도피 상태에서는 깊고 명료하고 논리적인 생각이 불가능하다. 부정적 감정을 유발하는 사건의 유형을 파악하면 경영자는 감정 반응을 관리하는 능력이 증진된다.[5]

당신은 일정을 짤 때 예상치 못한 상황에 대비하거나 심신을 회복하기 위한 틈을 남겨 두는가? 내게는 아직도 어려운 일이다.《대지의 감촉》The Touch of the Earth에서 진 허시Jean Hersey는 "삶을 모두 채우지 않는 것, 몇 날과 몇 주를 완전히 계획하지 않는 것이 매우 중요하다. 즉흥적인 행동을 할 수 있도록 빈틈과 막간을 두는 것이 반드시 필요하다. 왜냐하면 대체로 그런 즉흥성과 돌발성이 있어야 우리 삶에 우연히 찾아온 무궁무진한 기회와 새로운 영역으로 나아갈 수 있기 때문이다."라고 말했다.[6] 그렇게 빈틈을 남겨 두면 에너지도 현명하게 사용할 수 있다.

다행히 건강과 관련해서는 예전보다 여유를 두는 편이다. 운동도 많이 해서 체력과 에너지도 좋다. 물론 지금도 계속 배우면서 성장을 추구하고 있다. 혹시 에너지 역량이 고정되어 있고, 그래서 개선할 수 없다고 생각하지는 않는가? 그렇다면 그런 사고방식을 바꿔야 한다.

이제부터 무엇이 에너지를 키우고 고갈시키는지 관심을 갖고 그에 맞춰 활동을 조절해 나가자. 에너지가 새는 구멍은 최대한 없애고 에너지 역량을 키워 주는 요소는 잘 활용하자. 에너지를 가장 중요한 곳에 쓸 수 있도록 잘 관리한다면 당신의 인생이 바뀔 것이다.

 에너지 역량을 키우기 위한 질문

❶ 당신의 에너지를 빼앗는 활동, 사람, 일, 장소는 무엇인가?

❷ 당신에게 에너지를 불어넣는 활동, 사람, 일, 장소는 무엇인가?

❸ 인생의 어떤 영역에서 당신과 주위 사람들의 에너지를 극대화하지 못하고 있는가?

제4장

감정에 휘둘리지 않고 다스린다

1969년 인디애나 주 시골 교회에서 목회 인생을 시작했던 당시에는 목회자라면 당연히 교인을 상담해야 한다는 인식이 보편적이었다. 대학에서 상담 관련 수업을 들었고 사람들을 돕고 싶은 마음이 있었던 나는 신임 담임 목사로 신도들을 상담하기 시작했다. 상담이 잘될 때도 있었지만 그렇지 않을 때가 더 많았다. 거기에는 내 책임도 있었다.

나는 상담사로서 소질이 별로 없었다. 상대가 문제를 말하면 해법과 어떻게 행동해야 하는지 계획을 제시하고자 했다. 그 사람이 내가 제시하는 해법을 실행하기 전에는 똑같은 문제를 절대 논하려 하지 않았다. 그런데 상담은 그런 식으로 하면 안 된다. 그것이 내가 상담을 포기한 이유 중 하나다. 하지만 상담이 삐걱거린 데는 내 잘못만 있지 않았다. 다른 문제도 있었다. 그때를 돌아보면 다음과 같은 문제가 똑똑히 보인다.

- 대부분의 사람은 자신을 있는 그대로 보지 않는다.
- 많은 사람이 문제를 해결하고 싶어 하지 않는다. 다만 누군가가 자기 얘기를 들어 주기를 바랄 뿐이다.
- 어떤 사람들은 정서적으로 강인하지 못해서 시련에 잘 대처하지 못한다.

그 당시 나는 왜 사람들이 정서적으로 강인하지 못한지 이해하지 못했다. 정서 역량을 키울 수 있도록 도와주고 싶어도 마땅한 전략이 없었다. 그러나 지금은 아니다. 그 전략을 당신에게 전수하고 싶다. 당신의 정서 역량이 크지 않다면 충분히 도움이 될 것이다.

모든 감정에 긍정적으로 대응하는 법

먼저 내가 말하는 정서 역량의 의미부터 밝히고 싶다. 정서 역량은 역경, 실패, 비판, 변화, 압력에 긍정적으로 대응하는 능력이다. 이런 모든 요소는 우리에게 스트레스를 준다. 사람들이 스트레스 혹은 정서적 압박을 제대로 다스리지 못하면 잃는 게 너무나 많다. 포기하고, 무너지고, 압박감에서 벗어나기 위해 건전하지 못한 행동을 한다.

하지만 정서적으로 강인한 사람은 감정을 다스리면서 고난을 헤

쳐 나간다. 다시 일어서는 힘이 있다. 그래서 역량이 커지는 것은 물론
이고 잠재력을 완전히 발현하는 경지에 더 가까이 다가선다. 나는 정
서 역량이 큰 사람을 많이 봐왔으며, 그들이 어떻게 행동하는지도 관
찰했다. 내가 그들에게서 발견한 일곱 가지 특징을 받아들인다면 당
신도 정서 역량이 한층 커질 것이다.

1. 감정을 능동적으로 다스린다

정서적으로 강인한 사람들의 특징 중에서 가장 중요한 것은 능동
적으로 감정을 다스린다는 점이 아닐까 싶다. 그들은 절대 "지금 기분
에 내가 어떻게 이런 걸 해."라고 말하는 법이 없다. 결코 기분의 먹잇
감이 되지 않는다. 연구자이자 교육자인 애쉬M. Asch 는《응용심리학 개
론》Perspectives on Applied Psychology에서 "행동이 감정에 선행한다는 점을
잊지 말라."고 말했다.

다시 말해 우리가 감정에 '영향'을 미칠 수 있다는 말이다. 감정을
완전히 통제할 수는 없을지 몰라도 행동을 통해 감정을 바꿀 수는 있
다. 이를 잘 보여 주는 내가 무척 좋아하는 글귀가 있다. 작가이자 강
연가인 오그 만디노Og Mandino의 책에 나오는 구절이다.

우울함을 느낄 때는 흥겨운 노래를 부르고,

슬픔이 느껴지면 큰 소리로 웃으리라.

아픔을 느낄 때는 두 배로 일하고,

두려움이 느껴지면 과감하게 돌진하리라.

열등감을 느낄 때는 새 옷으로 갈아입고,

무능력함이 느껴지면 지난날의 성공을 기억하리라.

가난함을 느낄 때는 다가올 부를 생각하고,

삶이 무의미하게 느껴지면 내 목표를 되새기리라.

이제 나는 내 감정의 지배자가 되리라.[1]

내가 과연 '내 감정의 지배자'가 될 수 있을지는 모르겠지만, 나를 해치는 감정을 막아 내는 행동은 절대 멈추지 않을 것이다. 누구나 살다 보면 원치 않은 돌발 상황에 뒤통수를 맞고, 부정적인 인간관계에 기습당하고, 느닷없이 날아든 주먹에 대자로 뻗는다. 인생이 얼마나 불공평한지 온 세상에 하소연하고 싶을 때도 있다. 하지만 오로지 행동을 통해서만 자신을 그 구덩이에서 꺼낼 수 있다. 마냥 바라고, 부정하고, 울고, 욕하고, 안달하고, 불평하고, 원망하고, 기다리기만 해서는 구덩이에서 못 빠져나온다.

감정이 불러온 충격에서 빨리 벗어나 행동해야만 그만큼 회복 시간도 짧아진다. 그럴 때 정서적으로 한층 더 강인해진다. 선택은 언제나 우리의 몫이다. 감정을 지배하기 위해 노력하지 않으면 감정에 지배당할 수밖에 없다.

2. 신세 한탄으로 시간을 낭비하지 않는다

이런 농담을 들어 봤는지 모르겠지만 누군가가 절친한 친구에게 하소연한다. "온 세상이 나한테 등을 돌렸어!"

그때 친구는 위로랍시고 "온 세상이 너한테 등을 돌렸다니 무슨 소리야. 세상 사람들은 네가 누구인 줄도 모르는데!"라고 말한다. 진부한 이야기로 들릴 수도 있지만 여기서 신세 한탄을 하는 사람들의 공통점이 드러난다. 그들은 총체적인 상황을 부정적으로 과장한다.

나는 최근에 리더들의 모임에서 우리가 불평을 하는 상황에서는 사람들을 인도할 수 없다고 말했다. 이는 성공에도 접목시킬 수 있다. 불평하는 것과 전진하는 것을 동시에 할 수는 없다. 이런저런 문제로 힘들고 고생스럽다는 불평을 늘어놓으면서 올바른 방향으로 나아가는 경우는 드물다. 네이비 실 출신의 에릭 그레이튼스Eric Greitens는《회복력》Resilience에서 이렇게 말했다.

> 인생의 골칫거리 중에는 그냥 무시해야 하는 게 많다. 그렇다고 모든 고통을 억누르고, 무시하고, 부정하라는 말은 아니다. 심각한 고통은 직시해야 한다. 하지만 회복력에서 중요한 요소 중 하나는 어떤 고통에 관심을 줘야 할지 분간하는 요령을 터득하는 것이다. 매번 모든 고통에 관심을 기울이면 회복력은 생기지 않고 우는 소리밖에 안 나오는 게 보통이다.[2]

사람은 각자 자신만의 방법으로 시련을 견디고 자신이 처한 안 좋은 상황을 이겨 낸다. 나는 PGA 프로골퍼 리처드 리Richard Lee가 코스에서 역경을 이겨 내는 방법을 좋아한다. 내가 그를 만나 친해진 계기는 AT&T 페블 비치 프로-아마추어 합동 골프 토너먼트였다. 나는 몇 차례 그 대회에 참가하는 영예를 누렸고, 리와는 두 번이나 한 팀이 됐다. 어느 해에는 플레이오프까지 진출했다. 플레이오프 경기 때 제1타를 치기 직전 느꼈던 설렘은 평생 잊지 못할 것이다.

하지만 언젠가는 경기를 망치다시피해서 꼴찌에 가까운 성적을 기록하기도 했다. 저조한 성적으로 컷을 통과하지 못한 리와 나는 경기가 끝나고 나서 마음을 달래고 회포도 풀 겸 저녁 식사를 하러 갔다. 그때 리에게 "지금까지 들은 조언 중에서 최고의 조언은 뭔가요?" 하고 질문했다. 그는 "공을 반갑게 맞아라입니다."라고 말했다. 그 자리에 있던 모든 사람이 무슨 의미인지 궁금해했다.

"저는 골프가 생업이잖아요. 저한테는 모든 샷이 중요해요. 샷 하나로 토너먼트에서 올라가느냐 떨어지느냐가 결정되니까요. 초창기에 장모님이 저의 플레이를 보셨는데 제가 샷을 잘못 치면 시무룩해지더래요. 그런데 그렇게 부정적인 감정에 흔들리면 플레이가 제대로 안 풀리죠. 어느 날 저한테 이렇게 말씀하셨어요. '리처드, 샷이 안 좋은 날도 있는 법이야. 모든 골퍼가 그래. 그러니까 공을 향해 걸어갈 때 딱 결정을 내려야 돼. 불안한 마음으로 공을 확인하러 가면서 부정적인 생각과 감정으로 심신을 채울 것인가, 아니면 공을 반갑게 맞으면서 내가 골퍼라는 사실을 기쁘게 생각하고 아직 리커버리 샷을 칠 기회가 많다고 생각할 것인가 말이야. 공이 어디에 떨어져 있든 항상 반갑게 맞으면 리커버리 샷을 칠 때가 더 많을 거야.' 그 후부터 공이 어디에 있든 성큼성큼 걸어가서 반갑게 맞습니다. 그게 경기에서 엄청난 차이를 만들더군요."

리커버리 샷을 친다! 역경을 이겨 내는 방법을 이런 식으로 생각하면 참 좋지 않을까. 살다 보면 공이 안 좋은 곳에 떨어질 때가 있다. 일이 잘 풀리지 않고 불운이 닥치고 인생이 불공평할 때 당신은 어떻게 반응하는가? 어떤 마음가짐으로 공을 찾겠는가? 공의 위치가 마음에 안 든다고 한탄할 수도 있지만, 반갑게 공을 맞을 수도 있다.

그러고 보니 내가 중학교 때 참가한 데일 카네기 코스에서 첫 수업 때 배운 내용이 생각난다. '내게 닥칠 수 있는 최악의 상황은 무엇인가?'라고 스스로에게 물어보라고 했다. 이 질문에 답하고 그 상황을 받아들일 각오를 하면 '리커버리 샷'을 잘 칠 수 있다. 설사 최악의 상황에 닥쳐도 대처할 수 있다. 그렇다면 예상했던 최악이 아닌 상황에서는 얼마나 잘 대처할 수 있겠는가.

3. 타인이 관계를 좌우하도록 내버려 두지 않는다

리더로서 첫발을 뗐을 때 나는 모든 사람을 즐겁게 해줘야 한다고 생각했다. 다행히 대인관계 기술이 좋은 편이라서 사람들을 기분 좋게 만들거나 기분이 안 좋으면 잘 풀어 줬다. 하지만 사람들의 비위를 맞추는 데 급급하다 보니 그들의 행동이 내 삶을 좌우했다. 그러던 어느 날, 멘토인 엘머 타운스가 정신이 번쩍 드는 말을 했다. "존, 인간관계는 대체로 둘 중에서 더 약한 사람이 지배하는 법이에요."

보통 정서적으로 강인한 사람들은 어려운 관계도 잘 적응하는 능력이 있지만, 정서적으로 약한 사람들은 적응을 못하거나 안 한다고 했다. 이는 시사하는 바가 크다. 어떤 관계에서 상대보다 정서적으로 더 강인할지라도 그 관계의 역학 구도를 의식하지 않으면 상대방에게 끌려 다니게 된다. 하지만 역학 구도를 의식하면 수동적으로 상대방에게 적응할 것인지, 아니면 능동적으로 대처해서 그 구도에 영향을 미치거나 아예 그 사람과 거리를 둘 것인지 선택할 수 있다.

교육학자 레오 버스카글리아 Leo Buscaglia 는 "당신은 당신으로 사는 게 가장 쉽습니다. 가장 어려운 것은 남들이 당신에게 원하는 모습으로 사는 겁니다. 사람들이 당신을 그런 위치에 놓도록 내버려 두지 마십시오."라고 말했다. 그날부터 나는 인간관계를 달리 보게 됐다. 더 약한 사람이 관계를 좌우하는 게 일반적이라면, 내가 능동적으로 행동하지 않으면 역량을 발현하지 못할 때가 많을 것 같았다. 비정상인 사람은 타인도 자신과 같은 수준이기를 바란다. 보통 사람은 타인도 보통이기를 바란다. 성공하는 사람은 타인도 성공하기를 바란다.

그래서 나는 탐색의 길에 올랐다. 먼저 첫 번째는 내가 기분을 맞춰 주려고 하는 사람들을 객관적으로 보고자 했다. 그들의 삶은 어디를 향하고 있는가? 그들의 목적은 무엇인가? 그들은 더 큰 비전을 인지하고 있는가? 그들의 욕구가 타인에게 이롭게 작용하는가? 두 번째는 리더십, 성장, 성공의 모범이 되는 사람들을 찾았다. 그들은 무엇을 하는가? 우선순위가 무엇인가? 비전을 어떻게 성취하는가? 타인을 어떻게 대하는가?

두 집단을 보니 비교 자체가 불가능했다. 내가 존경하는 사람들은 내가 앞으로 나아가야 할 길을 보여 줬다. 나는 그들에게서 배우고 그들을 본받았다. 그럴수록 나와 목적과 비전이 일치하지 않는 사람들의 기분을 맞춰 주고 싶은 마음이 사라졌다. 때로는 새로운 방식으로 생활하고 새로운 방식으로 사람들을 인도하기 위해 오래된 관계를 청산할 필요도 있었다. 사람과 사람의 관계란 원래 복잡하기 마련이어서 쉽게 헤쳐 나갈 수 없을 때도 있다.

내 인생에 대한 지배권을 지키며 타인이 그것을 가져가지 못하도록 막는 방법 중 하나가 내가 다양한 역할을 맡고 있다는 사실을 인지

하는 것이다. 나는 남편이자 아버지요, 친구, 사업가, 리더다. 그때그때 내 역할이 무엇이냐에 따라 관계에 대한 자세가 달라진다. 나는 지금도 인간관계에서 그때그때 필요한 역할에 맞는 선택을 한다. 최근에 심리학자 헨리 클라우드Henry Cloud의 글에서 다양한 역할을 인지하고 사는 요령을 감동적으로 보여 주는 이야기를 읽었다.

회사를 설립해 크게 일으킨 사람이 있었다. 그는 은퇴하면 아들에게 경영권을 물려줄 생각이었다. 그가 공장을 돌아보던 중 아들이 다른 직원들이 보는 앞에서 어떤 직원을 호되게 질책하는 광경을 목격했다. 그는 아들을 데리고 집무실로 가서 말했다.
"데이비드, 나는 여기서 두 가지 역할을 맡고 있다. 상사이면서 아버지란다. 지금 나는 상사의 역할을 하려고 한다. 넌 해고야. 이제 출근하지 마라. 내 회사에서 그런 행태는 용납할 수 없고, 직원이 그런 취급을 받는 것도 참을 수 없다. 내가 전에도 몇 번이나 지적했는데 아직도 못 고쳤구나. 그래서 널 내보내야겠다."
그러고는 다시 말했다.
"자, 이제는 네 아버지의 역할을 하마."
잠깐 뜸을 들인 후 말을 이었다.
"아들아, 네가 직장을 잃었다는 소식을 들었다. 내가 어떻게 도와주면 좋겠니?"[3]

정서적으로 강인한 사람은 인간관계를 소중히 여기지만 타인이 관계를 좌우하는 것은 용납하지 않는다. 특히 어려운 관계일수록 더욱 그렇다.

4. 어쩔 수 없는 것에 에너지를 허비하지 않는다

나는 오래전부터 넬슨 만델라를 존경했다. 몇 년 전 어느 기자와 만델라를 잘 아는 수감자 출신자와 함께 만델라가 옥살이한 로벤 섬에 다녀왔다. 그곳에서 채석장, 만델라가 동료 수감자들을 만나서 인종격리 정책을 분쇄할 방법을 논하던 동굴, 운동장, 만델라가 27년의 수감 기간 중 18년을 보낸 두 평 남짓한 감방을 둘러봤다. 나는 그 감방에 15분 정도 혼자 들어가 있었다. 바닥에 깔린 매트에 누워서 철창 너머를 보며 내가 만델라의 처지가 되어 자유를 꿈꾸고 있다고 상상해 봤다.

감방을 나서자니 '위대함은 감금할 수 없다. 꿈은 가둬 놓을 수 없다'는 생각이 들었다. 그날 함께 간 기자와 많은 대화를 나눴다. 만델라는 자신이 어쩔 수 없는 것에 지배당하는 것을 용납하지 않았다고 한다. 그렇게 함으로써 최악의 상황에서도 좋은 것을 도출하고, 자신이 할 수 있는 것에 집중했다. 저녁에 나는 호텔 방에서 이런 글을 썼다.

넬슨 만델라에게서 배우는 것
주변 환경에 정신을 지배당하지 말자.
우리를 폄하하는 사람이 우리의 가치를 결정하게 두지 말자.
고통스러운 나날 속에서도 꿈은 잉태된다.
지금 아무리 망가졌다 해도 온전히 회복될 수 있고 다른 사람을 치유할 수 있다.

내가 통제할 수 있는 것만 통제하고 그렇지 않은 것에 에너지를 허비하지 않는 것은 인생에서 배울 수 있는 가장 중요한 교훈에 속한다. 나의 멘토인 컨설턴트 프레드 스미스Fred Smith에게 자주 들은 말은 "기정사실과 문제의 차이를 알아야 해요. 기정사실은 우리가 통제하거나 고칠 수 없어요. 문제는 고칠 수 있고요."였다. 나는 이 귀한 조언을 한시도 잊어 본 적이 없다. 정서적으로 강인한 사람들은 차가 밀리거나 짐을 잃어버리거나 폭풍우를 만나도 에너지를 허비하지 않는다. 그들은 그런 요인이 모두 자신의 능력 밖에 있다는 점을 인정한다. 그래서 자신이 통제할 수 있는 것에만 집중한다.

내가 막 열여섯 살이 됐을 때 아버지가 그런 지혜를 전수해 주셨다. 내가 운전면허 시험을 보러 가는 날, 아버지는 나를 태워다 주기 위해 차에 타서 글로브박스에 책 한 권을 넣고 말씀하셨다. "아들아, 운전을 하다 보면 지나가는 기차 때문에 멈춰서 기다려야 할 때가 있다. 그때 이 책을 꺼내서 읽어라. 네가 어쩔 수 없는 상황에서도 시간을 낭비하지는 마라." 그때부터 나는 기다릴 수밖에는 없는 상황에서 요긴하게 쓰기 위해 성장에 도움이 될 만한 책을 가지고 다녔다. 하지만 다음과 같이 내가 통제할 수 있는 것은 책임지고 통제했다.

- 태도 : 무슨 생각을 하고 무엇을 느끼는지는 내가 독자적으로 결정한다.
- 시간 : 누구와 어떻게 시간을 쓰느냐는 내가 독자적으로 결정한다.
- 우선순위 : 인생에서 무엇이 중요하고 그것에 얼마나 시간을 들이느냐는 내가 독자적으로 결정한다.

- **열정** : 사랑하는 것, 힘을 쏟고 싶은 것을 내가 독자적으로 규명한다.
- **잠재력** : 어떤 분야에서 성장에 매진할 것인지 내가 독자적으로 결정한다.
- **소명** : 훗날 하나님 앞에서 내 인생의 목적에 대해 내가 독자적으로 책임진다.

나는 이런 것에 에너지를 집중할 것이다. 때로는 사람들이 불만을 품을지 몰라도 내가 자신에게 불만을 품는 일은 없을 것이다. 내가 이런 것을 어떻게 다스리고, 어떻게 에너지를 쓰느냐는 전적으로 내 책임이다. 그리고 이 부분에 대해 하나님 앞에서 책임지는 사람도 오로지 나 자신뿐이다.

5. 똑같은 실수를 되풀이하지 않는다

정신이상이란 똑같은 행동을 반복하면서 다른 결과를 기대하는 것이라는 말이 있다. 논리적으로 생각해 보면, 똑같은 행동에는 당연히 똑같은 결과가 뒤따르기 마련이다. 그런데 많은 사람이 늘 하던 대로 행동하면서 다른 결과가 나오기를 바라는 함정에 빠진다. 이 얼마나 기운 빠지는 일인가! 그럴 때는 하던 일을 멈추고 아무리 노력해도 왜 긍정적인 결과가 나오지 않는지 생각해 보고, 자신의 행동을 수정해야 한다. 그런데 대부분 그런 생각을 하지 않는다.

성공하는 사람들이 정서 역량을 크게 유지하는 비결 중 하나는 이런 함정에 빠지지 않는 것이다. 물론 그들도 실수할 때가 있다. 그들은 일단 멈춰서 실수에서 교훈을 얻는다. 그들은 '일단 끝났으면 된 거야'

라는 예전의 사업 원칙을 따르지 않는다. 끝나도 교훈을 얻기 전에는 끝난 게 아니라는 새로운 원칙을 따른다. 나는 오래전부터 경험이 숙고를 거치면 통찰로 거듭난다는 사실을 믿고 있다. 이런 믿음에 따라 행동함으로써 성장하고 지혜를 얻고 큰 정서 역량을 유지하고 있다. 그 방법은 다음과 같다.

성찰 : 매일 자신을 돌아보고 스스로에게 질문한다

나는 매일 저녁 시간을 내서 하루를 성찰하고 자신에게 질문한다. 이를 자신과의 만남이라고 생각한다. 그때 반드시 던지는 질문 중 하나가 '오늘은 무슨 실수를 저질렀는가?'이다. 실수가 배움의 밑거름이 되기 때문이다. 대부분의 사람은 배움을 사랑하는 마음보다 실수를 두려워하는 마음이 더 크다. 나는 실수를 두려워하는 마음보다 배움을 사랑하는 마음이 더 크다.

탐구 : 타인이나 주변이 아닌 자기 자신에 집중한다

정서적으로 강인한 사람은 먼저 자신의 어떤 부분을 개선해야 하는지를 생각하지, 타인이나 주변 환경에 집중하지 않는다. 내가 저지른 실수가 무엇인지 살펴보고 '오늘 잘못한 것에서 무엇을 배울 수 있는가?'를 묻는다.

코칭 : 자신과의 대화를 통해 스스로를 지도한다

우리가 하는 대화 중에서는 자신과의 대화가 가장 중요하며 그 대화는 자신의 발전에 커다란 영향을 미친다. 그 대화를 통해 스스로 코치가 되어 긍정적인 태도를 유지하며, 자신의 부정적인 면을 보도록 지도한다. 나 자신과 대화할 때 항상 되새기는 말이 있다. 하나는 내가 실수를 통해 배우고 성장하고 있다는 것이고, 다른 하나는 노력할수록 내가 창조될 때 목표로 정해진 인간상에 점점 더 가까워진다는 것이다.

전향 : 실수를 통해 올바른 방향을 설정한다

똑같은 실수를 되풀이하는 것을 막기 위해서는 상황을 올바른 방향으로 향하게 해야 한다. 강연가 짐 론Jim Rohn은 "인생의 방향을 돌리려면 머릿속에 '꼭 해야 하는 일' 목록에 등록된 일을 처리하는 것이 가장 좋다."고 말했다. 나는 실수를 되돌아보고 교훈을 얻을 때 그 실수와 이별하려면 어느 방향으로 가는 게 옳은지 판단한다. 이것이 나의 '꼭 해야 하는 일' 목록에 올라와 있다.

실행 : 꼭 해야 하는 일은 신속하게 실천한다

나는 '꼭 해야 하는 일' 목록에 오른 항목을 너무 오래 갖고 다니지 않는다. 어떤 내용이든 꼭 해야 하는 일 목록에 오르자마자 '완료한 일' 목록으로 옮기려는 습관이 몸에 배어 있다. 안 그래도 스트레스가 많은 게 인생이다. 꼭 해야 하는 일까지 무겁고 거추장스럽게 짊어지고 다닐 필요가 있을까. 정서적으로 강인한 사람들은 자기 자신에게 솔직하다. 나는 자신에게 솔직해지기 위해 꾸준히 성찰한다. 시인 제임스 러셀 로웰James Russell Lowell은 "자신을 대할 때 완전히 정직하지 못한 사람은 절대 위대한 일을 할 수 없다."고 말했다. 자신을 솔직히 대하는 것은 그만큼 중요하다.

6. 좋은 일에도, 나쁜 일에도 휘둘리지 않는다

어렸을 때 '자기의 마음을 다스리는 자는 성을 빼앗는 자보다 나으니라'라는 잠언을 배웠다.4 성을 빼앗는 것이 얼마나 힘든지 몰라도 마음을 다스리는 것이 얼마나 힘든지 잘 안다. 그것은 내가 항상 힘쓰는 일이기도 하다. 나는 감정에 휘둘리지 않고 감정을 지배하고 싶다.

예전에 어떤 사람이 PGA의 전설 샘 스니드 Sam Snead 와 골프를 쳤다고 한다. 첫 번째 홀에서 스니드가 7타, 그러니까 3오버파라는 형편없는 점수를 냈다. 그들이 그린을 나와 다음 홀로 걸어갈 때 스니드는 태연하게 "이래서 골프는 18홀까지 치는 겁니다."라고 말했다. 그날 스니드는 4언더파로 라운드를 마무리했다. 자신의 감정이 경기에 좌우되지 않았기 때문이었다.

내가 초보 리더였을 때 멘토 중 한 분이 "리더의 삶에 좋은 날이 이틀 연속으로 오는 경우는 없어요."라고 말했다. 정말로 그렇다. 어느 누구의 삶에도 좋은 날이 이틀 연속 오는 경우는 없다고 말하고 싶다. 언제라도 우리의 감정을 무너뜨리겠다며 으르렁대는 부정적인 요소가 포진해 있으니 말이다.

당신은 그런 것에 발목 잡혀 저 아래로 뚝 떨어졌다가는 낙담의 구렁텅이에 빠질 수 있다는 사실을 잘 알 것이다. 그렇다고 좋은 일로 너무 붕 떠 있어도 안 된다는 것을 알고 있는가? 우리는 성공하면 거기에 안주하려는 경향이 있다. 내가 딱히 신경 쓰지 않아도 모든 것이 잘 돌아가니까 이 영예를 누리면서 지금 가진 것만 잘 지키자고 생각한다. 자칫하면 나는 성공하는 게 당연하다고 착각해서 분별력을 잃고 태만해지기까지 한다. 이렇게 보면 나쁜 일만 아니라 좋은 일도 우리의 현실 인식을 무너뜨려 행동에 걸림돌이 될 수 있다.

내가 좋은 일과 나쁜 일의 파급 효과를 제한하는 방법은 무엇일까? 24시간 원칙을 따르는 것이다. 간단히 말해 좋은 기분이든 나쁜 기분이든 무조건 유효기간을 24시간으로 제한한다. 내가 큰 성공을 거뒀으면 24시간 동안 기념한다. 나와 직원들은 하이파이브를 하고 무용담을 나누고 칭찬하되, 딱 하루 동안만이다. 그 후에는 다시 업무로 복귀한다. 우리는 어제의 성공이 내일의 성공을 보장하지 않는다는 사실을 너무나 잘 안다. 내일의 성공은 오늘의 노력에서 나온다.

평정심을 되찾기가 쉽지 않으면 내 시야를 좀 더 현실적으로 바꿔주는 행동을 한다. 이를테면 짐 콜린스Jim Collins가 쓴 《성공하는 기업들의 8가지 습관》을 읽으며 처음에는 번듯했지만 결국에는 망해 버린 회사들을 생각해 본다. 아니면 내가 계속 긍정적인 변화를 일으키며 삶을 개선하지 않으면 잘못될 수 있는 것을 목록으로 작성해 본다. 아직도 내 앞에 있는 과제나 난관을 생각해 보기도 한다.

큰 실패를 겪었을 때도 마찬가지로 나 자신에게 24시간 동안만 시무룩해하고 울상 짓고 슬퍼하기를 허용한다. 제한 시간이 끝날 때면 나를 정서적 안정 상태로 회복시켜 주는 행동을 시작한다. 긍정적인 친구와 시간을 보낸다든지 골프를 친다. 내가 침체되어 있을 때 배운 것을 다른 사람에게 들려준다. 인생에서 좋은 것에 집중하고 다른 사람을 돕는다. 그런데 이때의 관건은 행동이다. 좋은 일에 대처하든, 나쁜 일에 대처하든 실제 행동하는 것이 다시 원점으로 돌아와서 감정의 지배권을 되찾는 데 도움이 된다. 이로써 나는 정서적으로 강인한 상태를 유지한다.

7. 고난의 가치를 이해하고 감사하며 그 속에서 성장한다

많은 사람이 변화를 거부하고, 당장 결과가 나오기를 바라고, 문제가 아예 없는 삶을 살고 싶어 한다. 하지만 그런 욕구는 사람을 정서적으로 나약하게 만든다. 왜? 인생에는 고난이 빠질 수 없기 때문이다. 정서적으로 강인한 사람은 당연히 시련이 있다는 것을 알고, 그런 시련을 통해 성장한다는 사실을 감사히 여긴다. '내면에서 시작되는 리더십'Leading from Within의 설립자이자 대표인 롤리 대스컬Lolly Daskal은 이렇게 말했다.

> 인간은 본성적으로 변화를 거부한다. 특히 변화가 역경이나 도전의 형태로 찾아올 때 심한 거부 반응을 보인다. 하지만 변화는 불가피하다. 차라리 회복력을 기르면 변화를 견뎌 내는 것은 물론 변화를 통해 배우고 성장하고 번창하는 데도 도움이 된다. 회복력이란 스트레스와 역경을 극복하는 능력이다. 그 뿌리는 자신을 믿는 것이다. 회복력은 타고나는 특질이 아니다. 회복력은 생각과 행동에서 비롯되며 그런 생각과 행동은 누구나 학습하고 계발할 수 있다.[5]

정서적으로 강인한 사람은 즉시 결과가 나오기를 기대하지 않는다. 그들은 인생이 장기전임을 잘 알고 있다. 고난이 닥치면 불굴의 용기와 에너지로 힘껏 맞서 다시 일어선다. 그들은 진정한 성공에는 시간이 걸린다는 사실을 안다. 그들은 새로운 것을 시도하고 실패한다. 난관에 부딪혀도 무릎 꿇지 않는다. 계속 전진하고 끊임없이 노력한다. 그들은 자신이 올바르게 결정해야 하는 것에 집중하고, 신속하게 결정한다. 그들은 하룻밤 만에 방향을 전환할 수는 있어도 하룻밤 만에 목적지에 닿을 수는 없음을 잘 안다. 큰 그림에 시선을 고정하고 중도에 포기하지 않는다. 그들은《회복력》에서 에릭 그레이튼스가 설명하는 태도가 몸에 배어 있다.

> 당신은 실패한다. 특히 초반에는 크게 실패한다. 실패는 당연한 것이요, 필수적인 것이다. 회복력이 없으면 첫 번째 실패가 곧 마지막 실패다. 그것으로 끝이기 때문이다. 실력이 탁월한 사람은 실패와 마음 편하게 공존하는 법을 터득한 사람이다. 탁월한 사람은 평범한 사람보다 더 많이 실패한다. 더 많이 시작하며 더 많이 시도하고 더 많이 공격한다. 통달은 언제나 실패의 산 정상에 조용히 앉아 있다.[6]

그레이튼스는 인간이 잘 살기 위해 꼭 해야 하는 것이 있다고 본다. 이를테면 숨을 쉬고 잠을 자고 밥을 먹고 사랑하는 것이다. 그는 우리에게 고난도 필요하다고 생각한다. 우리가 장애물을 넘고 문제를 해결해야만 최고의 기량을 발현할 수 있다고 믿는다. 그러려면 감정을 다스리고 고난에 감사할 줄 알아야 한다. 정서적으로 강인한 사람은 날마다 정서적 백지 상태로 새날을 시작한다. 묵은 감정의 응어리를 붙들고 있는데 어찌 정서적으로 회복력이 강하다고 하겠는가.

최근에 나는 새롭게 시작하는 능력의 중요성을 다시금 깨달았다. 우연히 스티브 잡스의 사상을 접하고 나서였다. 그는 성공을 써놓은 칠판을 지워 버리고 다시 초심으로 돌아갈 줄 알아야 한다고 말했다. 나는 이번 달에 마거릿과 함께 이사를 준비하느라 짐을 쌀 때 그 조언을 따라야 했다. 우리는 모든 세간을 둘러보면서 이제 없애야 할 게 무엇인지 파악하고 있었다.

나는 한 달 동안 오래된 캐비닛들에 보관한 서류를 싹 훑어 봤다. 나중에 책을 쓰고 강연하기 위해 45년 동안 차곡차곡 모아 온 자료다. 가지고 갈 것과 버릴 것을 정리하다 문득 이 서류가 일종의 애착 인형처럼 안정제 역할을 한다는 것을 깨달았다. 언제라도 의지할 자료가 있는 셈이었다. 하지만 최근 들어 나는 책을 쓰고 강연할 때 의도적으로 인생 경험을 더 많이 활용하도록 나를 밀어붙이고 있었다. 내 안으로 깊숙이 들어가서 생각과 아이디어를 건져 올리지, 굳이 자료를 찾지 않았다.

나는 결정을 내려야 했고, 그것은 정서적인 문제였다. 그 캐비닛의 자료는 45년간 의도적으로 수집해 온 생각과 아이디어의 집합체였다. 서류철을 하나하나 넘겨 보니 무엇을 왜 철해 놨는지, 그것을 얼마나 소중히 여겼는지, 그것으로 어떻게 사람들을 도왔는지 새록새록 떠올랐다. 하지만 그 자료를 보관하고 싶은 마음만큼이나 더 성장하고 싶은 마음이 컸다. 열 개의 서류철을 제외하고 나머지는 모두 처분했다.

이제 나는 서류에 의존하지 않는다. 나는 안정에서 위험으로, 아는 것에서 모르는 것으로 나아갈 때 무엇이 필요한지 깨달아 가고 있다. 그것은 안주하지 않고 다시 일어서는 용기와 믿음 그리고 정서 역량이다.

정서 역량을 키우기 위한 질문

1 자신을 정서적으로 강인한 사람이라고 생각하는가, 나약한 사람이라고 생각하는가? 그 이유는 무엇인가?

2 정서적으로 강인한 사람들의 일곱 가지 특징 중 가장 자신 있는 것은 무엇인가?

3 정서적으로 강인한 사람들의 일곱 가지 특징 중 가장 취약한 것은 무엇이고, 그 이유는 무엇인가? 어떻게 하면 그 영역을 개선할 수 있을까?

제5장
....

효과적으로
생각하는 힘을 기른다

우리 아버지는 대공황기 때 오하이오 주 조지타운에서 자랐다. 근면
과 성실이 몸에 밴 아버지는 언제나 일을 척척 구했다. 아버지는 10대
때 동네에 딱 세 집밖에 안 되는 부잣집에서 심부름을 해주는 사환 일
을 했는데 그러면서 인생을 바꿀 깨달음을 얻었다. 그 세 집안 사람들
은 동네 사람들과 생각하는 방식이 달랐는데 신기하게도 세 집안 사
람들의 생각하는 습관은 서로 비슷했다. 아버지는 겨우 고등학생 나
이에 성공하는 사람과 성공하지 못하는 사람은 사고방식이 다르다는
결론에 이르렀다.

이에 고무되어 아버지는 성공한 사람들에 대해 조사하고, 긍정적
인 사고방식을 기르는 데 도움이 되는 책을 읽고, 효율적으로 생각하

는 능력을 계발하기 위해 노력했다. 거기서 얻은 교훈을 래리 형, 나, 동생 트리시 3남매에게 전수하며 좋은 사고방식을 기르도록 권면했다. 나 스스로도 성공한 사람들에 대해 조사했더니 아니나 다를까 아버지와 똑같은 결론이 나왔다. 나는 좋은 사고방식이 받쳐 주지 않으면 성공하는 게 아주 불가능하지는 않아도 어렵다고 생각한다.

지금까지 생각을 강조하는 글을 수없이 쓴 이유도 그 때문이다. 좋은 생각은 기본 중에 기본이다. 그래서《생각의 법칙 10+1》은 독자들에게 들려주고 싶은 생각에 관한 명언으로 시작했다.

1. 모든 것은 생각에서 비롯된다.
   인생은 우리가 하루 종일 생각하는 것으로 이루어져 있다.
   _랠프 월도 에머슨Ralph Waldo Emerson

2. 우리가 무엇을 생각하느냐는 우리가 어떤 사람이냐를 결정한다. 우리가 어떤 사람이냐는 우리가 무엇을 행동하느냐를 결정한다.
   인간의 행동은 인간의 사고를 가장 잘 보여 준다.
   _존 로크John Locke

3. 우리의 생각은 운명을 결정한다. 우리의 운명은 유산을 결정한다.
   우리는 오늘 우리의 생각이 데려다 놓은 자리에 존재한다. 우리는 내일 우리의 생각이 데려다 놓을 자리에 존재할 것이다.
   _제임스 앨런James Allen

4. 정상에 오르는 사람은 그렇지 못한 사람과 생각하는 것이 다르다.

작은 생각만큼 성취를 제한하는 것도 없다. 자유로운 생각만큼 가능성을 확장하는 것도 없다.

– 윌리엄 아서 워드 William Arthur Ward

3. 우리는 생각하는 방법을 바꿀 수 있다.

진실하고, 고결하고, 정의롭고, 순수하고, 사랑스럽고……. 평판이 좋은 것이면 어떤 것이든, 만일 그것에 어떠한 미덕이나 칭찬할 만한 가치가 있다면 그것에 관하여 생각하라.

– 사도 바울

사고 역량을 키우는 열두 가지 방법

에너지가 충만한 사람과 대부분의 리더가 그렇듯 나도 선천적으로 행동 지향적이다. 목표를 달성하려면 분명히 행동이 필요하다. 하지만 행동 지향적인 성격은 한계도 뚜렷하다. 그래서 나는 오래전에 내가 전반적인 성공 역량을 키우려면 사고 역량을 키워야 한다고 깨달았다.

내가 날마다 아이디어를 확장하고 사고를 발전시키기 위해 사용하는 기법을 소개하고자 한다. 이 과정을 익힌다면 당신도 더 좋은 사고방식을 갖게 될 것이다. 사고방식이 좋아지면 좋은 아이디어가 많이 떠오른다. 그런 아이디어를 행동으로 옮기면 더 나은 인생을 살 수 있다. 훌륭한 인생이란 훌륭한 생각과 좋은 행동을 할 때 탄생한다.

1. 좋은 생각의 가치를 확인한다

우리는 대부분 좋은 생각의 가치를 모른다. 생각이 그냥 흘러가게 내버려 둘 뿐 아무것도 하지 않는다. 좋은 생각을 가치 있게 여기면 당신이 하는 모든 생각이 더 가치 있어진다. 그것이 사고 역량을 키우는 출발점이다. 나는 좋은 생각을 가치 있게 여기기 때문에 아이디어를 발견하고 발전시키는 데 도움이 되는 질문을 나 자신에게 꾸준히 던진다. 예를 들면 이렇다.

어떻게 아이디어 발굴자가 될 것인가

생각을 더 잘하게 된다는 것은 의식 구조가 좋아진다는 뜻이다. 두 사람이 똑같은 것을 보고 똑같은 경험을 하고 똑같은 대화를 나누더라도 한 사람은 아이디어가 번뜩이는데, 다른 사람은 어떠한 아이디어도 떠오르지 않을 수 있다. 사고 역량을 키우려면 아이디어 발굴자가 돼야 한다. 나는 자신을 그런 사람이라고 생각한다. 나는 쉬지 않고 아이디어를 찾고 캐내려 한다. 내가 하루를 정말 잘 보냈다고 생각할 때는 두 가지 경우가 있다. 하나는 누군가에게 가치를 더했을 때고, 다른 하나는 좋은 아이디어를 발견했을 때다.

어떻게 아이디어를 활용할 것인가

많은 사람이 아이디어를 떠올리고 그것이 좋은 아이디어라는 것을 알면서도 아무것도 하지 않는다. 그냥 가만히 있다가 놓쳐 버린다. 참으로 안타까운 일이다. 아이디어는 근육과 같아서 사용하지 않으면 소실된다. 내가 샌디에이고에서 교회를 인도하던 시절 콜로라도 주

덴버의 교회에서 시무하는 찰스 블레어Charles Blair 목사님에게 몇 년간 멘토링을 받았다. 언젠가 목사님이 첫인상의 중요성을 이야기하며 "내가 이 교회를 키운 원동력은 바로 좋은 첫인상을 만드는 것이었어요."라고 했다.

그 말을 듣고 '정말 좋은 아이디어야. 나도 그 아이디어를 활용하려면 어떻게 해야 할까?' 하는 생각이 들었다. 그러고 보니 우리 교회의 첫인상은 교회 본당이 아니라 주차장에서 형성된다는 생각이 들었다. 그래서 주차 봉사자들이 멋진 인상을 줄 수 있도록 했다. 그들에게 '이 교회에 오는 모든 사람이 나를 보고 첫인상을 받는다'라는 생각을 심어 줬다. 좋은 아이디어가 떠오르면 '어떻게 활용하지?' 하고 고민해 봐야 한다.

어떻게 아이디어의 효용을 극대화할 것인가

처음부터 더 이상 좋아질 수 없을 만큼 훌륭한 아이디어는 없다. 모든 아이디어는 개선의 여지가 있고 효용을 극대화할 수 있는 방법이 있다. 다시 찰스 블레어 목사님의 조언으로 돌아가면, 우리는 그 첫인상에 대한 아이디어를 활용해 교회의 많은 부분을 개선함으로써 아이디어의 효용을 극대화했다. 모든 안내 봉사자가 좋은 인상을 줄 수 있도록 재교육했다. 교회 건물이 사람들에게 어떤 인상을 주는지 확인했고 아동부 교사들을 재교육했다. 이런 식으로 조직의 모든 영역에서 관계자들이 더 좋은 인상을 줄 수 있도록, 그래서 방문자들이 긍정적인 경험을 할 수 있게 함으로써 그 아이디어의 효용을 극대화했다.

타인에게 가치를 더할 아이디어가 생기면 대충 넘기지 말고 추후

에라도 더 자세히 고민해 봐야 한다. 어느 영역에서 이 아이디어의 효용을 극대화할 수 있는지 생각해 보자. 조직에 도움이 될 것 같으면 한번 그렇게 해보자. 또한 그 아이디어가 당신이 현재 서 있는 지점과 맞아떨어지는지, 당신의 강점을 키우는 데 어떤 도움이 되는지, 당신이 더 나은 사람으로 성장하는 데 필요한 것인지도 따져 보자. 그런 아이디어가 생기면 관심을 기울이고 다음 단계로 넘어갈 준비를 하자.

2. 생각을 명료하게 글로 표현한다

샌프란시스코 주립대 총장과 미국 상원의원을 지낸 하야카와S. I. Hayakawa는 "글 쓰는 법을 배우는 게 곧 생각하는 법을 배우는 것이다. 자신의 생각을 글로 설명할 수 없다면 아직 명확하게 안다고 할 수 없다."고 말했다. 나도 그렇게 생각한다. 글을 쓰려면 깊게 생각해야 하고 그 생각을 명료하게 표현해야 한다. 글로 쓰면 무형의 생각이 형체를 입는다.

하지만 생각을 글로 옮기기란 쉽지 않다. 노벨문학상을 받은 소설가 어니스트 헤밍웨이는 어떤 글이 됐든, 초고는 형편없는 법이라는 유명한 말을 남겼다. 글이란 몇 번이고 다시 써야 조리가 선다. 나 역시 초보 작가 시절에는 그럴 때가 많았다. 첫 번째 책《자기 경영의 법칙》을 집필할 때 열 장을 쓰면 겨우 한 장을 건졌다. 내가 장담하건대 생각을 종이에 옮겨 쓰는 것은 분명 수고할 만한 가치가 있다.

3. 생각을 체계적으로 정리해 저장한다

사람들이 어떤 것에 시간을 가장 많이 낭비하는지 아는가? 잊어버린 것을 찾기 위해서다. 그래서 생각도 체계적으로 잘 저장해야 한다. 나도 좋은 생각이 떠오르면 그것을 잃어버리지 않는 게 1차 목표다. 얼마 전까지만 해도 열심히 서류철을 만들고 보관했다. 예전에는 서류 가방에 항상 두 권의 책을 넣어 다녔다. 한 권은 현재 읽고 있는 책, 다른 한 권은 생각을 담을 노트였다. 요즘도 읽을 책을 한 권씩 가지고 다니며, 생각을 저장하고 검토하는 용도로는 스마트폰을 쓴다.

말이 나온 김에 생각을 '찾을' 곳도 확보해 두기를 권한다. 무슨 말인가 하면, 특정 장소에서 생각하는 버릇을 들여야 한다는 말이다. 소싯적에 나는 생각하는 바위가 있었다. 나이가 들자 좀 더 편한 곳이면 좋겠다 싶어 집무실의 의자 하나를 생각하는 자리로 지정했다. 장소는 중요하지 않으니 당신도 생각 자리를 정하고 거기서 시간을 보내다 보면 좋은 생각이 떠오를 것이다.

델코Delco의 설립자 찰스 케터링Charles Kettering에 대한 예전의 이야기가 생각난다. 어느 날 케터링이 친구에게 100달러 내기를 제안했다. 그 친구가 새를 사게 만들겠다는 것이었다. 친구는 그럴 리 없다며 내기에 응했다. 그해 크리스마스에 케터링이 아주 예쁘고 값비싼 새장을 사서 그 친구의 집으로 보냈다. 친구는 집에 오는 손님들이 다 볼 수 있게 새장을 현관 옆에 걸어 놨다.

케터링의 의도를 간파한 친구는 새장에서 새를 키울 마음이 없었다. 그런데 집에 오는 손님마다 새장이 아름답다고 감탄하면서 어김없이 "새는 어디 있어요?"라고 묻는 것이었다. 친구는 그런 질문이 지긋지긋해져서 결국 새를 사다 넣었다. 이 일화의 교훈은? 어떤 것을 보관하기 위한 장소가 정해지면 그곳을 채워야 한다는 의무감으로 그렇게 행동하게 된다는 것이다. 이는 우리의 생각에도 적용된다.

4. 좋은 생각은 발전시키고, 나쁜 생각은 버린다

사고 과정에서 가장 중요한 단계가 아닐까 싶다. 이 단계에서 나쁜 아이디어는 솎아 내고 좋은 아이디어는 탁월한 아이디어로 발전시킬 준비를 하기 때문이다. 한밤중에 문득 아이디어가 떠올라 잠에서 깬 적 있는가? 내게는 자주 있는 일이다. 스마트폰이 생기기 전에는 조명과 펜이 부착된 특수 패드를 머리맡에 두고 잤다. 지금은 그런 아이디어를 스마트폰의 메모 앱에 기록한다.

한밤중에 떠오른 생각을 저장할 수 있어 다행이긴 하지만 아직 한 가지 문제가 있다. 밤에 쓴 내용을 아침에 다시 보면 애초에 생각했던 것만큼 아이디어가 좋지 않을 때가 많다. 밤에 태어난 아이디어는 아침이 되면 대부분 쓸모없는 것으로 판명 난다. 그래도 괜찮다. 훌륭한 아이디어를 저장하지 못해서 영영 놓쳐 버리는 것보다 더 나쁜 경우가 딱 하나 있다면, 나쁜 아이디어를 저장해 두고 그것을 실현하겠다며 고생하는 것 아니겠는가. 안 좋은 아이디어는 그냥 버리면 된다.

나는 어떤 아이디어가 좋은지, 안 좋은지 직관적으로 제법 잘 판단하는 편이다. 좋은 아이디어는 24시간이 지나도 좋아 보인다. 나쁜 아이디어는 아니다. 아이디어를 어떻게 평가해야 할지 모르겠다면 자신에게 다음과 같이 물어보자. 내가 요긴하게 쓰는 질문이다.

- 이 아이디어가 시간이 지나도 여전히 좋아 보이는가?
- 이 아이디어가 다른 사람들에게도 좋아 보일까?

- 이 아이디어를 언제, 어디서, 어떻게 활용할 수 있을까?
- 내가 이 아이디어를 전달하거나 실행함으로써 누구에게 도움을 줄 수 있을까?

만약 긍정적인 답이 나오지 않는다면 그 아이디어는 열에 아홉은 사고 과정의 다음 단계로 가져가기에 부적합하다.

5. 생각을 말로 표현함으로써 아이디어의 효용을 극대화한다

아이디어의 효용을 극대화하려면 머릿속에서 평가하는 것으로 그치지 말고 입 밖으로 꺼내야 한다. 아이디어를 생각하는 것과 말하는 것은 둘 다 필요한데, 그 순서는 각자 성향에 따라 달라진다. 내 경우는 먼저 아이디어를 숙고한 다음 말하는 편을 선호한다. 이 말에 깜짝 놀라는 사람도 있을 것이다. 내가 말하는 것을 업으로 삼는 사람이기 때문이다. 나는 예나 지금이나 먼저 충분히 생각한 다음 말하기를 좋아한다.

초보 리더 시절에도 아이디어를 머릿속에만 붙들어 두고 해법이 완전히 나오기 전까지는 사람들한테 아무 말도 안 했다. 많은 젊은 리더들이 그렇듯이 사람들한테 바보처럼 보일까 두려워서 해법 없이는 문제를 이야기하지 않으려 했다. 그래 봤자 해법이라고 제시한 게 아무짝에도 쓸모가 없다면 바보처럼 보이기는 매한가지라는 사실을 그때는 몰랐다.

나는 지금도 아이디어를 말로 풀어 내는 것의 필요성을 배우고 있다. 나는 20년째 찰리 웨첼Charlie Wetzel과 함께 책을 집필하고 있다. 보통 내가 각 장의 개요를 잡아서 넘기면 웨첼이 글을 다듬고 필요한 내용을 추가한 후 출판사와 함께 전체 편집 작업에 들어간다. 웨첼도 독자적으로 문제 해결하는 걸 좋아한다는 점에서 나와 성미가 비슷하다. 처음 공동 집필을 했을 당시 글을 쓰다 문제가 생기면 그는 혼자서 한참을 고민했다. 내가 제발 그럴 때는 같이 상의 좀 하자고 통사정해서 이제는 그렇게 한다. 이처럼 아이디어를 말로 표현하면 금세 우리 둘 다 명료하게 이해하게 된다.

2년 전에 아이디어를 말하는 것의 가치를 또 다른 차원에서 실감했다. 《의도적인 삶》을 집필할 때였다. 나는 그 책의 주제를 놓고 2년 동안 씨름하며 아이디어를 안착시키기 위해 노력했다. 그러다 어느 시점에 벽에 부딪혔다. 그때 참 감사하게도 많은 유명 인사와 공동 집필한 경험이 있는 작가 겸 텔레비전 프로듀서 로라 모튼_{Laura Morton}을 만났다. 나는 그녀와 몇 시간 동안 대화를 나눴다. 그녀는 질문을 통해 내 안에 있는 이야기를 꺼내고 아이디어를 말로 표현하게 했고, 그 경험이 집필하는 데 큰 도움이 됐다.

아이디어를 또 다른 차원으로 발전시키고 싶다면 말로 표현해야 한다. 그 이유는 다음과 같다.

말은 생각과 마음을 연결한다

아이디어를 글로 쓰면 지성이 자극 받아 생각이 명쾌해진다. 반면에 아이디어를 말로 표현하면 감성이 자극을 받아 생각이 마음과 이어진다. 과거 어렵고 힘들었던 순간을 머릿속으로 생각할 때는 이성을 유지할 수 있지만, 그것을 다른 사람에게 말로 전달하려면 감정이

북받쳐 목이 메는 경험을 해본 적 있는가? 그것이 아이디어를 말로 표현할 때 일어나는 생각과 마음의 연결 작용이다.

말은 아이디어를 확장하고 생명력을 불어넣는다

아이디어를 말로 설명하려고 애쓰다 보면 자연스럽게 아이디어가 확장되는 경우가 많다. 다시 말해 아이디어가 보다 명확해지고 더 큰 생명력을 얻는다. 그런 효과는 아이디어를 표현하는 과정에서도 생기고, 상대방이 내 말을 못 알아들었을 때 전해지는 비언어적 피드백을 통해서도 생긴다. 상대방의 질문에 답할 때도 같은 효과가 있다. 이는 모두 아이디어를 개선하는 데 도움이 된다. 아울러 사고 역량을 키우는 데도 영향을 준다.

당신은 주로 말하면서 생각하는 편인가? 아니면 생각한 다음 말하는 편인가? 어느 쪽이든 자신의 성향을 자연스럽게 따르면 된다. 하지만 타인과 말하는 시간과 홀로 생각하는 시간이 모두 확보돼야만 사고 역량을 최대한 발현할 수 있다는 점을 잊지 말기 바란다.

6. 생각을 테이블 위에 꺼내 놓고 공유한다

말했다시피 나는 초보 리더 시절에는 완성되지 않은 생각을 사람들에게 말하기를 꺼렸다. 리더라면 모든 문제를 해결할 수 있어야 한다고 생각했기 때문이다. 하지만 경험이 쌓이면서 깨달았다. 나 혼자서는 탁월한 생각을 할 역량이 없었던 것이다.

이 사실을 뼈저리게 느낀 것은 내가 종사하는 분야의 리더들이 모이는 행사에 참석했을 때였다. 나보다 원숙하고 노련한 리더들은 허심탄회하게 자신의 아이디어와 문제를 테이블 위에 꺼내 놓았으며 다른 사람들의 도움으로 더 좋은 아이디어로 발전했다.

당신은 당연하다고 생각할지 모르겠지만 당시 내게는 유레카의 순간이었다. 그때부터 나도 다른 사람들에게 아이디어를 말하고 도움을 청하기 시작했다. 그러자 내 리더십이 발전하고 사고 역량이 크게 향상됐다. 마치 1 더하기 1을 했는데 3이 나온 느낌이었다.

그 후로 나는 거의 매번 생각을 테이블 위에 꺼내 놓고 공유한다. 일례로 1997년에 《리더십 불변의 법칙》을 쓸 때 명철한 사람들로 구성된 소모임에서 그 책에 대한 구상을 밝히고 리더십의 법칙에 대한 난상토의를 벌였다. 그렇게 법칙의 목록이 나왔으며 각 법칙의 주제에 대해서도 그들의 피드백을 받았다. 그들의 도움을 받지 않았다면 그만큼 좋은 책이 되지도, 그만큼 성공하지도 못했을 것이다.

당신도 다른 사람들과 생각을 공유함으로써 또 다른 차원으로 아이디어를 발전시키기를 권한다. 그러기 위해서는 다음과 같은 절차를 밟으면 된다.

- 좋은 생각을 테이블 위에 꺼내 놓는다. 탁월한 생각까지는 아니더라도 좋은 생각은 돼야 한다.
- 다른 사람들에게 그 생각을 개선해 달라고 솔직히 말한다. 사람들에게 인정받겠다는 마음보다 생각을 발전시키겠다는 마음이 더 커야 한다.
- 모든 사람에게 동참을 부탁한다. 괜히 그들을 부른 게 아니라는 것을 알게 해야 한다.

- 질문한다. 질문만큼 생각을 개선하고 자극하는 것도 없다.
- 최고의 아이디어가 승리하게 한다. 최고의 아이디어가 승리할 때 당신도 승리한다.

소규모 모임에서 좋은 아이디어를 테이블 위에 꺼내 놓으면 반드시 그들이 그 아이디어를 발전시켜 줄 것이다. 단, 명철한 사람들이 테이블에 앉아 있어야 하고, 내 친구 린다 카플란 탈러 Linda Kaplan Thaler 의 말을 빌리자면 탁월한 아이디어를 보는 안목을 가진 사람이 반드시 한 명은 있어야 한다. 그러면 그 자리를 나설 때 분명 더 좋은 아이디어가 확보되어 있을 것이다.

7. 생각을 더 많은 사람들에게 선보인다

아이디어를 테이블 위에 꺼내 놓고 핵심 인사들의 도움으로 발전시켰다면, 아이디어를 더 많은 사람이 볼 수 있도록 밖으로 가지고 나갈 차례다. 비유하자면 개를 데리고 공원에 나가서 산책시키는 것과 같다. 사람들이 아이디어에 반응하며 한마디씩 할 것이다.

나는 강연할 때 자주 그런다. 내가 궁리 중인 아이디어가 있으면 그것을 가지고 나가서 청중에게 선보인다. '전진형 실패'라는 개념을 생각하고 있을 때도 그랬다. 사람들이 무척 긍정적인 반응을 보여 급기야 《실패를 딛고 전진하라》가 탄생했다. 최근에는 청중에게 '가치 있는 것은 모두 오르막'이라고 말했다. 사람들의 반응이 강단에서도 다 들릴 정도로 현장의 에너지가 뜨거워지는 것이 느껴졌다.

우리를 잘 모르거나 우리 말을 무턱대고 믿어 주지 않을 사람들에게 아이디어를 제시하면 더 많이 배울 수 있다. 만일 우리의 아이디어를 들어주는 사람이 어머니뿐이라면 그 아이디어가 좋다고 반응할 것이다. 잘 모르거나 회의적인 사람에게 아이디어를 제시하면 그 아이디어의 현주소를 파악할 수 있다.

몇 년 전 책을 쓰기 위해 '변혁'이라는 개념을 고민하고 있었는데 아무도 이해하지 못했다. 솔직히 나는 그 개념을 정의하느라 아주 애를 먹었다. 어떤 식으로 정의해도 뜻이 통하지 않았다. 결국 그 아이디어는 '의도적인 삶'으로 바뀌었다. 그것이 의도적인 행동으로 타인에게 가치를 더하는 것이라고 새롭게 정의했더니 사람들에게도 뜻이 통했다. 자신의 행동이 어떤 목적에 부합하면 더 큰 의미를 만든다는 것을 이해했다.

아이디어를 선보이는 것은 아이디어를 생각하는 것보다 어렵기 마련이다. 누구도 이의를 제기하지 않으면 그 아이디어가 실제보다 더 괜찮아 보이지만 이의를 제기하지 않는 아이디어가 현실에서 살아남는 경우는 거의 없다. 그래서 아이디어를 산책시키면서 어떤 반응을 보이는지 살펴봐야 한다.

8. 생각을 자문하는 평가 단계를 거친다

앞서 설명했듯이 생각을 확장하는 과정에서는 그 생각이 24시간 후에도 여전히 좋아 보이는지 자문하는 평가 단계가 필요하다. 지금 이 단계에서도 다시 생각에 질문을 제기하는 게 중요하다. 생각을 선보였으면 '내가 생각을 선보임으로써 무엇을 배웠는가?'라고 묻고 그 아이디어가 아직도 쓸 만한지 따져 볼 차례다. 아이디어를 너무 사랑한 나머지 아무 질문도 없이 덥석 받아들이면 곤란하다.

2년 전 내가 운영하는 한 조직에서 유명한 잡지사와 함께 디지털 콘텐츠를 공동 제작했다. 아이디어를 발전시킬 때만 해도 양측 모두 백만 달러짜리 아이디어가 나온 줄 알았다. 막상 포장을 벗겨 보니 예상했던 수준의 흡인력이나 영향력을 발휘하지 못했다. 어쩌면 사전에 충분히 질문하지 않았기 때문인지도 모르겠다. 결과물을 출시하고 실망스러운 성적을 거둔 이후 질문을 확실히 했다. 소기의 성과를 거두지 못한 이유를 알고 싶었고, 실수에서 교훈을 얻고 싶었고, 미래에는 다른 방식으로 접근하고 싶었기 때문이다.

그래서 내가 깨달은 것은? 사전에 질문을 많이 하면 사후에 그만큼 질문을 덜 해도 된다는 것이다. 질문이 왜 이렇게 중요할까? 다가올 실패를 피하는 것 이상의 효과가 있기 때문이다. 질문 과정에서 당신의 생각, 역량, 잠재력이 확장된다. 이제 그 조직은 반드시 해야 할 것과 절대 하지 말아야 할 것을 정확하게 알고 있다. 그처럼 고통스러운 과정을 겪고 다시 일어섰기에 더 나은 조직으로 발전했다.

9. 생각을 믿는 것을 넘어 소유한다

사람이 아이디어를 '믿는' 수준을 넘어 '소유하는' 수준까지 가면 엄청난 일이 벌어진다. 아이디어를 믿는 것도 좋긴 하지만 그 한계도 뚜렷하다. 아이디어를 '믿는' 것은 남의 돈으로 사업에 투자하는 것과 같다. 아이디어를 그냥 한번 시도해 보면서 잘되기를 바라는 정도로 그친다. 하지만 아이디어를 '소유하는' 것은 내 돈을 투자하는 것에 비유할 수 있다. 아이디어가 효력을 발휘하도록 최선을 다하는 것이다.

투자 규모가 클수록 아이디어가 효력을 발휘해야 한다는 '절실함'도 커지기 마련이다.

2015년 《의도적인 삶》을 출간했을 때 나는 어떠한 수단을 쓰더라도 많은 사람들이 그 책을 접할 수 있기를 바랐다. 그 책으로 인해 사람들의 삶이 달라지고 공동체가 바뀔 수 있다고 믿었다. 우리는 사람들을 돕기 위해 '의도적인 삶'에 대한 교육 프로그램을 만들고 수강생들에게 교육용 책자를 무료로 제공했다. 기술 플랫폼에도 투자했다. 증정본도 수천 권 배포했다.

내가 왜 그렇게 그 일에 많은 에너지와 자금을 투자했을까? 그 아이디어를 소유했기 때문이다. 나는 의도적인 행위와 사람들에게 가치를 더하고 싶다는 욕망이 맞물리면 변화가 일어나고, 의미 있는 삶이 탄생한다는 메시지를 전하기 위해 할 수 있는 모든 일을 하고 싶었다. 나는 그 메시지를 영혼 깊숙이까지 믿었다. 그리고 의도적인 삶의 힘을 지금도 굳게 믿기에 여전히 시간과 돈을 들여 그 메시지를 전파하고 있다.

2016년에는 내가 운영하는 여러 조직의 도움을 받아 파라과이에서 훈련 프로그램을 이끌었다. 파라과이에서 좋은 가치관과 의도적인 삶을 주제로 원탁회의(소규모 토론 모임)를 주도할 지도자 1만 8,000명을 양성하는 프로그램이었다. 이 글을 쓰는 현재를 기준으로 파라과이에서 도합 7만 명 이상이 원탁회의에 참여해서 의도적인 삶에 대해 배웠고, 그 수가 날로 늘어나고 있다. 나는 앞으로 다른 나라에서도 비슷한 프로그램을 시작하고 싶다. 만약 우리 조직과 코치들 그리고 내가 그 아이디어를 완전히 수용하고 우리 것으로 삼지 않았다면, 그런 일은 절대 일어나지 않았을 것이다.

10. 생각을 실행해야 가치를 알 수 있다

생각을 실행할 때는 사람들이 무엇을 알았으면 좋겠다, 사람들이 무엇을 실천했으면 좋겠다 하는 목표가 머릿속에 확실히 설정되어 있어야 한다. 나는 코치들에게 우리가 파라과이에서 할 일을 설명할 때 아이디어를 실행하는 것을 강조했다. 그들은 자신이 무엇을 해야 하는지 알고 그렇게 행동했다.

어떤 아이디어든 그것을 실행하는 것이 가장 큰 시험이다. 아이디어를 실행에 옮겨야만 비로소 그 아이디어의 진정한 가치 혹은 무의미함이 드러난다. 아이디어가 통하면 강력한 힘이 발휘된다. 모든 사람이 그것을 보게 되기 때문이다. 파라과이에서도 거의 모든 사람이 우리 프로그램에 대해 알게 됐다. 프로그램 지도자들의 활동 사항이 뉴스와 신문에 보도됐으며 많은 사람이 우리 프로그램에 주목하고 관심을 보이기 시작했다.

11. 생각을 안착시켜야 효력이 발휘된다

생각을 실행하는 것은 대단히 보람 있는 일이다. 하지만 그 결과는 생각이 안착해야 나온다. 비유하면 체조 경기에서 점수를 매기는 방식과 비슷하다. 나는 손녀 둘이 체조를 해서 체조 경기를 꽤 많이 봤다. 대회에서 최고의 선수들이 텀블링을 하고 도마를 짚고 공중으로 튀어 오르면 관중석에서 함성이 터졌지만 아무리 멋진 공중 곡예를 선보여도 바닥에 안착하지 못하면 높은 점수를 받지 못했다.

당신이 이 책을 읽을 즈음이면 파라과이 프로젝트가 안착했는지 알 수 있을 것이다. 우리가 수많은 조직과 공동체에 변혁을 일으켜 파라과이가 더 살기 좋은 나라가 되는 데 기여했는지 알 수 있을 것이다. 우리가 그곳 사람들에게 가치를 더하고 그래서 그들이 서로를 도울 수 있는 환경이 조성됐기를 기원한다.

12. 생각을 업그레이드해야 성장한다

생각이 안착해서 긍정적인 변화를 일으키면 그 성과를 기념하고 그쯤에서 마무리 짓고 싶은 유혹을 느끼게 된다. 기념하는 것은 나도 대찬성이다. 승리란 쉽게 찾아오지 않으며, 승리했으면 도움을 준 사람들에게 감사하고 그들의 노고를 인정하는 게 도리다. 하지만 결과를 기념하는 것으로 그치고 더는 생각을 업그레이드할 방법을 모색하지 않는다면 크나큰 기회를 놓쳐 버리는 셈이다.

성장하려면 꾸준히 생각을 업그레이드해야 한다. 나는 항상 더 발전하려고 노력한다. 발전하면 할수록 다른 사람들에게 줄 수 있는 게 더 많아진다. 오늘 내가 가르치는 내용이 내일은 더 좋아지기를 바란다.

앞서 언급했듯이 남아메리카와 중앙아메리카의 여러 나라에서 현재 파라과이에서 일어나는 변화를 주시하고 있다. 자국에서도 좋은 가치관과 의도적인 삶을 전파할 사람들을 훈련해 달라고 우리를 초청했다. 나는 앞으로 그런 제안을 많이 수락할 수 있었으면 좋겠다. 그럴 때 파라과이에서 사용한 아이디어가 한층 업그레이드되어 더 큰 변화가 일어나길 바란다.

잠재력을 키우고, 역량을 극대화하고, 성공하고 싶다면 생각을 계발하자. 사고 역량이 커서 생각을 발전시킬 수 있으면 단지 영리하기만 하거나 열심히 노력하기만 할 때보다 좋은 성과가 나온다. 평범하게 생각하는 사람과 탁월하게 생각하는 사람의 차이는 얼음 조각과 빙산의 차이와 같다. 얼음 조각은 작아서 금방 녹아 버리는 반면에 빙산은 거대해서 눈에 보이는 부분이 극히 일부에 불과하다. 그 역량은 실로 어마어마하다.

사고 역량을 키우기 위한 질문

❶ 생각을 저장하는 체계가 마련되어 있는가? 그렇다면 그 체계가 얼마나 효율적으로 작동하는가? 그렇지 않다면 이제부터라도 생각을 잊어버리지 않고 기록하기 위해 어떻게 하면 좋은가?

❷ 당신이 아이디어를 개선하기 위해 테이블에 초대하는 사람들은 누구인가? 그들은 당신에게 어떤 도움이 되는가? 어떤 부분을 바꾸면 그들이 당신에게 더 큰 도움을 줄 것인가?

❸ 행동과 생각 중에서 어느 한쪽으로 지나치게 치우쳐 있지는 않은가? 행동과 생각을 어떻게 균형 있게 활용하면 좋은가?

제6장

서로에게 힘이 되는
인간관계를 형성한다

나는 1987년 마흔에 접어들면서 인생의 전반과 후반을 가르는 지점에 이른 듯한 기분이 들었고 그간의 인생을 한번 돌아보기로 했다. 솔직히 결과가 썩 마음에 들지는 않았다. 그때까지 우선순위를 정해 놓고 성과를 내기 위해 매진했지만 바라는 만큼 영향력 있는 삶을 살고 있지 않았다. 그래서 내린 결론은? 내가 지나치게 자신에게 몰입해서 잠재력을 발현하는 데만 신경 쓰느라 다른 사람들과 교류하고 협력하는 데는 미흡했다는 것이었다.

이를 계기로 역량을 발현하겠다면서 혼자만 최선을 다해서는 부족하다는 사실을 깨달았다. 역량을 발현하려면 사람들과 어떤 관계를 맺고, 어떻게 협력하고, 서로의 재능을 어떻게 보완하고 완성할 것인지도 중요했다. 10년 후 다시 그때를 돌아보며 쓴 글이 《리더십 불변의 법칙》중 '이너서클의 법칙'이다. 그 골자는 '리더의 잠재력은 그와 가장 가까운 사람들에 의해 결정된다'이다.

나는 지난 30년간 인생의 핵심 인사들과 맺은 관계를 최우선으로 두고 살아왔다. 덕분에 내 인생의 초점이 '나'에서 '우리'로 바뀌었다. 그 결과는? 오랫동안 지속되는 아름답고 생산적인 관계를 통해 내 인생과 역량이 크게 발전했다.

내 인생을 더욱 의미 있게 만드는 친구들

최근에 그런 관계의 중요성이 두드러진 사건이 있었다. 2015년에 출판 에이전트인 예츠 앤 예츠Yates and Yates의 실리 예츠Sealy Yates와 매트 예츠Matt Yates를 따라 라스베이거스에 가서 특별한 저녁 식사를 하며 지난 25년간 지속된 우리의 멋진 협력 관계를 기념했다. 우리는 재미있었던 일을 회상하며 함께 웃었다. 우리의 관계 덕분에 얼마나 많은 사람들의 삶이 긍정적으로 바뀌었는지 이야기하며 눈시울을 붉혔다. 서로에 대한 애정을 표현하면서 앞으로 25년은 지난 25년보다 훨씬 더 좋은 시간을 만들자며 약속했다. 우리가 함께 일하며 사는 게 어떤 의미인지에 대해서도 이야기했다.

그날 밤, 나는 벅찬 가슴을 안고 인생에서 소중한 사람들을 생각해봤다. 나와 결혼한 지 48년째 되는 마거릿, 30년째 나를 성심껏 도와주고 있는 비서 린다 에거스Linda Eggers, 23년 동안 90여 권의 책을 쓸 수 있도록 도와준 공동 집필자 찰리 웨첼, 대학 졸업 직후부터 19년째 함께 일하는 강연 에이전트 데이비드 호이트David Hoyt, 17년 전 창고에서 일을 시작해 지금은 누구도 대신할 수 없는 인물이 된, 내가 운영하는 모든 회사의 CEO를 맡고 있는 마크 콜.

이들이 있기에 무수히 많은 복을 누리며 살고 있다. 그러고 보니 내가 사업을 하면서 했던 결심 중 가장 중요한 것은 내가 변화를 일으키도록 도와준 사람들과 오랫동안 훌륭한 관계를 지속하자는 결심이었다. 대인 역량은 개인적으로 또 직업적으로 성공적인 삶을 누리는 데 결정적인 역할을 한다.

대인 역량을 키우는 일곱 가지 태도

성공과 실패의 원인을 추적해 보면 대부분 인간관계로 이어진다는 믿음으로 2004년에 《함께 승리하는 리더》를 집필했다. 우리가 어떤 사람인가는 인간관계로 결정된다. 어쩌면 당신의 인간관계는 원하는 만큼 긍정적이지도, 보람차지도, 생산적이지 않았을 수도 있다. 그래도 괜찮다. 이제부터라도 대인 역량을 키워 나가면 된다. 내가 어떻게 해서 오래가는 인간관계를 형성할 수 있었는지 생각해 봤다. 당신이 사람들과 끈끈한 관계를 형성하는 데 도움이 될 만한 일곱 가지 태도를 소개하고자 한다.

1. 진심으로 사람들을 소중히 여긴다

내가 사람들에게 열성을 다해 가치를 더하려는 이유는 그들을 진심으로 소중히 여기기 때문이다. 내 인생에 이런 태도의 씨앗을 심은 사람은 아버지 멜빈 맥스웰이다. 내가 대학을 졸업하고 사회에 나갈 즈음 아버지는 "존, 날마다 사람들을 소중히 여기고, 사람들을 믿고, 사람들을 조건 없이 사랑하기 위해 의도적으로 노력해라."라고 말씀하셨다. 나는 50년 넘게 이 말씀을 내 인생의 나침반으로 삼아 살고 있다.

사람들을 소중히 여기고 진심으로 아끼지 않고는 절대 대인 역량을 키울 수 없다. 사람들을 좋아하지 않고, 존중하지도 않고, 그들에게 가치가 있다는 것을 믿지 않으면 함께 성공하는 데 방해가 되는 장벽이 가로막고 있는 셈이다. 자신이 속으로 깔보는 사람을 어떻게 발전시킬 것인가. 진심으로 사람들을 소중히 여기면 그런 선량한 마음이 겉으로 드러나게 되어 있다. 그러면 긍정적인 관계를 일궈 나갈 수 있다.

2. 관계에서 나의 가치를 키운다

관계를 가장 빨리 발전시키는 방법이 무엇일까? 나 자신이 더 좋은 사람이 되어 더 많이 베푸는 것이다. 그러려면 풍요의 사고방식이 필요하다. 다시 말해 모든 사람에게 충분한 것 이상의 가능성이 있고 모든 사람이 더 많은 것을 발견하고 창조해 낼 수 있는 잠재력이 있다고 믿어야 한다. 그런 믿음이 있기 때문에 내가 베풀면 베풀수록 더 많은 것을 베풀 수 있게 된다는 사실을 안다. 나는 오래전에 "내가 다른 사람이 원하는 것을 얻을 수 있게 도와주면 그 사람도 내가 인생에서 필요한 것을 얻을 수 있게 도와줄 겁니다."라는 지그 지글러의 말을 듣고 그런 태도를 기르기 시작했다.

다른 사람에게 더 많이 베푸는 것을 목표로 자신과 상황을 개선하면 어떻게 되는지 직접 확인해 보기 바란다. 내가 장담하건대 당신이 베풀 때마다 더 많이 베풀 수 있게 될 것이다. 그래서 당신의 생각, 시간, 자산, 관계, 영향력, 재능을 더욱더 베풀고 싶어질 것이다. 나는 이런 풍요의 사고방식으로 날마다 사람들에게 가치를 더하기 위해 힘쓴다. 가치를 더 많이 더할 수 있는 방법을 찾기 위해 다양한 질문을 한다. 그런 이유로 피드백을 중요하게 생각한다.

사람들의 의견을 묻는 것만큼 내가 그들을 소중히 여기는 마음을 잘 보여 주는 것도 없다. 나는 끊임없이 그렇게 한다. 사람들의 생각에 관심이 있고, 그들에게 무엇이 중요한지 알면 더 잘 도울 수 있기 때문이다. 가령 강연을 의뢰 받았을 때도 주최 측에 나의 어떤 말과 행동이 그들을 돕고 조직에 가치를 더할 수 있을지 물어본다. 커뮤니케이션에서 중요한 것은 내가 아니라 듣는 사람에게 가치를 더하는 것이다.

사람들을 깊이 알면 알수록, 자신을 계발하면 계발할수록 우리는 사람들의 삶에서 더 많은 변화를 일으킬 수 있다. 작년에 실리, 매트와 25주년을 기념했을 때 그들은 내게 다른 저자들을 소개해 줘서 고맙다고 인사했다. 얼마 전 절친한 벗이자 하이랜즈 교회Church of the Highlands의 담임 목사인 크리스 호지스Chris Hodges와 골프를 치다 요즘 가장 열정을 쏟는 게 무엇인지 물었다. 그는 만면에 웃음을 띠고 자신이 설립한 대학교 이야기를 하며 "요즘 거기에 완전히 빠져 있어요. 아이들이 세상을 변화시키는 리더가 되도록 키우고 있어요."라고 말했다.

나는 호지스를 사랑한다. 그는 내가 운영하는 비영리단체 이큅EQUIP에 가치를 더해 주는 훌륭한 친구다. 나도 어떤 식으로든 그에게 가치를 더하려고 노력한다. 그래서 날을 잡아 버밍엄에서 행사를 열고 강연을 하겠다고 했다. 그가 대학교 후원금을 모으고 지역사회에 가치를 더할 수 있도록 돕기 위해서였다. 오랜 계획과 준비를 거쳐 나는 호지스를 위한 강연을 했고 그는 70만 달러 이상의 후원금을 모을 수 있었다. 내가 사랑하는 사람을 위해 가치 있는 일을 하니 그렇게 보람찰 수가 없었다.

오래전에 한 친구가 내게 "존, 자기계발에 매진하게. 지금 최상의 상태가 아닌데 현상 유지만 하고 있으면 안 돼."라고 말했다. 그의 말이 옳았다. 나는 더 나은 사람이 되어서 최상의 상태에 이르고 싶었다. 지금도 마찬가지다. 그리고 당신의 목표도 그래야 한다. 더 나은 사람이 되어서 주변 사람들이 더 나은 사람이 되도록 도와야 한다. 당신 자신의 가치를 키울수록 다른 사람들에게 더 많은 가치를 더할 수 있고 당신의 대인 역량도 커진다.

3. 그들의 세계로 들어간다

몇 년 전 강연을 위해 행사 장소로 이동하던 중 "우리는 손길, 미소, 따뜻한 말 한마디, 경청하는 귀, 진솔한 칭찬, 사소한 애정 표현의 위력을 과소평가하기 일쑤지만, 이 모든 것은 인생을 180도 바꿔 놓을 잠재력이 있습니다."라는 저술가 레오 버스카글리아 교수의 말을 접했다. 몇 시간 후 연단에 오른 나는 수많은 청중 앞에서 강연을 성공적으로 끝냈다. 기립박수를 받으며 연단을 내려왔다. 나 자신이 참으로 대견스러웠다. 그런데 문득 버스카글리아의 말이 떠오르면서 내가 강연 내내 나 자신만 생각하고 있었다는 생각이 들었다. 초점이 완전히 어긋나 있었던 것이다.

그날 강연에서 나는 사람들을 내가 있는 세계로 초청했다. 사실 내가 그들에게 다가가서 그들의 세계로 들어가야 했다. 강연 후 마침 사인회가 있어 절호의 기회라고 판단했다. 그 시간에는 나 자신이 아니라 오로지 내가 만나는 사람들에게만 집중하기로 했다. 나는 두 시간 동안 책에 사인을 하면서 상대의 이름을 적어 주고, 웃으며 악수하고, 이야기를 나누고, 와주셔서 감사하다고 인사했다. 내가 진심으로 감사하고 상대를 소중히 여기는 마음이 전해지도록 한 사람 한 사람과 눈을 맞추며 최선을 다했다.

그날 저녁 하루를 돌아보면서 그들에게 나와 함께한 시간 중 언제가 가장 좋았냐고 물어본다면 어떻게 대답할까 싶었다. 대부분이 내가 한 사람 한 사람을 소중하게 대했던 사인회를 꼽을 것 같았다. 나는 강연할 때마다 꼭 사인회를 챙긴다. 버스카글리아 교수의 말처럼 사람과 사람 사이의 교감이 얼마나 큰 힘을 발휘하는지 알기 때문이다.

같은 이유로 나는 강연 전에 되도록 강당을 돌며 사람들과 인사하려 한다. 외국에서 강연할 때 보통 주최 측에서는 나를 청중과 떨어뜨려 놓으려 한다. 하지만 가능하면 그들의 세계에 들어가서 악수를 하고 일부러 천천히 청중들 사이를 걸어 다니기도 한다. 내가 먼저 다가갈 때 사람들이 내 메시지를 더 잘 받아들인다.

혹시 '정상은 외로운 자리다'라는 말을 들어 본 적 있는가? 나는 그 말이 마뜩잖다. 그것은 단절의 증거다. 나는 리더들에게 정상에서 외

로움을 느낀다면, 아무도 그를 따르지 않기 때문이라고 말한다. 모름
지기 리더라면 산이나 상아탑에서 내려와 사람들과 함께 어울려야 한
다. 사람들은 우리가 그들에게 얼마나 관심이 있는지 알기 전까지는
우리가 얼마나 아는지에 관심이 없다.

인생에서 소중한 사람들에게 언제라도 시간을 내자. 그들에게 다
가갈 수 있는 방법을 항상 생각하자. 때로는 아무 말도 필요 없다. 그
냥 옆에 있어 주기만 해도 충분하다. 상대에게 내가 어떤 존재인지 알
게 하는 것만으로도 충분하다. 2년 전 친구 크리스턴의 아들이 갑작스
레 세상을 떠났다. 당연히 크리스턴은 망연자실했다. 그때 나는 행사
장에 있었는데, 마크 콜, 친구 다이애나와 함께 크리스턴의 호텔 방으
로 갔다. 내가 해줄 수 있는 거라고는 그녀를 안아 주는 게 전부였다.
그녀에게는 친구의 손길이 필요했다. 우리는 한동안 아무 말도 하지
않았다. 단지 옆에 있으면서 그녀를 아끼는 마음만 알려 주고 싶었다.
이 정도는 누구나 친구를 위해 해줄 수 있지 않은가.

4. 의도적으로 상대에게 가치를 더하기 위해 노력한다

이 책을 쓰는 지금 나는 일흔 살 생일을 기념할 계획을 세우는 중이
다. 각별한 사람들과 뭔가 특별한 일을 하고 싶어서 그들에게 무엇을
같이 하고 싶은지 묻고 있다. 그들이 각자 몇 월에 무엇을 하고 싶은지
정하면 그 계획을 실행할 것이다. 내 인생의 기념비 같은 1년을 다달이
친구들이 좋아하는 재미있는 활동으로 채우고 싶다. 예순이 되었을 때
도 똑같이 했다. 거의 10년이 지난 지금도 친구들은 우리가 그때 몇 월
에 뭘 했었지 하고 회상한다.

사람들과 아름다운 관계를 맺으려면 내가 그들에게 받고 싶은 것보다 그들에게 해주고 싶은 게 더 많아야 한다. 해주고 싶은 마음이 커서 내가 받는 것보다 더 많은 것을 주는 사람은 플러스형 인간이다. 반대로 주는 것보다 바라고 받는 게 더 많은 사람은 마이너스형 인간이다. 간단한 관계의 공식이다. 나는 사람들에게 플러스가 되기로 결심했다. 가장 가까운 사람들한테는 곱절로 플러스가 되고 싶다. 나는 인간관계에서 받는 게 1이면 주는 건 5가 될 수 있도록 노력한다. 항상 성공하지는 못해도 그게 내 목표다.

나는 12년째 플로리다 주 웨스트팜 비치의 크라이스트 펠로십 교회Christ Fellowship에서 교육 목사로 기쁘게 봉사하고 있다. 그 교회의 설립자인 톰 멀린스Tom Mullins 목사와 그의 아들로 현재 담임을 맡고 있는 토드 멀린스Todd Mullins 목사는 나와 막역한 사이다. 우리는 함께 세계를 여행했고, 멋진 경험을 공유했고, 많은 추억을 만들었다. 나는 휴가 때와 '쉬는' 주일에 그 교회에 가서 설교하는 것으로 그들을 돕는다. 하지만 내가 그곳의 목회자 명단에 이름을 올리고 1년에 몇 차례 설교하는 영예를 누리는 것을 절대 당연하게 여기지 않는다.

그들을 이용해 득을 볼 생각도 전혀 없다. 솔직히 내가 그들과 교인들에게 계속 가치를 더해 주는 한에서만 목회자 명단에 이름을 올릴 자격이 있다고 생각한다. 그래서 해마다 멀린스 부자를 만나서 교육 목사직을 그만두겠다고 말한다. 단순한 친분만으로는 내가 그 직분을 유지할 명분이 없다는 생각을 확실히 전달한다. 이제 젊고 교인들에게 더 잘 맞는 사람을 영입할 때가 되지 않았느냐고 묻곤 한다.

지금까지는 내게 교육 목사로 있어 달라고 했지만 내년에 또다시 만나서 같은 이야기를 할 거라는 사실을 그들도 잘 안다. 그들이 내가 사임할 때가 됐다는 판단이 서면 내 제안을 받아들일 것이다. 그러면 우리의 관계는 나빠지기는커녕 더 좋아질 것이다.

나는 어떤 관계도 당연시하고 싶지 않다. 어떤 관계에서도 내가 특권을 누려도 된다고 가정하고 싶지 않다. 가정은 관계를 망치는 주범이다. 가정은 '자각'으로 바뀌어야 한다. 대인 역량을 키우고 싶다면 어떤 관계도 항상 똑같은 상태로 유지되지 않는다는 점을 자각해야 한다. 그냥 두었는데 관계의 생명력이 저절로 유지되는 경우는 없다. 관계는 끊임없이 노력하고 일궈야 한다. 의도적으로 가치를 더하기 위해 꾸준히 노력해서 내가 상대방의 삶에 플러스가 되어야 한다.

5. 한결같은 믿음을 주는 친구가 된다

요즘 많은 사람이 좋은 친구가 되는 능력을 과소평가하고 등한시하는 것처럼 보인다. 에릭 그레이튼스는 《회복력》에서 그리스의 철학자 아리스토텔레스의 말을 빌려 좋은 친구의 특징을 설명했다.

> 아리스토텔레스는 진실한 친구(그는 이런 친구를 종종 '완벽한' 친구라고 부르기도 한다.)가 유쾌하고 유익한 사람일 수도 있지만, 굳이 그렇게 되려고 애써 노력해야 하는 것은 아니라고 한다. 당신도 마찬가지다. 당신의 진실한 친구가 당신에게 관심이 없어지면 어쩌나 노심초사하지 않아도 된다. 막역한 사이에서는 함께 있는 것만으로도 충분할 때가 많다.
> 아리스토텔레스는 그런 우정이 그 자체로 목적이 된다고 한다.

우리가 진실한 우정을 추구하는 것은 그런 우정을 수단으로 삼아 훌륭한 삶을 살기 위해서가 아니다. 우리가 진실한 우정을 쌓기 위해 시간을 내는 것은 훌륭한 삶에 당연히 있어야 할 요소이기 때문이다. 실제로 아리스토텔레스는 그런 우정이 없으면 최고의 삶을 살 수 없고, 최선의 자아를 실현할 수도 없다고 했는데 나 역시 그렇게 믿는 바다. 진실한 친구는 우리를 지지하고, 우리를 자극하고, 우리에게 영감을 준다. 그리고 우리도 그들에게 똑같이 해줄 수 있다.[1]

그레이튼스가 설명한 관계에서 핵심은 과연 무엇인가? 한결같음이다. 변화무쌍하고 오르락내리락하는 관계는 우리를 힘들게 한다. 그런 관계에는 '휴식'이 없다. 자꾸만 손이 가는 관계에서는 즐거움을 누릴 수 없다. 같이 있으면 살얼음판을 걷는 듯한 기분이 드는 사람이나 말 한마디 잘못했다가는 당장 관계가 끝장나는 사람과는 좋은 친구가 될 수 없다. 아리스토텔레스가 말한 것 같은 친구가 되려면 한결같고 듬직해야 한다. 믿음이 있어야 한다. 친구들이 당신을 의지할 수 있어야 한다.

해마다 존 맥스웰팀의 공인 강연자와 코치가 되기 위해 행사장을 찾은 사람들을 만날 때마다 나는 "안녕하세요. 저는 존이라고 하고 여러분의 친구입니다."라고 말한다. 그들이 처음부터 나를 친구로, 의지해도 되는 사람으로 여기게 하고 싶기 때문이다. 나는 나를 의지하는 사람들에게 한결같고 듬직한 사람이 되기 위해 열심히 노력했다. 그 과정에서 내게 도움이 된 몇 가지를 나누고 싶다.

나는 사람들의 최선을 믿는다

시인 러디어드 키플링Rudyard Kipling이 "나는 항상 모든 사람의 최선을 믿으려 한다. 그러면 굳이 많은 문제를 겪지 않아도 된다."고 말했다. 그의 말이 옳다. 나도 상대를 현재의 모습으로만 보지 않고, 그가 이룰 수 있는 최선의 모습으로 보려고 노력한다. 그 사람의 최선을 믿으면, 굳이 그를 고쳐야겠다는 생각이 들지 않는다. 나는 사람들이 다른 사람을 고치려고 드는 모습을 보면 빙긋 웃으며 '자신도 완벽하지 않다는 걸 모르나?' 하고 생각한다. 나는 나 자신을 고치는 것만으로도 시간이 빠듯하다!

타인의 최선을 믿는 것은 언제나 옳다. 물론 항상 그 믿음이 적중한다는 보장은 없다. 간혹 사람들에 대한 나의 강한 믿음이 완전히 빗나갈 때도 있긴 하다. 하지만 상대에 대한 믿음이 없으면 그 사람에게도, 우리의 관계에도 아무런 도움이 되지 않는다. 일반적으로 사람은 남들이 자신을 불신할 때보다 신뢰할 때 변화를 잘 일으킨다.

나는 다른 사람의 행동에 휘둘리지 않는다

타인의 행동에 자신의 태도와 감정이 휘둘리도록 내버려 둘 때가 너무나 많다. 타인의 변덕 때문에 자신도 변덕스러운 사람이 된다. 그런 상황이 일어나는 이유가 자신이 그것을 허락했기 때문이라는 사실을 알아야 한다. 우리에게는 자신의 태도와 감정을 만들고 다스릴 능력이 있다. 우리는 날마다 그 선택을 스스로 해야 한다. 그렇지 않으면 다른 사람들이 나를 좌우하게 된다.

까다로운 사람의 행동에 휘말리지 않는 기법을 알려 주고 싶다. 나는 어떤 사람을 만나도 두 가지 점수를 떠올린다. 하나는 그 사람에 대한 '믿음' 점수다. 그 사람 머리 위에 10점을 올려놓는다. 모든 사람을 잠재적인 10점 만점자로 보는 것이다. 모든 사람을 잘 대하기 위해서다. 나는 누구나 기대하는 수준만큼 발전한다는 사실을 알기 때문에 모든 사람이 그 수준으로 발전할 수 있다는 여지를 인정한다.

내가 사람을 만났을 때 떠올리는 또 다른 점수는 상대를 직접 겪으면서 매기는 점수다. 나는 이를 '경험' 점수라 부른다. 믿음 점수는 이미 10점으로 정해 놓지만, 경험 점수는 상대의 행동에 따라 달라진다. 내가 직접 겪어 보니 다른 사람들한테 잘한다, 약속을 잘 지킨다, 사람들에게 가치를 더한다, 유능하다 등등 좋은 면이 보이면 경험 점수가 높아진다. 반대로 자기중심적이다, 비상식이다, 폭력적이다처럼 부정적이면 낮아진다. 내가 상대를 겪을 때마다 경험 점수는 계속해서 변한다. 직접 겪어 본 느낌이 좋지 않아서 점수가 낮은 사람과는 접촉을 줄인다. 이런 식으로 나는 타인에게 휘둘리는 것을 방지한다.

나는 힘든 상황에서도 관계에 큰 가치를 둔다

사람을 대하는 게 항상 쉬울 리 없다. 나는 리더로서 가끔 직원을 해고해야 할 때도 있다. 그 직원을 내보내는 선택이 조직을 위해 옳은 일이기 때문이다. 그렇지만 이때도 나는 그 직원과의 관계에서 옳은 일을 해야 한다. 나는 이후에도 그와 친구로 남고 싶은 마음을 알려 주기 위해 퇴직 면담을 제안한다. 가능한 한 그 직원과 관계를 지속하려 한다. 상대방이 원하지 않을 때도 있지만, 그래도 괜찮다. 그 직원의 마음을 내가 결정할 수는 없는 노릇이다. 나는 내가 하고 싶은 것만 결정할 수 있고, 그것은 바로 그 사람에게 친구로 남는 것이다.

나는 사람들을 무조건 사랑한다

무조건적인 사랑은 우리가 다른 사람에게 줄 수 있는 최고의 선물이다. 그런 사랑을 받으면 사람들은 마음이 놓이고, 경계심이 사라지고, 자존감이 커지고, 자신의 참모습을 찾게 된다. 내가 어떻게 아느냐고? 어머니가 나를 무조건적으로 사랑해 주셨기 때문이다. 어머니의 사랑이 그런 효과를 냈다. 그래서 나도 다른 사람들에게 그렇게 하고 싶다. 조지 부시 대통령이 딸에게 "사랑한다. 네가 뭘 해도 내가 널 사랑하는 걸 막을 수는 없어. 그러니 헛수고는 그만하시지."라고 말했다고 한다.

그 말을 듣고 웃으면서 무조건적인 사랑은 아무리 시험해 봤자 어차피 무조건 합격이라고 생각했다. 나는 모든 사람이 어떤 상황에서도 자신을 사랑하고, 믿고, 항상 곁에서 힘이 되는 한결같은 친구를 간절히 바란다고 믿는다. 만약 당신이 누군가에게 그런 친구가 되어 주고 싶다면 대인 역량이 커지는 것은 물론이고, 더욱 보람찬 인생을 살 것이다.

이렇게 말하면 '어떻게 모든 사람한테 그럴 수 있지? 같이 있는 것만으로도 껄끄러운 사람들도 있는데!' 하는 생각이 들지도 모른다. 사실이 그렇다. 누구나 그런 사람이 있다. 데비 엘리스는 그런 사람을 '고슴도치'라 부르며 《고슴도치 끌어안기》라는 책을 썼다. 내가 목회자였을 때 흔히 쓰는 말은 '특별히 은혜가 더 필요한 사람'이었다. 살다 보면 특별히 은혜가 더 필요할 사람을 만나기 마련이다. 가족 중에 그런 사람이 있으면 그만 한 시련이 또 있을까 싶다. 하지만 가정생활은 껄끄러운 사람을 대하는 법을 배우는 출발점이다.

만화가 마이클 루닉Michael Leunig은 "서로 사랑하면 행복해진다. 참 쉬우면서도 어려운 일이다."라고 말했다. 최종 목표는 그들에게 받은 것보다 더 잘해 주고, 그들이 기대하는 것 이상의 역량으로 가치를 더하는 것이다. 나는 브라이언 베튠Brian Bethune이 넬슨 만델라를 묘사한 말을 좋아한다. "그는 정적들이 감당할 수도 없을 만큼 위대한 인물이요, 늑장만 부리다 나중에 가서야 부랴부랴 그를 칭송하기에 바빴던 서양의 국가 지도자들보다 위대한 인물이며, 그의 유산을 놓고 다투는 가족들보다 위대한 인물이었다. 그는 '모든 사람의 마음 깊숙한 곳에는 (중략) 자비와 관용이 있다'고 기술했다."[2] 나는 날마다 내 안에서 자비와 관용을 보지는 못한다. 하지만 그런 성품을 기르기 위해 노력하고 있다.

6. 사람들에게 소중한 추억을 만들어 준다

내가 겪어 보니 대부분 인생에서 각종 경험의 극치를 누리지 못한다. 어떤 경험에서 극치를 누리려면 반드시 두 가지가 필요하다. 사전에 좋은 의도를 품어야 하고, 사후에는 이를 돌아봐야 한다. 우리가 다른 사람을 도와서 이 두 가지를 할 수 있게 해주면 그 사람은 특별한 경험을 하게 되며 긍정적인 추억이 만들어질 것이다.

이 글을 쓰고 있는 지금 나는 마거릿과 아들딸 내외, 손주들과 함께 스키 리조트에 와 있다. 다들 스키를 타러 나가고 나는 객실에서 경치를 감상하고 있다. 이 리조트는 작년에 이어 두 번째 방문이다. 어제 저녁 식사 자리에서 나는 두 가지 질문을 했다. 하나는 "작년에 가장 좋았던 추억이 뭐니?"라는, 작년을 돌아보기 위한 질문이었다. 그 질문에 각자의 추억을 이야기하며 가족의 정을 느끼고 즐겁게 웃었다.

다른 하나는 올해의 목표와 계획에 관한 질문으로 "올해는 작년에 하지 않았던 것 중에서 뭘 할 생각이니?"였다. 이번에도 멋진 답이 나왔지만 아까와는 조금 달랐다. 우리는 각자 어떤 것을 새롭게 경험하고 시도하고 배우려고 하는지 귀 기울여 들었다. 각자 어떤 식으로 안락 지대를 벗어나려 하는지 들으니 재미있었다. 식사를 마쳤을 때는 다들 행복감에 젖어 있었다. 내가 장담하건대 모두 그 시간을 잊지 못할 것이다. 내가 두 가지 질문을 해서 자신을 돌아보고 좋은 의도를 품을 수 있게 함으로써 추억을 만들어 줬기 때문이다. 나는 우리 가족뿐만 아니라 많은 사람에게도 추억을 만들어 주려고 노력한다.

몇 년 전 어떤 사람이 아내에 대한 고마운 마음을 적은 감사 일기를 만들었다는 글을 읽었다. 정말 좋은 아이디어가 아닌가. 그날 바로 나도 감사 일기를 만들어 마거릿에게 감사한 것을 적기 시작했다. 내 마음을 뭉클하게 하는 아내의 행동에 주목했다. 내가 고맙게 여기는 아내의 행동과 성품도 매일 몰래 기록했다. 연말쯤 되자 일기장 한 권이 가득 찼다.

이듬해 추수감사절에 아내에게 그 일기장을 깜짝 선물로 줬다. 아내는 평생 받아 본 선물 중에서 최고라며 울먹였다. 그런데 흥미롭게도 그 일기는 아내보다 나에게 훨씬 더 큰 영향을 주었다. 감사 일기를 쓰면서 아내의 긍정적인 면을 찾으려 했더니 부정적인 면에는 아예 눈길이 가지 않았다. 결과적으로 두 사람 모두에게 아주 좋은 일이었다.

이렇게 의도적으로 사람들과 추억을 만들다 보면 상대보다 나한테 이로운 경우가 많다. 나는 사람들을 대할 때마다 끊임없이 '내가 무슨 말이나 행동을 하면 상대한테 추억으로 남을까?'라고 묻는다. 그러면 "전에 그렇게 말씀하신 것이 기억 납니다."라거나 "우리가 이 일을 같이 한 것은 절대 못 잊을 거예요."라는 대답처럼 간단한 것일 수도 있다. 내가 그런 말을 하는 이유는 무엇일까? 그 사람의 말이나 행동이 기억할 만한 가치가 있다고 말함으로써 내가 상대를 얼마나 소중하게 여기는지 알려 주기 위해서다.

나는 당신도 사람들과 함께 일상에서의 경험을 소중한 추억으로 만들면 좋겠다. 어떻게? 사람들을 대할 때마다 마음속으로 이렇게 물어보면 된다.

- 내가 어떤 말로 그 사람을 인정해 줄 수 있을까?
- 내가 어떤 질문을 해야 그 사람이 재미있게 이야기해 볼 만하다고 생각할까?
- 우리가 재미있게 할 수 있는 색다른 일은 무엇일까?
- 내가 아는 것 중 그 사람도 알고 싶어 할 만한 것은 무엇일까?
- 내가 그 사람에게 이야기해 줄 만한 비밀이 있나?

이런 질문은 모두 멋진 추억으로 이어질 수 있는데, 특히 마지막의 비밀 이야기가 효과 만점이다. 내밀한 이야기를 털어놓는 것은 상대방을 내 삶에 초청하고 내가 상대방을 소중히 여긴다는 것을 알려 주는 행위다. 한번 해보자. "내가 지금까지 아무한테도 말하지 않은 게 있는데 너한테만 말해 줄까?"라고 말해 보자. 그러면 상대방이 눈을 반짝이며 관심을 보일 것이다.

비밀이라고 해서 꼭 거창할 필요는 없다. 물론 당신이 말해 줄 자격이 있는 비밀이어야 한다. 상대방이 솔깃한 이유는 자신이 그 비밀을 가장 처음 듣는 사람이기 때문이다. 좋은 의도를 갖고 소소한 일을 자주 하는 게 어쩌다 한 번씩 하는 거창한 일보다 낫다. 소소하고 거창하고를 떠나 사람들에게 특별한 순간을 만들어 줄 때는 좋은 의도를 갖는 것이 정말 중요하다.

7. 열망하는 관계를 향해 나아간다

마지막으로 소개하는 대인 역량 증진법은 내가 어울려야 할 사람과 어울릴 수 있는 위치로 가는 것이다. '당신을 다음 단계로 데려갈 수 있는 사람 열 명과 가까이 지내라'는 근접성의 원칙을 따르자.

나는 스물네 살 때부터 그렇게 했다. 당시 나는 젊은 목사로 교회를 번성시켜 일으키고 싶었다. 앞서 말했듯이 당시 내게 큰 영향을 끼친 책 중 하나가 엘머 타운스의 《미국 10대 주일학교의 성장 비결》이었다. 그 책에 소개된 10대 교회의 리더들을 만나고 싶어졌다. 하지만 어떻게? 일단 타운스 박사를 만나야 했다. 나는 그분이 책을 썼으니 열 명의 리더를 잘 알고 있을 거라 생각했다.

조사를 한 끝에 타운스 박사의 강연 일정을 확보해 아이오와 주 워털루에서 그분이 연사로 나서는 행사에 참석하기로 했다. 행사장에서 그분을 만나 열 명의 리더를 만나고 싶은 간절한 마음을 전했다. 타운스 박사의 도움으로 두 분과 약속을 잡고 만났다. 그 두 분의 도움으로 나머지 여덟 분과도 약속을 잡을 수 있었다. 그런 만남이 젊은 리더였던 내게 큰 도움이 되어 성공으로 가는 길에 오르게 됐다.

그 후로도 나는 근접성의 원칙에 따라 살고 있다. 나는 항상 나보다 더 많이 아는 사람과 어울리기를 바라고, 내가 존경하는 사람을 만나 친분이 생기면 "혹시 주변에 제가 알면 좋을 분이 누가 있을까요?"라고 물어본다. 이 질문이 내 인생에서 그 어떤 질문보다 보탬이 됐다. 당신이 알아야 할 사람이 누구인지 알고 싶으면 당신을 잘 아는 사람에게 물어보는 것이 가장 좋다.

나는 당신이 인생에서 열망하는 관계를 향해 의도적이고 진취적으로 나아가기를 권한다. 당신이 만나야 할 사람이 먼저 찾아오기만 기다려서는 안 된다. 비유하면 나는 식탁이 다 차려질 때까지 기다렸다가 행동에 나서지 않았다. 당신도 그래야 한다. 일단 고기 한 점이라도 집을 수 있는 곳을 찾아가야 한다.

그렇다면 어떤 사람과 어울려야 할까? 언젠가 우리 부부가 친하게 지내는 폴과 비키 손더스 부부를 만나서 저녁을 먹었을 때 얻은 교훈을 들려주고 싶다. 그때 우리는 '지금까지 들었던 조언 중에서 최고는 무엇인가?'라는 주제를 놓고 이야기를 나누었다. 폴이 "나는 항상 나보다 열 살 많은 사람들에게 조언을 구해요. '당신이 자기 자신과 인생에 대해 배운 것 중에서 제가 알아야 할 게 무엇입니까?'라고 물어보는 거죠."라고 말했다. 나는 호기심이 동해 좀 더 자세히 설명해 달라고 했다. 그리하여 참으로 지혜로운 말을 들을 수 있었다.

폴이 열 살 연장자들에게 그런 질문을 하는 이유는 자신보다 인생을 많이 살아서 자신한테는 없는 지식과 경험을 보유하고 있으면서도 나이 차이가 너무 많지 않아서 그 나이에 소중한 것이 무엇인지 잊지 않았기 때문이라고 했다. 또 그는 "열 살보다 위인 사람들은 내가 알아야 할 것을 잊어버렸거나 중요하지 않게 여기더라고요. 나는 상대방이 현재 내가 서 있는 인생의 이 지점을 잘 아는 만큼 내가 향후 겪게 될 만한 상황을 이미 겪었기 때문에 딱 필요한 조언을 할 거라 생각해요."라고 말했다. 당신도 학습과 성장에 도움을 줄 사람을 찾아 나설 때 이 정도의 나이 차이를 기준으로 삼으면 좋을 것이다.

인생에서 필요한 관계를 향해 적극적으로 나아가는 게 왜 중요한가? 대인 역량을 발현하려면 '사람 운'이 있어야 한다. 이것은 내가《좋은 기업을 넘어 위대한 기업으로》의 저자 짐 콜린스Jim Collins에게 배운 개념이다. 그는 인생에서 누릴 수 있는 행운 중에서 가장 중요한 게 사람 운이라며 "살면서 누구를 만나고 누구와 관계를 발전시키느냐에 따라 성공의 정도가 크게 달라집니다."라고 말했다.

나도 겪어 봐서 안다. 하비가 없었으면 루를 만나지 못했을 것이다. 스콧이 없었으면 폴과 협력 관계를 맺지 못했을 것이다. 조이가 없었으면 팻과 즐겁고 창의적인 대화를 하지 못했을 것이다. 데이브가 없었으면 린다와 함께 창조 활동을 시작하기는커녕 그녀가 누구인지도 몰랐을 것이다. 댄이 없었으면 케빈을 만나서 같이 일할 수 없었을 것이다.

당신이 알아야 하는 사람을 알고 있는 사람이 누구인가? 당신의 인생에서 필요한 사람 운은 한 다리만 건너면 모두 만날 수 있다. '괜찮은 사람을 못 만났으니까 나는 절대 성공하지 못할 거야'라고 체념해서는 곤란하다. 오히려 '성공은 내가 하기 나름이야. 도움이 될 만한 사람들을 찾겠어!'라고 말해야 한다.

대인 역량은 인생에서 정말로 큰 차이를 빚는다. 당신이 인생에서 만나야 할 사람을 만나는 게 얼마나 절실한지 깨달으면 대인 역량이 새로운 차원으로 발전한다. 앤드루 카네기는 "나 혼자 할 때보다 다른 사람의 도움을 받을 때 더 잘할 수 있다는 것을 깨달으면 성장 여정에서 크게 한 걸음 내딛게 된다."고 말했다. 사람들의 도움을 받으려면 '나는 당신이 필요해요'라고 선뜻 말할 수 있어야 한다.

소싯적에 나는 '당신이 필요해요'라고 말하지 못했다. 정 안 되면 나 혼자서 하면 된다는 생각이 여전히 남아 있었기 때문이다. 그러다 세월이 좀 흘러 나 혼자서는 성공할 수 없고 주변의 도움을 받아야만 한다는 현실을 깨달았다. 그때부터는 '당신이 필요해요'라고 선뜻 말할 수 있었다. 그러면서 알게 됐다. 사람들은 자기가 없으면 안 되는 사람만 돕고 싶어 한다는 것을 말이다.

이런 일이 사람에 따라서는 녹록치 않다는 사실도 잘 안다. 어쩌면 당신의 타고난 성격이 그리 사교적이지 않을지도 모른다. '나는 붙임성이 없는데'라고 생각할지도 모른다. 만일 그렇다면 이 역량은 타고난 강점이 아닐 수도 있다. 그래도 이 역량을 키울 수는 있다. 가장 좋은 방법은 대인 역량이 큰 사람들에게 도움을 요청하는 것이다. 그들로 하여금 당신을 보완하고 완성하게 하자.

내 아들 조엘은 그냥 똑똑한 정도가 아니라 명석하다. 어떤 질문을 해도 척척 답을 내놓는다. 또 과학기술 쪽으로 재능을 타고났다. 성공한 청년 사업가가 된 아들이 무척 대견스럽다. 하지만 조엘은 붙임성만큼은 타고나지 않았다. 그래서 자신을 보완하고 완성해 줄 사람을 열심히 주변으로 끌어들였다. 당신도 그렇게 하면 된다.

당신이 사람들을 더욱 소중히 여기고, 그들의 세계로 더 깊이 들어가고, 그들에게 가치를 더하기 위해 노력하고, 더욱 좋은 친구가 된다면 그만큼 더 좋은 삶을 살게 될 것이다. 그뿐만 아니라 그렇게 함으로써 대인 역량이 커지고, 잠재력이 향상되고, 인생이 더 발전할 것이다. 잊지 말자. 사람들을 돕는 것은 언제나 수고할 만한 가치가 있다.

대인 역량을 키우기 위한 질문

❶ 사람들을 대할 때 어디에 초점을 맞추는가? 당신이 어떻게 그들을 도울 것인지 생각하는가? 아니면 그들에게 어떤 도움을 받을 수 있을지 생각하는가? 인간관계에서 타인을 이롭게 하는 데 역점을 두려면 어떻게 해야 할까?

❷ 당신이 아는 사람 중에서 누가 당신을 한결같은 친구라고 말할까? 또 누가 그렇지 않다고 말할까? 모든 사람에게 한결같이 긍정적인 친구가 되려면 무엇을 어떻게 바꿔야 할까?

❸ 역량을 개선하고 더 나은 삶을 살기 위해 어떤 관계를 향해 나아가기를 원하는가? 그런 관계를 다지기 위해 최우선으로 해야 할 일은 무엇인가?

제7장

다양한 선택안 중에서
제일 좋은 답을 찾는다

1965년 대학교 1학년이었던 나는 심리학 개론 수업에서 창조력 테스트를 한 결과, 수강생 중 최하위권 점수를 받고 충격에 휩싸였다. 머릿속이 새하얘졌다. 나는 지금까지 많은 시험을 치렀으며 대학 학위도 세 개나 받았다. 평생 받은 시험 성적 중에서 그만큼 나를 의기소침하게 한 점수도 없었다. 그때 나는 앞으로 사람들과 대화하는 직업을 갖게 될 텐데 말을 재미없게 한다는 것은 있을 수 없는 일이라고 생각했다.

창조적이지 않은 사람이 창조적으로 변하려면 어떻게 해야 할까? 강의실을 나서면서 두 가지 생각이 들었다. 첫째, 창조력을 키우지 않으면 절대 모든 역량을 발현할 수 없을 것이다. 둘째, 무슨 수를 써서라도 반드시 창조력을 키울 방법을 찾아내고야 말겠다.

50여 년이 지난 지금, 많은 사람이 나를 꽤 창조적인 사람이라고 평한다. 우리 직원들만 해도 어떤 문제가 있으면 창조적인 해법을 찾기 위해 나를 찾아오곤 한다. 또한 나는 대화를 나눌 때도 창조적인 사람으로 알려져 있다. 내가 이 방면에서 큰 개선을 이뤘다는 증거다. 당신도 그렇게 될 수 있다.

창조 역량을 계발하면 인생이 크게 발전한다. 창조적인 사람은 남보다 선택을 더 잘한다. 창조적인 생각으로 없던 선택지를 만들기도 하고 새로운 방향으로 쉽게 나아간다. 난맥을 해결할 방법도 더 잘 찾는다. 지속적으로 새로운 가능성을 발견하고 다른 사람과도 원활하게 협력해 주변 상황을 개선한다. 창조 능력을 계발하면 큰일에 도전할 배짱이 생긴다.

당신 안의 창조성을 꽃피우는 방법

창조력은 타고난다는 말이 사실일까? 사실이다. 드물긴 하지만 숨만 쉬어도 창조력이 불끈대며 세상을 바꿀 만한 능력을 타고나는 사람도 있긴 하다. 일각에서는 모든 사람이 창조력을 타고나지만 대부분 성장 과정에서 그것을 잃어버린다고도 한다. 작가 매들렌 렝글Madeleine L'Engle은 '모든 아이기 예술가임에도 나이를 먹으면서 창조력, 곧 무한한 상상력을 잃어버리는 게 우리 문화의 폐단'이라고 지적했다. 당신도 이미 당신 안에 있는 창조력에 다시 불을 지필 수 있고 더 나아가 새로운 창조의 길을 걸을 수도 있다. 내가 했으니 당신도 할 수 있다.

이제부터 최하위권이었던 창조력을 내 분야에서 최상위권으로 끌어올리기까지 사용한 여덟 가지 기법을 살펴보겠다. 이를 하나씩 받아들일 때마다 당신은 다양한 선택안을 모색하고, 답을 찾고, 더 나아가 문제 해결력이 순식간에 높아지는 경험을 하게 될 것이다.

1. 나는 반드시 답이 있다고 믿는다

'수동적'reactive과 '창조적'creative은 똑같은 글자로 구성되어 있다. 유일한 차이점은 'c'의 위치다. 창조력을 키우는 여정에서 나는 가장 먼저 이 'c'를 바꾸기로 했다. '문제'challenge를 보는 관점을 바꾸기로 했다는 말이다. 나는 어떤 질문과 어떤 상황에서도 반드시 답이 존재한다고 믿기로 결심했다. 다시 말해 이것저것 가능한 것을 다 건드려 보겠다는 결심이었고, '답이 있는가?'라는 질문을 '답이 무엇인가?'로 바꾸겠다는 결심이었다.

그렇게 마음가짐을 바꾼 이후 간혹 무조건 답이 있다고 고집 피우지 말라는 핀잔을 듣기도 했다. 그래도 이런 태도는 내게 큰 도움이 됐다. 그런 확신을 더욱 강하게 하는 말도 많이 들었다. 예를 들어 아마존의 설립자 제프 베조스Jeff Bezos는 "나는 유전적으로 긍정적인 사람입니다. 지금까지 '제프, 자신을 속이지 마. 이 문제는 해결 불가능해'라는 말을 많이 들었어요. 하지만 나는 그렇게 생각하지 않습니다. 해결이 안 되는 게 아니에요. 그냥 시간과 끈기와 실험이 많이 요구될 뿐이죠."라고 말했다.[1] 창조력은 '답이 있는가?'라는 질문을 '답이 무엇인가?'로 바꾸는 것이다.

베조스처럼 창조적인 사람은 왜 '해결 불가능한' 문제에 시간을 들이고 끈질기게 실험할까? 창조에는 항상 시간, 끈기, 실험이 필요하기 때문이다. 그 출발점은 답이 반드시 존재한다는 믿음이다. 이런 믿음을 붙들고 살았기에 몇 번이나 환상적인 경험을 하고 흥미진진한 이야깃거리를 만들 수 있었다. 언젠가 내가 마거릿, 래리 형, 아니타 형수와 크루즈 여행을 갔을 때다. 호주의 멜버른에서 가이드 투어를 신청해 승합차를 타고 시내를 구경하다 다목적 경기장인 로드 레이버 아레나를 지나는데, 가이드가 그날 호주 오픈 테니스 준결승에서 로저 페더러와 앤디 머리가 붙는다고 했다. 그 말을 듣자 가만히 있을 수 없었다.

"차 좀 세워 주세요. 나 좀 내립시다. 그 경기를 꼭 봐야겠어요."

미국 오픈을 보러 뉴욕까지 갔던 나는 4대 테니스 토너먼트 중 나머지 세 개인 윔블던, 프랑스 오픈, 호주 오픈도 보면 참 좋겠다는 생각을 항상 하고 있었다. 마침 우리 배도 밤 11시는 돼야 출항할 예정이었다. 그때 가이드가 말했다.

"관람권이 없으면 못 들어갈 텐데요. 매진이라서요. 여기서는 집집마다 관람권을 몇 세대가 볼 만큼 사놓고 대물림해요. 관람권을 못 구할 거예요. 표를 못 구하면 다시 오게 여기서 좀 기다릴까요?"

"아니에요. 그냥 두고 가세요."

"들어가면 문자해." 래리 형의 말을 남기고 승합차는 멀어져 갔다.

나는 매표소로 가서 "준결승전표 한 장 사고 싶은데요."라고 말했다. 표가 없다는 말에 나는 울타리 안쪽의 인산인해를 이룬 수천 명을 가리키며 "저 사람들이 다 준결승전 관람권을 갖고 있다고요?"라고 물었다.

"아니요. 대부분 관람권이 없는 사람들이에요. 30달러 내고 그라 운드 패스(주경기를 제외한 다른 코트에서 열리는 경기를 자유롭게 볼 수 있 는 입장권―옮긴이)를 끊은 거죠. 준결승은 대형 화면으로 보고요."

나도 30달러를 내고 그라운드 패스를 끊었다. '해결 불가능한' 문 제를 해결하기 위한 첫걸음이었다. 안으로 들어가자 또 매표소가 나 와서 다시 물어봤다. 역시 준결승전 관람권은 매진이었지만 "저쪽 매 표소에 가면 사람들이 환불한 표가 몇 장 있을지도 모르겠네요."라는 말을 들었다.

나는 그 매표소로 가서 "혹시 오늘 저녁 경기 관람권 환불한 거 있 으면 사고 싶은데요."라고 말했다.

"죄송하지만 안 될 것 같습니다. 지금 열두 장 있는데 저쪽에 200 명쯤 줄 서 있는 거 보이시죠? 다 환불표를 기다리는 사람들이에요. 표가 최대한 나온다고 해도 20장이 다일 거예요. 환불하는 사람이 거 의 없거든요."

나도 대기열 뒤로 가서 서긴 했지만 '이래서야 가망이 없겠는데' 싶었다. 그래서 대안을 모색했다. 일단은 내게 도움을 줄 만한 사람과 친해질 수 있을까 싶어 대기열 맨 앞으로 갔다. 그곳을 맴돌면서 사람 들에게 말을 걸고 은근슬쩍 속을 떠보는데 반응이 영 신통치 않았다. 이렇게 기다리는 것 말고 대비책도 마련해 두고 싶었다. 어떻게든 들 어가야 했으니까. 그래서 한쪽 게이트의 안내 직원한테 가서 "안 오는 사람이 있으면 그 좌석 좀 살 수 있을까요?"라고 물었다.

"흐음, 일단 1세트가 끝날 때까지는 기다려 봐야 해요. 늦게 오는 사람도 있으니까요. 그럼 이 근처에 계세요. 1세트 끝나고 상황을 좀

보죠."

이제 2안도 확보했다. 잘하면 처음부터는 아니어도 경기를 일부나마 볼 수 있을 것 같았다. 또 다른 방법이 없을까 싶어 이리저리 돌아다녀 봤다. 많은 사람과 이야기했지만 "표가 없으면 못 들어가요."라는 대답만 돌아왔다. 그 말을 한 50번쯤 들은 것 같았다. 그래서 암표상을 찾다가 표를 팔아 사익을 취하는 행위가 현지법에 저촉된다는 사실을 이내 알게 됐다. 그렇다고 포기할 수는 없었다. 말했다시피 나는 '반드시' 답이 있다고 믿는 사람이니까.

준결승전 시간이 점점 다가오고 있었고 나는 벌써 두 시간 넘게 표를 구하고 있었다. 그쯤 되자 슬슬 경기를 못 볼 수도 있겠다는 걱정이 들기 시작했다. 그런데 계속 문제를 해결하려고 이리저리 돌아다니던 중 한 여성이 나를 응시했다. 그녀는 50명쯤 되는 사람들을 지나치며 내게 똑바로 걸어와 "제가 급한 일이 생겨서 다른 데를 좀 가봐야 하는데 혹시 표 사실 생각 있으세요?"라고 물었다.

"그럼요. 사야죠."

나는 표의 액면가를 보고 혹시 웃돈을 얹어 줘야 할지 물었다.

"아니에요. 괜찮아요. 그냥 이 표 사주시는 걸로 충분해요."

그야말로 누이 좋고 매부 좋은 격이었다. 내 좌석이 어디일까 궁금해하며 경기장으로 들어갔다. 표값이 그리 비싸지 않으니까 꼭대기 좌석쯤이겠거니 했다. 그런데 출입구를 지나자 나를 아래쪽으로 안내하는 것이었다. 계속 내려갔다. 무려 앞에서 열두 번째 줄에 앉게 됐다. 세상에!

그 자리에 잠깐 앉아 있었을까. 누가 어깨를 톡톡 쳤다. 돌아보니 호주에 본거지를 둔 글로리아 진스 커피Gloria Jean's Coffee의 회장 겸 CEO이면서 내 친구인 나비 살레Nabi Saleh였다.

"존, 아니 도대체 이 자리를 어떻게 구했어요? 여긴 시즌권 전용 좌석인데!"

살레의 가족은 벌써 40여 년째 시즌권을 소지하고 있다고 했다. 내가 자초지종을 말하자 그는 껄껄 웃었다. 그곳에서 나는 정말 꿈결 같은 시간을 보냈다. 호주 오픈을 직접 관람하는 것과 내가 창조력을 발휘해 모든 역경을 이기고 경기장에 들어온 것 중 뭐가 더 좋았는지는 솔직히 잘 모르겠다.

혹시 이 이야기를 읽으면서 '나는 호주에 가본 적도 없고 계획에도 없이 스포츠 관람권을 살 만한 여윳돈도 없어'라고 생각할지도 모르겠다. 하지만 내가 하고 싶은 말은 창조력이란 마음가짐에 달려 있다는 것이다. 기왕에 해답과 해법을 찾기 위해 노력할 각오가 되어 있다면 반드시 길이 존재한다고 믿어야 한다.

만약 내가 가이드의 말만 들었다면 승합차에서 내리지 않았을 것이다. 승합차에서 내리지 않았다면 30달러짜리 그라운드 패스가 있는 줄 몰랐을 것이다. 그라운드 패스를 끊지 않았다면 내게 표를 구해 줄 수 있을 만한 위치에 있는 사람들과 대화하지 못했을 테고, 표를 구해서 경기를 관람하지도 못했을 것이다. 우리가 여는 문은 모두 또 다른 문으로 이어진다. 그런 문 중 '하나'가 결국에는 답으로 이어질 것이다.

2. 나는 답이 하나만 있지 않다고 믿는다

나는 '대안'이라는 말을 좋아한다. 하지만 원래부터 그랬던 것은 아니다. 젊었을 때는 누가 무엇을 묻든 내가 생각하는 '유일한' 정답을 주저 없이 말했다. 나는 자신만만하고 고집스럽고 모든 것에 확신이 있었다. 누가 육아에 관해 물어도 척척 대답하고, 교회 성장에 관해 물어도 정도라고 확신하는 방식을 말해 줬다. 누가 최고의 미식축구팀, 최고의 리더십 책, 최고로 살기 좋은 지역, 무엇 무엇을 하는 최고의 방법을 물어도 내가 아는 유일한 정답을 제시할 수 있었다.

그러다 아이가 생기자 내가 답을 아는 게 거의 없다는 사실을 알게 되었다. 나보다 더 성공한 교회 리더들을 만났더니 성공 비결이 나와 달랐다. 물론 내가 찍은 미식축구팀이 모두 슈퍼볼에 진출한 것도 아니었다. 죄다 그런 식이었다. 그렇게 새로운 생각을 접하고, 반성하고, 쓰라린 경험 속에서 성숙하면서 세상에 답이 하나뿐인 문제는 거의 없음을 서서히 깨달았다.

일흔을 앞둔 지금은 서른 살 때만큼 확신하는 것이 많지 않다. 그래도 괜찮다. 젊었을 때는 유일한 '정답'을 찾기 위해 깊이 파고들고 또 파고드는 게 내 방식이었다. 지금은 폭넓게 생각하면서 가능성 있는 답을 최대한 많이 찾으려 한다. 그렇게 해서 다양한 선택안을 확보한 다음 주욱 늘어놓고 '이 중에서 최고가 무엇일까?' 묻는다. 이렇게 효과적으로 목적을 달성할 수 있는 방법을 여러 가지 찾아 놓아야 마음이 놓이기 때문에 선택안을 최대한 많이 찾으려 한다.

당신이 리더라면 내가 직원들한테 썼던 기법을 써보면 좋을 것 같다. 나는 직원들이 문제를 갖고 찾아올 때 그에 대한 해법을 최소 세 개는 준비할 것을 요구한다. 그들이 더 창조적으로, 더 열린 마음으로 고민하며 다양한 아이디어와 방안을 살펴보기 때문이다. 그러다 보면 그들에게 변화무쌍한 상황에도 적응할 수 있는 능력과 함께 유연함이 생기는데, 이때 업무 효율과 생산성도 향상된다. 내가 직접 겪어 봐서 안다. 나는 반드시 답이 있다고 믿기 시작하면서 창조력이 향상됐다. 웬만한 문제에는 답이 하나만 존재하지 않는다는 사실을 깨닫자 창조력이 급성장했다.

3. 나는 모든 사람과 모든 것이 나아질 수 있다고 믿는다

예술가든, 발명가든, 사업가든, 교사든 창조적인 사람은 언제나 지금보다 더 나은 방법이 존재한다고 믿는다. 그래서 더 나은 방법을 모색한다. 패키징 코퍼레이션 오브 아메리카Packaging Corporation of America의 대표 겸 CEO를 지낸 몬테 헤이먼Monte Haymon은 이렇게 조언했다.

> 기대치에 한계를 두지 마라! 오늘 당신이 뭔가를 불가능하다고 규정한다면 그것은 어디까지나 현재의 패러다임에서만 불가능한 것이다. 이렇게 우리 안에 있지만 아직 사용되지 않은 저력을 이야기할 때는 윌리엄 워즈워스에게 최종 발언을 맡겨야 할 것 같다. 그는 인간을 논하면서 '우리는 우리가 아는 것보다 위대하다'고 말했다. 이 말은 개개인과 우리가 속한 조직과 사회에 모두 적용된다. 우리의 진정한 잠재력은 그저 추측만 해볼 수 있을 따름이다. 그리고 그 잠재력은 우리가 현재의 패러다임을 넘어서 상상력을 해방시킬 때만 발현할 수 있다.

이제 일흔을 바라보는 나는 현실과 가능성을 모두 생각해야 한다.

현실은 내가 점점 나이가 들어가고 있고 예전에는 할 수 있었는데 지금은 못하는 게 있다는 것이다. 하지만 다행히도 창조력을 비롯해 다방면에서 점점 나아지고 있다는 것이다. 앞으로도 계속 그럴까? 아니면 어느 날 일어났더니 더는 창조적인 아이디어가 떠오르지 않는 순간이 찾아올까? 제발 그러지 않았으면 좋겠다.

나는 저술가이자 강연가로서 항상 창조적이어야 한다. 좋은 소식은 내가 60대 후반의 나이에 생애 첫 어린이 책을 썼고, 회사들을 성장시켜 날마다 사람들에게 가치를 더하고 있고, 원탁회의를 통해 사람들에게 좋은 가치관을 전파하는 방법을 찾아내 여러 나라에서 변혁을 일으킬 저변을 마련했다는 것이다. 여기서 나오는 자신감 덕분에 이제는 창조력이 바닥나지 않을까 염려하지 않는다. 도리어 '내 앞에 있는 모든 기회에 창조적으로 대응할 수 있을 만큼 시간이 충분할까?' 하는 걱정을 한다.

모든 사람과 모든 것이 더 나아질 수 있다고 믿으면 사람들을 도와서 변화를 일으킬 수 있다는 자신감이 생긴다. 그런 자신감을 토대로 우리는 문제를 해결하고 기회를 붙잡을 방안을 끊임없이 모색하게 된다.

4. 질문을 통해 더 큰 창조력을 발휘할 수 있다

질문은 언제나 창조력을 자극한다. 그 이유는 우리가 탐색하고 끊임없이 탐구하게 만들기 때문이다. 나는 '만약에 ~라면 어떨까'라는 질문을 가장 좋아한다. 평범한 일상에서 이 질문을 꾸준이 던지면 그로 인해 종종 헉 소리가 날 만큼 창조적인 답이 나온다.

몇 년 전에 《인생의 중요한 순간에 다시 물어야 할 것들》이라는 책을 썼다. 나는 리더로서 나 자신에게 하는 질문과 조직을 발전시키기 위해 직원들에게 하는 질문을 소개했다. 이번에는 우리가 더 큰 창조력을 발휘할 수 있게 해주는 질문을 소개하고 싶다.

어떻게 하면 지금보다 더 좋아질 수 있을까?

혹시 당신이 이미 성공을 구가하고 있다면 이 질문은 당신 자신과 직원들에게 정말 유익할 것이다. 우리는 성공하면 종착지에 이르렀다는 잘못된 안도감에 취하기 십상이다. 하지만 지속적인 성공에 가장 큰 걸림돌이 있다면, 바로 기존의 성공에 안주하는 태도다.

농구계의 전설 존 우든John Wooden 감독은 날마다 자신에게 '어떻게 하면 우리 팀이 더 좋아질 수 있을까?'라고 묻는다고 한다. 우든 감독은 NCAA 대학 농구에서 열 번이나 우승하며 역대 최고로 성공했음에도 만족할 줄 몰랐다. 그는 끊임없이 자신에게 질문하며 팀을 발전시킬 창조적인 방법을 찾았다.

어떻게 하면 내가 더 발전할 수 있을까?

내게는 날마다 더 발전해야 한다는 강박관념이 있다. 나는 과거의 영광을 생각하며 시간을 보내지 않는다. 물론 감사하긴 하지만 그런 영예가 모두 어제의 업적에 주어진 것임을 잘 안다. 그래서 나 자신에게 '오늘 무엇을 하고 있는가?'라고 묻는다.

나는 지금까지 나 자신을 다섯 번 개조했다. 그러면서도 성공, 성장, 리더십, 관계, 인생의 의미에 대해 글을 쓰고 강연하는 생활은 달라지지 않았다. 하지만 회사와 개인적인 일을 할 때는 상황과 필요에 따라 요구되는 역할을 적절히 해내고 있으며 내가 전하는 메시지와 일관성을 유지하기 위해 유동적으로 변화했다. 내가 앞으로도 영향력을 키우고자 한다면 계속해서 나 자신과 조직을 개선해야 한다.

테이블에 적합한 사람들이 앉아 있는가?

제6장에서 대인 역량을 설명하면서 짐 콜린스가 말한 사람 운이라는 개념을 설명했다. 주위에 누가 있느냐에 따라 창조력을 발휘할 수 있는 범위가 크게 달라진다. 우리에게는 꿈을 꾸고 그 꿈을 준비하는 사람이 필요하다. 우리만큼 끈질기게 답을 찾는 사람이 필요하다. 광고 천재인 내 친구 린다 카플란 탈러는 가장 좋은 아이디어는 막판에 가서야 나오는 법이라고 말한다. 또 한편으로는 훌륭한 아이디어를 알아보고 실행할 수 있는 사람들이 테이블에 앉아 있어야 한다고 강조한다.

어떻게 하면 창조적으로 사물을 연결할 수 있는가?

나의 창조력이 획기적으로 향상된 계기는 창조력의 핵심이 이것과 저것을 연결하는 능력이라는 사실을 깨달았기 때문이다. 당시 젊은 신학도였던 나는 일주일에 몇 번이나 이런저런 발표를 해야 했는데, 발표에 쓸 자료를 수집하기 위해 매일 책과 논문을 읽고 인용문과 아이디어를 모아야 했다. 자료와 지식이 점점 쌓이자 그것을 어디서 어떻게 쓸지 더 많이 생각하게 됐다. 그렇게 몇 년이 지나자 이제는 아이디어를 서로 연결하고, 내가 알고 있는 것과 내가 하고 있는 것을 연결할 수 있었다. 그랬더니 인생의 문이 활짝 열리고 더 전략적이고 창

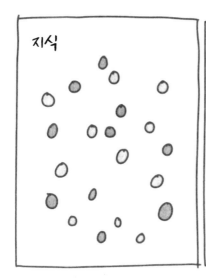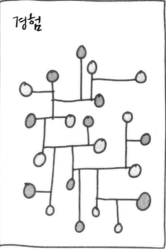

조적으로 생각할 수 있었다.

　휴 매클레오드Hugh MacLeod가 그린 위의 그림을 보면 지식을 개별적으로 두는 것과 서로 연결하는 것이 어떤 차이가 있는지 알 수 있다. 스티브 잡스는 "창조력이란 이것과 저것을 서로 연결하는 능력에 지나지 않는다. 창조적인 사람에게 뭔가를 해낸 비결을 물어보면 조금 죄책감을 느낄 것이다. 왜냐하면 사실 그들은 뭔가를 한 게 아니라 단지 뭔가를 봤기 때문이다. 그 뭔가가 시간이 좀 지나자 당연하게 느껴졌을 뿐이다."라고 말했다.

　예전부터 나는 뭔가를 창조하거나 혁신하고자 할 때 어떤 특정 아이디어에 집중해서 그것을 다른 것과 연결할 방안을 모색했다. 나는 이를 연결형 창조라 부른다. 하나의 아이디어를 염두에 두고 그것을 경험, 사람, 인용문, 이야기, 기회, 질문 등 갖가지 것과 연결할 방법을 궁리하는 것이다.

최근 들어 내 회사들에 '계발자', 곧 사업부와 프로젝트의 업무를 담당하고 주도할 인재를 더 많이 영입하려 한다. 그래서 날마다 계발자와 관련된 생각, 이야기, 특징, 사례, 경험, 조언, 질문을 찾고 있다. 그 이유는 내가 원하는 것을 달성하기 위해 새로운 방법을 찾고 내가 알고 있는 것과 전략적으로 연결하기 위해서다. 나의 창조력은 무엇보다 이런 연결을 통해 많은 자극을 받았다. 당신도 창조력을 키우고 싶다면 이제부터 연결을 시도하기 바란다.

5. 나는 설익은 아이디어도 가리지 않는다

젊었을 때는 아이디어를 혼자서 끼고 있다가 한참 지나서 사람들에게 소개했다. '남에게 내보일 만한' 수준이 될 때까지 기다렸다. 실패하고 싶지 않았기 때문이다. 아이디어를 거절당하고 싶지 않았기 때문이다. 인정받고 싶었기 때문이다. 그때는 체면치레를 발전보다 중시했다.

그러다 변화의 촉매제가 되는 일이 있었다. 내가 존경하는 분이 찾아와서 "최근에 이런 아이디어를 생각 중인데 자네가 나한테 시동을 좀 걸어 줄 수 있을까 싶어서 말이야."라며 의견을 묻는 것이었다.

내가? 그분에게 시동을 건다고? 나는 그분과 함께 새로운 아이디어에 대해 한 시간 동안 이야기를 나눴다. 대화가 끝날 즈음 내가 "왜 이렇게 일찍 아이디어를 알려 주신 거예요?"라고 물었다. 그분은 "시작부터 다른 사람의 의견을 들으면 그만큼 답에 가까이 다가서게 되니까."라고 대답했다. 그 말에 나는 어마어마한 충격을 받았다. 그분의 자신감과 지혜에 자극을 받아 나도 일 처리 방식이 바뀌었다. 그러자 창조성의 3E 공식이 탄생했다.

노출_{Exposure} : 아이디어를 적절한 사람들에게 알려 준다.
+ 표출_{Expression} : 그들이 아이디어에 관한 견해를 말해 준다.
= 확장_{Expansion} : 아이디어가 나 개인의 능력을 초월한다.

당신도 창조 역량을 키우고 싶다면 이 공식을 따르기를 권한다.

이제 나는 설익은 아이디어를 사랑한다. 그런 아이디어를 타인에게 거리낌 없이 말하는 것은 물론이고, 사람들에게도 그런 아이디어를 말해 달라고 부탁한다. 왜? 그렇게 하면 최소한 다음과 같은 세 가지 이익이 있기 때문이다.

성공의 가능성이 커진다

많은 것을 이루고 싶으면 많은 것을 시도해야 한다. 아직 준비가 덜 됐다 싶어도 그래야 한다. 《왜 양말은 항상 한 짝만 없어질까?》의 저자 댄 애리얼리_{Dan Ariely} 듀크 대학 교수는 해마다 새로운 것을 서른 가지 시도하면 좋은 경험을 열다섯 번쯤 할 수 있을 테지만, 성공이 확실시 될 때까지 기다렸다 시도하면 좋은 경험을 고작 세 번 정도밖에 못할 거라고 말했다.

창조적 사고를 연습하게 된다

창조적으로 생각하고 문제를 해결하려면 상상력을 예리하게 유지해야 한다. 그러려면 연습이 필요하다. 유감스럽게 대부분의 사람은 나이가 들수록 창조적 사고를 연습하는 데 소홀해진다. 아예 상상력을 쓰지 않는다. 미네소타 대학 아동발달연구소 공동 소장인 스테퍼니 칼슨Stephanie Carlson 교수는 나이를 먹을수록 타고난 창조력이 쇠퇴하는 데는 다 이유가 있다고 한다.

가장 큰 이유는 아이들이 학교에서 논리, 이성, 사실에 집중할 것을 강요받으며 상상 속에서보다 현실에서 시간과 두뇌를 더 많이 사용하기 때문이다. 그러니 상상력을 발휘하는 솜씨가 녹슬 수밖에 없다.[2] 하지만 설익은 아이디어를 놓고 궁리할 때는 아무리 싫어도 상상력을 발휘해서 창조적 사고를 연습하게 된다.

아이디어가 빗나가도 편하게 받아들인다

아이디어를 많이 던지면 그만큼 적중할 때도 많고 빗나갈 때도 많다. 좋은 현상이다. 시도하지 않고 어떻게 성공할 수 있겠는가. 꾸준히 시도하는 과정에서 설사 실패를 겪더라도 상황이 더 나빠지지 않는다는 사실을 시행착오를 통해 알게 되면 자신감이 생긴다.

창조적인 사람도 실패를 겪고, 내로라하는 사람도 실패를 자주 겪는다. 그들은 아이처럼 아이디어가 무르익기 전에 시도해 본 다음 아니다 싶으면 다른 아이디어로 넘어간다. 그렇게 이 아이디어에서 저 아이디어로 넘어가다 마침내 제대로 된 아이디어를 찾는다. 더욱 창조적인 사람이 되고 싶다면 아이디어가 빗나가는 것에 익숙해져야 한다. 실패를 툭툭 털고 일어서면 된다.

회사를 다섯 개나 설립한 나로서는 실패를 두려워하지 않는 창조적인 리더의 전형이 되어야만 한다. 내가 우물쭈물하며 과감하게 도전하지 않는다면, 너무 조심스럽게 굴며 창조력을 발휘하지 못한다면 절대 창조적인 조직 문화를 만들지 못할 것이다. 혁신하지 않는 조직의 운명은 소멸이다. 스탠퍼드 대학 데이비드 힐스David Hills 교수는 "창조력에 관한 연구 결과를 보면, 직원들이 창조력을 발휘하느냐 못하느냐를 결정하는 가장 중요한 변수는 자신에게 업무의 재량권이 얼마나 주어졌다고 생각하는지에 달려 있다."라고 말했다. 리더로서 나는 그런 재량권을 몸소 보여 주는 모범이 되어야 한다.

6. 나는 어제 받아들인 것도 오늘 주저 없이 버릴 수 있다

최근에 마거릿과 나는 밥 해머Bob Hammer 부부를 만나 저녁 식사를 하며 즐거운 시간을 보냈다. 해머는 대기업용 방화벽과 데이터 보호 기술을 개발하는 컴볼트Commvault 대표 겸 CEO다. 해머가 하는 일 중 하나는 사람들을 고용해 컴볼트의 소프트웨어를 해킹해 보라는 것이다. 그는 기존 소프트웨어의 보안성이 위태로워지면 새로운 소프트웨어를 준비해야 한다는 것을 잘 안다. 그날 해머는 "우리 회사가 건재할수 있는 이유는 계속 창조하기 때문이죠. 어제 통했던 게 오늘은 안 통합니다."라는 인상적인 말을 했다.

해머는 성공하려면 작년에 통했던 방식을 버려야 한다는 사실을 잘 안다. 성공하려면 끊임없이 창조해야 한다. 그가 우리와 다른 유일한 차이점이 있다면, 그는 그 사실을 잘 알지만 우리는 잊어버릴 때가 많다는 것이다. 우리는 뭔가에 정성을 쏟으면 쉽게 버리지 못한다.

저술가이자 창조력 연구자인 로저 본 외흐Roger von Oech는 "새로운 아이디어를 내는 것은 쉽지만 우리가 사랑했던 것, 2년 전에는 통했던 것, 하지만 이제는 곧 시대에 뒤처질 것을 버리는 일이야말로 가장 어렵다."라고 말했다. 노벨문학상을 수상한 작가 윌리엄 포크너_{William Faulkner}는 이를 두고 연인을 죽이는 것이라고 표현했다. 지금까지 내가 포기해야 했던 것을 몇 가지만 소개하면 다음과 같다.

예전의 나는 다달이 강연 테이프를 발송하는 회원제 프로그램을 운영했다. 그 프로그램으로 수십만 명이 도움을 받고 수백만 개의 테이프가 팔렸다. 지금은 그 프로그램을 운영하지 않는다. 그렇게 나는 연인을 죽여야 했다.

예전의 나는 어떤 성공을 거두었고 어떻게 그 많은 것을 성취할 수 있었는지에 대해 수없이 이야기했다. 지금은 나의 실패와 역경에 대해 더 많이 말한다. 그렇게 나는 연인을 죽여야 했다.

예전의 나는 강연문을 작성할 때 먼저 서류철을 뒤져서 자료를 취합했지만 지금은 마음에서 우러나오는 글을 쓰려 한다. 그렇게 나는 연인을 죽여야 했다.

이런 예는 얼마든지 있다. 내 인생길에는 죽은 연인이 즐비하다. 당신은 어떤가? 한때는 특별했지만 이제는 쓸모없는 것에 마지막으로 작별을 고한 적이 언제인가? 나는 사람들로부터 어떻게 그렇게 미련 없이 버릴 수 있냐는 질문도 많이 받는다. 그럴 때마다 나는 "처음에는 나도 미련이 있었어요."라고 대답한다. 하지만 세월이 흐르면서 다음과 같은 사실을 깨달았기에 이제는 미련 없이 버리고 넘어갈 수 있다.

- 지금보다 나은 것을 얻고자 할 때 버리기가 한결 쉽다. 그냥 버리기 위해서 버리는 게 아니다. 내일이 어제보다 더 나을 것이기에 버리는 것이다.

- 사람들은 너무 늦게 손을 뗀다. 예전에 건실한 사업가인 래리 형에게서 손해를 볼 때 빨리 손을 뗄 줄 알아야 한다고 배웠다. 형은 "존, 처음 본 손해가 마지막 손해가 되게 해야 한다."고 누누이 강조했다. 내가 항상 손을 잘 뗀 것은 아니지만 그래도 훨씬 나아지긴 했다.

- 창조적 불만이 있어야 탁월함이 발현된다. 우리는 만족하면 더 나아지기 위해 노력하지 않는다. 반대로 불만만 있고 탁월해지고자 하는 욕구가 없다면, 그저 비참해지거나 우울해질 뿐이다. 그러나 불만이 개선 욕구와 만나면 혁신을 일으킨다.

- 질서, 규칙, 규제와 사랑에 빠져서는 안 된다. 질서, 규칙, 규제에 안주하면 창조력과는 결별이다. 버진그룹의 창립자 리처드 브랜슨 Richard Branson 은 "버진 사람들이 고정관념을 깨는 생각을 하는 게 참 대단하다는 말을 많이 듣는다. 그럴 때마다 내가 '아닙니다! 우리는 애초에 깨야 할 고정관념이 생기게 놔두질 않습니다'라고 말하면 다들 깜짝 놀란다."고 말했는데 정말 명언이 따로 없다. 고정관념과 창조력을 함께 사랑할 수는 없는 법이다.

당신도 사랑하는 연인을 버릴 각오가 되어 있는가? 혹시 아니라면 창조력을 발휘해 오늘보다 조금이라도 나은 사람이 되기가 쉽지 않을 것이다.

7. 나는 창조적인 사람들에게 도움을 요청한다

제6장에서 나는 사람들을 끌어 모아서 도움 받는 것을 좋아한다고 했다. 창조력을 발휘하고 싶을 때도 그렇다. 일례로 이 책을 쓰기 시작했을 때도 명철하고 혁신적인 사람들에게 '역량'이라는 개념을 탐구하는 것을 도와 달라고 부탁했다. 내 아이디어 중 일부는 훌륭했다. 일부는 그럭저럭 괜찮았다. 하지만 상당수가 형편없었다. 우리가 뭔가 창조적인 일을 하려고 하면 늘 그런 식이다. 그래도 괜찮다. 아이디어가 빗나갈 때마다 잘 대처하다 보면 아이디어가 적중할 때가 오는 법이다.

사람들에게 도움을 요청할 때는 아무나 불러서 창조적인 아이디어를 부탁하면 안 된다. 그 자리에 '맞는' 사람들을 불러야 한다. 그 기준은 무엇인가? 내가 보는 자질은 다음과 같다.

- **능숙함** : 가능한 한 해법을 풍부하게 확보할 수 있도록 많은 아이디어를 내는 능력
- **유연성** : 어떤 문제라도 다방면으로 다채로운 아이디어를 내는 능력
- **정제력** : 아이디어를 보강하거나 다듬고 발전시키는 능력
- **독창성** : 신선한 아이디어, 남다른 아이디어, 특이한 아이디어, 색다른 아이디어를 도출하는 능력
- **복잡성** : 깊은 생각으로 어려운 아이디어, 복잡한 아이디어, 다면적인 아이디어를 내는 능력
- **대범성** : 위험을 무릅쓰고 새로운 것을 시도하는 배짱
- **상상력** : 기발한 아이디어를 생각해 내는 능력

- 안정성 : 자신의 아이디어를 무조건 두둔하지 않고 타인의 아이디어를 인정하는 자세
- 가치주의 : 가치관과 우선순위에 맞춰 생각하고 창조하는 자세

이런 자질을 갖춘 사람이라면 당신을 도와줄 수 있다. 분석가, 비평가, 편집자, 교육자, 실행가는 배제하자. 그렇지 않으면 창조파가 날아오르기도 전에 그 날개가 꺾여 버릴 것이다.

8. 나는 창조를 위해 혼자만의 시간을 보낸다

나는 창조적인 사람들을 모아서 브레인스토밍을 하는 것도 좋아하지만 혼자서 생각하며 시간을 보내는 것도 좋아한다. 왜? 우리에게는 외부에서 들어오는 영감뿐 아니라 내면에서 일어나는 영감도 필요하기 때문이다. 창조력을 발휘하기 위해 타인과 함께 있는 것과 혼자 있는 것은 동전의 양면이라 할 수 있다.

혼자 있으면 창조력이 활짝 피어난다. 내게는 혼자 있는 시간이 꼭 필요하다. 당신도 혼자만의 시간을 내는 만큼 창조력이 발전할 것이다. 나는 되도록 매일 혼자 있는 시간을 마련하고 주, 월, 연 단위로 좀 더 길게 혼자 있을 시간을 낸다. 일부러 창조를 위한 시간을 떼어 놓으면 그만큼 영감이 잘 떠오른다.

오래전에 깨달았는데, 영감이 떠오르든 말든 창조를 위한 행동을 하면 그 행동 때문에 영감이 떠오른다. 창조 역량을 키우려면 그런 시간을 미리 떼어 놓고, 그 시간에는 당연히 더 큰 창조력이 솟아나리라 기대하는 태도가 중요하다. 끈기 있게 이런 습관을 기르면 소기의 성

과를 달성할 수 있다. 이런 이유로 윌리엄 포크너를 비롯해 많은 작가가 "나는 영감이 들이닥칠 때만 글을 쓴다. 다행히도 영감은 매일 아침 9시 정각에 들이닥친다."와 같은 말을 했는지도 모르겠다.

오늘 아침 나는 이 글을 쓰기 위해 책상에 앉아 있을 시간을 미리 정해 놓았다. 그 시간에 집무실로 들어와 4색 펜을 쥐고 당신에게 보내는 글을 쓰자니 얼마나 설렜는지 모른다. 이 말을 쓰는 지금도 나는 당신의 창조 역량을 키우는 데 도움이 되리라는 기대감에 가슴이 벅차다. 집무실에는 나밖에 없지만, 나는 혼자가 아니다. 상상 속에서 나는 당신과 함께 앉아 내게 유용했던 내용을 알려 주면서 그것이 당신에게 도움이 되리라 확신하고 있다. 당신이 이 대목을 읽고 있는 지금, 우리는 함께 여행 중이며 이 여행이 당신의 역량을 억누르고 있는 마개를 날려 버릴 거라고 굳게 믿는다.

왜? 나도 지금까지 다른 사람이 손과 가슴으로 쓴 글을 읽으며 지혜를 전수 받았기 때문이다. 나는 그 저자들과 연결된 기분을 느꼈고 그들의 도움을 감사히 받았다. 내가 그런 혜택을 입을 수 있었던 이유는 모두 그들이 홀로 글을 쓰는 시간을 냈기 때문이다. 당신이 오로지 혼자 있을 때만 창조해 남들에게 나눠 줄 수 있는 것은 무엇인가? 그렇게 창조를 위한 칩거의 시간을 할애하며 인생에서 최고의 투자수익률을 올릴 수 있다.

내가 리더십에 평생을 바치며 리더들을 관찰해 보니 대부분 홀로 창조적으로 생각할 시간을 충분히 내지 않는 편이었다. 다들 행동 지향적이다 보니 혼자 있을 시간은 일정표에서 뒷전으로 밀려나기 일쑤였다. 하지만 그럴 경우 리더만 손해가 아니다. 그가 인도하는 사람들도 손해다. 리더가 최고의 창조력과 기량을 발휘하지 못하기 때문이다.

이상이 창조력 점수가 최하위인 학생을 50년간 날마다 창조력을 발휘해 생계를 유지하는 것은 물론이고 세상을 더 살기 좋은 곳으로 만들기 위해 노력하는 사람으로 변신시킨 기법이다. 당신도 창조 역량을 키우고 싶다면 얼마든지 가능하다. 선택안을 다양하게 보는 능력을 기를 수 있다. 항상 이런저런 선택안을 제시하는 사람이 될 수 있다. 다른 사람들과 힘을 합쳐 창의적이고 혁신적인 사람으로 발전할 수 있다. 그러면서 다음 장의 주제인 생산성까지 발휘한다면 당신의 역량은 어마어마하게 커질 것이다.

 창조 역량을 키우기 위한 질문

❶ 문제, 난관, 장애물에 부닥쳤을 때 반드시 해법이 있다고 믿는가? 자세히 대답해 보자.

❷ 과거의 성공과 해법을 쉽게 버리는 편인가, 잘 버리지 못하는 편인가? 그 이유가 무엇인가? 어떻게 하면 미래에 대해 더 강한 믿음을 갖고 선뜻 과거를 버릴 수 있을까?

❸ 창조적인 사람들을 모아 아이디어를 도출하는 것과 혼자 시간을 보내며 생각하는 것 중 어느 쪽을 더 잘하는가? 어떻게 하면 현재 잘하지 못하는 쪽을 더 잘할 수 있을까?

제8장

노력하면 언제나 좋은 결과를 맞이한다

제2부에서 설명한 일곱 가지 역량인 에너지, 정서, 사고, 대인, 창조, 생산, 리더십은 모두 타고난 재능에 많은 영향을 받는다는 점을 인정한다. 하지만 생산 역량은 상대적으로 선천적인 영향을 가장 적게 받는다. 생산 역량은 계발하겠다는 의지가 확실하면 순식간에 급격히 발전하는 특징이 있다. 열심히 노력하겠다는 각오가 있다면 결실을 볼 것이다.

세상에 작정하고 일부러 역량을 '제한'하는 사람은 없다. 그냥 어쩌다 보니 역량이 제한되는 것이다. 왜 그럴까? 세상은 우리에게 굳이 열심히 노력할 이유가 없다고 살살 구슬린다. 우리는 어차피 출세는 글렀다고 믿어 버린다. 그렇게 의기소침해서 인생이 내리막을 달리는 것을 무기력하게 지켜본다. 심지어 어떤 사람은 우리가 그렇게 된 게 남들 때문이라고, 애초에 사회 체제가 틀려먹었다고, 성공한 사람들은 남들을 넘어뜨리고 짓밟으며 꼭대기로 올라갔다고까지 말한다.

하지만 좋은 소식이 있다. 나는 성공한 사람이지만 당신을 넘어뜨릴 생각이 추호도 없다. 오히려 당신이 일어나서 전진하며 생산적인 삶을 살도록 도와주고 싶다. 당신의 생산 역량은 당신이 하기 나름이다. 이제부터 내가 하는 말을 따른다면 당신의 인생이 얼마든지 바뀔 수 있다고 믿어 의심치 않는다.

인생에서 가치 있는 것은 모두 오르막이다

먼저 진실을 말해 주고 싶다. 인생에서 가치 있는 것, 당신이 소망하고 이루고 싶은 것, 당신이 누리고자 하는 것은 모두 오르막이다. 문제는 대부분의 사람이 꿈은 오르막인데, 습관은 내리막이라는 사실이다. 그래서 생산 역량에 마개가 끼워지는 것이다. 내리막으로 미끄러지는 삶과 오르막을 오르는 삶을 비교해 보자.

내리막으로 미끄러지는 삶	오르막을 오르는 삶
가치 있는 것이 없음	모두가 가치 있음
약한 자존감	강한 자존감
부정적 가속도	긍정적 가속도
패배	승리

의욕 저조	의욕 충만
영향력 없음	영향력 있음
발전 없음	자기 계발
목적 없음	목적 있음
허무	보람

이렇게 나란히 놓고 보면 우리가 원하는 쪽은 내리막 인생이 아니
다. 그렇다면 당신은 오르막 인생을 살기 위해 노력할 용의가 있는가?
아주 중요한 질문이다. 다시 한 번 말하지만 가치 있는 것은 모두 오르
막이다. 당신이 이 말을 마음에 새겼으면 좋겠다. 거기 담긴 뜻을 가슴
으로 느꼈으면 좋겠다. 이를 위해 각각의 내용을 따로따로 놓고 보면
도움이 될 것이다.

'가치 있는'은 좋은 말이다. 당신에게 무언가가 바람직하고, 권
장할 만하고, 적절하고, 좋다는 뜻이다.
'모두'는 포괄적이다. 전체를 아우른다는 뜻이다. 아무것도 배
제하지 않는다.
'오르막'은 만만치 않다. 힘겹고, 고되고, 험난하고, 가혹한 경험
을 하게 된다는 뜻이다.

'가치 있는'은 매력적인 말이다. 우리는 가치 있는 것을 원한다. '모
두'라고 하면 왠지 다 잘될 것 같은 느낌이 든다. 우리는 그런 느낌을
좋아한다. 하지만 '오르막'은? 고생스럽다. 많은 사람이 오르막을 맞닥

뜨리고 싶어 하지 않는다. 내리막은 쉽다. 아무것도 요구되지 않는다. 노력도 필요 없다. 그저 우리를 아래로 끌어당기는 중력만 느끼면 된다. 내리막으로 '미끄러지는' 것은 눈 감고도 할 수 있다. 내리막 인생은 아무런 의도 없이 그때그때 좋을 대로 살면서 현실에 안주하고 이런저런 핑계를 댄다는 특징이 있다. 내리막 인생에는 미래에 대한 큰 그림이 없고, 그저 순간적인 만족만 있을 뿐이다.

오르막은 힘들다. 오르막을 오르려면 의도, 에너지, 결심, 수고, 끈기가 필요하다. 큰 그림에 시선을 고정하고, 마음을 굳게 먹고, 좋은 성품을 발휘하고, 시간을 들여야 한다. 올바른 일은 대개 어려운 법이다. 사람들이 점점 더 올바른 일을 안 하려고 하는 이유는 힘들기 때문이다. 그래서 쉬운 일을 선택하고 결국 오르막이 아닌 내리막을 탄다.

인생의 내리막에서 우리가 되짚어볼 것들

인권운동가 벤저민 메이스Benjamin E. Mays 는 "인생의 비극은 주로 실패가 아닌 현실 안주에서, 너무 많은 일을 하는 것이 아닌 너무 적은 일을 하는 것에서, 능력 이상으로 사는 것이 아닌 능력 이하로 사는 것에서 비롯된다."고 말했다.

생산 역량이라는 방면에서 누구나 부닥치는 어려운 과제는 지금까지 익숙하게 해온 것을 그만두고 자신의 능력을 힘껏 발휘하는 것이다. 내가 당신에게 권하는 것도 그렇다. 당신이 오르막을 오르는 사람이 됐으면 좋겠다. 어쩌면 덜컥 겁이 날지도 모른다. 지금까지 한다고 했는데 원하는 만큼 잘되지 않았을 수도 있다. 이 방면으로 좀처럼 진전이 없는 것처럼 느껴질 수도 있다. 만일 그렇다면 이렇게 묻고 싶다. 당신 자신을 위해서는 그렇게 할 용의가 없더라도 가족과 친구를 위해서 하는 것은 어떤가? 당신이 선택하는 삶은 그저 당신으로 시작해서 당신으로 끝나지 않는다. 당신이 무엇을 하느냐가 다른 사람들에게도 영향을 미친다.

지금 당신의 인생이 소기의 성취와 보상을 향해 오르막을 오르는 게 아니라 내리막으로 내려가고 있다는 느낌이 든다면 생산성에 대한 생각을 바꿔야 한다. 먼저 현재의 생산성 수준을 있는 그대로 인정해야 한다. 지금까지 그런 생산성에 대한 책임이 전적으로 자신에게 있음을 알아야 한다. 그러고 나서 역량을 키우는 데 도움이 되는 오르막 기법과 습관을 받아들여야 한다.

나는 당신이 생산성을 키우도록 돕고 싶다. 당신에게 내 친구 폴 마티넬리를 소개하고자 한다. 그는 존 맥스웰팀의 대표로 날마다 오르막을 오르며 수천 명의 공인 코치도 함께 하도록 인도한다. 나는 살면서 그만큼 생산성이 출중한 사람을 별로 보지 못했다. 2011년에 그는 아이디어 하나만 갖고 시작했다. 그는 우리 둘 다 잘 아는 스콧 페이Scott Fay의 소개로 나를 만나 "존, 세계적인 수준의 코칭 회사를 만들어 봅시다."라고 제안했다.

그때까지 내가 한 번도 생각해 본 적 없는 일이었다. 솔직히 말하면 나는 꼭 하고 싶다는 마음도 없었다. 내 이름을 개인적으로 알지 못하는 사람들에게 빌려 주고 싶은 마음도 별로 없었고, 우리가 자격증을 교부한다고 얼마나 가치가 있을까 싶었다. 하지만 마티넬리의 제안은 설득력이 있었고, 우리는 협력하기로 했다. 나는 프로그램에 이름을 빌려 주고 코치들에게 내가 중요하게 여기는 덕목을 가르치고, 나머지는 마티넬리가 알아서 하기로 했다.

그로부터 불과 6년 만에 마티넬리는 기적을 일으켰다. 그는 존 맥스웰팀의 코치를 0명에서 1만 5,000여 명으로 늘렸다. 플로리다 주 남부의 작은 사무실에서 시작한 회사는 전 세계 145개국으로 진출했다. 그는 이 사업을 시작하기 전에 개인적으로 알고 지내는 사업가들을 모아 '마스터마인드'라는 이름의 토론 모임을 만들어 직접 지도했다.

이제는 전 세계의 수많은 코치가 마스터마인드를 이끌고 있으며 지금까지 마스터마인드에 참여한 사람이 100만 명에 육박한다. 마티넬리가 추산하기로, 코치들이 이 사업으로 올리는 수익은 10억 달러 정도에 이른다. 당신이 사업가라면 분명 귀가 솔깃할 것이다. 하지만 사업을 하지 않더라도 마티넬리의 이야기에는 분명 배울 점이 있다.

가난하고 어려웠지만 포기하지 않는다

마티넬리는 펜실베이니아 주 피츠버그의 마운트 레바논이라는 중상층 거주 지역에서 자랐다. 3남 1녀 중 막내로 홀어머니 손에 컸다. 아버지는 그가 어머니 배 속에 있을 때 떠났다. 동네는 부유했지만 마티넬리의 집은 무척 가난했다. 간혹 "우리는 가난하게 자랐어도 가난한 줄 몰랐다."고 말하는 사람이 있다. 그런데 마티넬리는 "우리는 가난하게 자랐고 가난한 걸 똑똑히 알았다. 날마다 피부로 느꼈다."고 말한다.

아무도 말을 더듬는 마티넬리가 잘될 거라 생각하지 않았다. 당시의 교육 제도에서 그는 장애인으로 취급당했다. 친구들은 그를 바보라고 놀렸다. 그는 주변의 멸시를 견뎌 내기 위해 열심히 일했다. 어린 나이에 아침저녁으로 신문을 배달하고, 공병을 모으고, 집집마다 다니며 전구를 팔고, 가을에는 낙엽을 치우고, 겨울에는 주택 진입로에 쌓인 눈을 치웠다. 정직하게 돈을 벌 수 있는 일이라면 무엇이든 했다.

마티넬리는 그렇게 번 돈으로 가족을 도왔다. 그는 가장 자랑스러운 기억이 두 가지 있다고 했다. 마티넬리가 어렸을 때 가족들은 해마다 크리스마스가 다가오면 아버지가 크리스마스트리를 가져다주기를 고대했다. 아버지가 언제 가져다줄지도 알 수 없었고, 가져다준다 해도(보통은 크리스마스이브나 돼서 뒤늦게) 현관 앞에 두고 갈 뿐이었다. 고작 아홉 살밖에 안 된 마티넬리는 '왜 트리를 크리스마스이브까지 기다려야 하지?' 하는 생각이 들었다. 그래서 나가서 트리를 사왔다.

몇 년 후 마티넬리의 형 데이비드가 고등학교에서 육상 선수로 주목받았지만 제대로 된 육상화를 살 돈이 없었다. 그 당시 막 나이키가 등장했는데, 마티넬리는 38달러짜리 나이키 운동화를 사서 형에게 건넸다. 그는 항상 이런 식으로 가족들을 도왔다.

학교를 그만두고 사회에 뛰어들다

열다섯 살 때 마티넬리는 학교생활이 너무나 실망스러워 자퇴하고 지붕 기술자로 일했다. 그러면서 자율방범대 가디언 엔젤스_{Guardian Angels}

에도 들어갔다. 이 단체는 1979년에 커티스 슬리와_{Curtis Sliwa}가 뉴욕에서 시작한 비영리단체다. 가디언 엔젤스는 피츠버그에도 지부를 열고 지역사회를 위해 봉사하고 싶어 하는 강인한 청소년을 모집했는데, 마티넬리도 그중 한 명이었다.

마티넬리는 순식간에 100명의 청소년을 지부에 영입해 승진했다. 워낙 대원도 잘 모집하고 모금 실적도 좋아서 금세 조직의 2인자가 되어 슬리와와 함께 전국을 돌아다녔다. 가디언 엔젤스에서 신규 지부를 설립하면 항상 마티넬리를 책임자로 파견했다. 그는 시카고, 미니애마티넬리리스, 애틀랜타, 잭슨빌, 탬파, 마이애미 등지에서 지부를 열었다. 그가 마지막으로 지부를 연 곳은 팜비치였는데, 그곳으로도 발령이 났다. 당시는 코카인의 유행이 절정에 이르렀고, 팜비치는 코카인이 미국으로 대량 유입되는 지역이었다.

작은 청소 회사를 생산성 좋은 기업으로 성장시키다

마티넬리는 가디언 엔젤스에서 하는 일이 즐거웠지만, 7년쯤 지나자 뭔가 새로운 일을 벌이고 싶어 몸이 근질근질했다. 이번에는 직접 사업을 해보기로 했다. 추수감사절에 온 집안 식구가 저녁 식사를 하는 자리에서 칠면조와 라자냐를 앞에 두고 중대 발표를 하기로 마음먹었다.

과거 고등학교를 자퇴했을 때 어머니는 노발대발하며 그를 집 밖으로 쫓아냈다. 하지만 이제는 가족 모두 그의 가디언 엔젤스 활동을 자랑스러워했다. 그가 그 단체를 나와 사업을 시작하겠다고 하자 시간이 우뚝 멈춰 버렸다. 마티넬리는 식탁에 앉은 가족들이 일제히 포크를 떨어뜨리고 자신을 쳐다보는 느낌이었다고 한다.

"뭐라고? 네가 제정신이야?"

"네가 무슨 사업을 한다는 거야?"

마티넬리는 이렇게 대답했다. "청소 회사를 시작할 거예요."

"청소 회사! 이 집에 살 때 네 방 꼴이 어땠는지 몰라서 하는 말이니? 네가 청소는 무슨 청소야?"

마티넬리는 별안간 자신이 투명 인간이 되고 나머지 가족들이 그의 인생을 설계하기 시작한 것 같았다고 말했다. 할머니가 탄식하듯 말했다. "맘마미아! 로한테 전화해 보자."

우체국에서 일하는 마티넬리의 사촌 로즈를 두고 하는 말이었다. 가족들은 공무원 자리를 구해 주면 마티넬리가 정신을 차리겠거니 했다. 하지만 마티넬리는 가족들의 만류에도 아랑곳하지 않고 22세에 사업을 시작했다. 낮에는 청소를 맡길 고객을 찾기 위해 사무실마다 전화를 돌리고 발품을 팔았다. 밤에는 직접 나가 청소를 했다. 처음에는 동업자도 두 명 있었지만 1년도 안 돼 모두 그만두고 혼자 남았다.

16년간 우여곡절을 겪으며 그는 앳 유어 서비스At Your Service를 생산성 좋은 회사로 성장시켰다. 그 과정에서 많은 것을 배우고 앞으로 소개할 생산성의 원칙을 만들었다. 회사를 매각할 무렵에는 100명의 직원이 매일 밤 사무실, 음식점, 컨트리클럽, 영화관, 병원, 심지어 동물원까지 총 150개 사업체를 청소했다. 마티넬리의 신조는 '뭐든 멈춰 있는 것은 전부 청소한다'였다.

그렇게 배우고 성장하면서 마티넬리는 다른 사람들도 성공할 수 있도록 돕고 싶어졌다. 그는 자신의 인생을 바꾼, 나폴레온 힐Napoleon Hill의 《놓치고 싶지 않은 나의 꿈 나의 인생》에 나오는 내용을 사람들에게 가르치기 시작했다. 거기서 큰 보람을 느껴 한 단체를 찾아가 교육 받고 강연자 자격증을 취득했다. 청소 회사도 계속 운영하면서 강연과 교육 활동을 시작했다. 그는 몇 달 만에 그 단체에서 가장 성공한 강연자가 됐다. 단체의 설립자가 그에게 컨퍼런스 사업을 맡기고 싶어 하자 앳 유어 서비스를 매각하고 직업을 바꿨다. 5년 후 그런 그가 나를 찾아와 존 맥스웰팀을 제안했던 것이다.

생산성 좋은 사람들의 아홉 가지 원칙

마티넬리의 이야기는 무척 인상적이며 집념과 생산성의 위력을 엿볼 수 있다. 그는 어린 시절을 떠올리며 이렇게 말했다.

"나는 학교에서 주어진 카드를 갖고 플레이하라고 배웠지만, 마음속으로는 그 카드를 집어서 인생이라는 테이블 한복판에 다시 던져도 된다고 생각했어요. 다만 그 방법을 몰랐을 뿐이죠. 내 인생이 이게 전부는 아닐 것이다, 인생을 바꿀 수 있다는 생각을 항상 인지하고 있었습니다. 그걸 어떻게 표현해야 하는지 몰랐어요. 그게 무슨 의미인지도 몰랐어요. 그걸 어떻게 실현해야 하는지는 몰랐지만 마음 한구석에서는 그게 가능하다는 걸 알고 있었어요."

결국 마티넬리는 길을 찾았고 나는 그 길을 당신에게 알려 주고 싶다. 마티넬리의 원칙은 당신이 성취하고자 하는 것이 사업이든, 비영리단체든, 집 리모델링이든, 스포츠팀이든 무엇이든 적용 가능하다. 생산 역량을 키우고 싶다면 아래의 원칙을 마음에 새기자.

1. 완벽한 결과를 마음속에 설정한다

스티븐 코비Stephen R. Covey는 《성공하는 사람들의 7가지 습관》에서 우리가 무슨 일을 시작할 때는 항상 결과를 염두에 둬야 한다고 조언했다. 마티넬리는 이 아이디어를 한 단계 더 발전시켰다. 그는 "마음속에 완벽의 본보기가 있어야 한다."고 말한다. 그는 자신이 어디를 향해 나아가고 있는지 아는 것만으로는 부족하다고 본다. 마음속에 '완벽한' 결과를 최대한 상세하게 그려야 한다. 우리가 존 맥스웰팀을 시작하기 전에 마티넬리의 마음속에는 최종 결과물이 확보되어 있었다.

다시 말해 교육팀의 구성 방법, 우리에게 교육 받고 공인 받을 코치의 인원 수, 우리가 협약을 맺을 도시의 수 등이 정해져 있었다. 그는 목표를 미리 설정하기에 그 완벽한 상태를 달성하기 위해 노력한다. 마티넬리는 이를 최고의 정원사가 하는 일과 같다고 생각한다. 그의 마음속에는 완벽한 나무의 이미지가 들어 있다. 가지를 치러 가서도 그 이미지를 염두에 두고 작업한다. 그 결과 세심한 손길로 이상적인 형태를 재현한 분재, 복잡한 도형이나 유명한 캐릭터를 형상화한 토피어리 등이 만들어진다.

당신은 이루고자 하는 것에 대한 비전이 있는가? 당신이 성취하고자 하는 것의 완벽한 본보기가 마음속에 확보되어 있는가? 만일 아니라면 지금부터라도 그런 본보기를 만들어야 한다. 그게 출발점이다.

되도록 상세하게 만들자. 그것이 정말로 완벽한 상태일까? 아니다. 하지만 먼저 그런 이미지에서 시작해야 한다.

2. 비전을 실현할 방법을 몰라도 일단 시작한다

마티넬리의 생산 과정은 완벽의 이미지에서 시작한다. 그런데 다음 단계는 그와 정반대로 느껴진다. 마티넬리는 이 단계를 '방법을 알아야 한다는 강박에서 벗어나기'라고 한다. 그는 "내가 생산적인 이유는 내가 할 줄 아는 것부터 하고, 할 줄 모르는 것에는 구애 받지 않는 성격 때문이 아닐까 싶습니다."라고 말했다. 다시 말해 일단 시작부터 하고 보는 것이다. 무엇이든 일단 저질러 본다.

"많은 사람이 왜 생산성을 발휘하지 못하느냐 하면, 할 수 없는 이유를 잔뜩 확보해 놨기 때문이죠. 다 핑계예요. '나는 이걸 모르니까 못해', '실력이 없으니까 못해', '시간이 없으니까 못해', '돈이 없으니까 못해', '인맥이 없으니까 못해'. 하지만 내가 살면서 배운 건 뭐든 내가 아는 것부터 시작한다는 겁니다. 그래서 그게 성취의 이유가 되게 하자는 거예요."

뭔가를 이루고 싶다면 그에 대한 비전도 있어야 하지만, 불확실성 속에서 행동할 수 있는 용기도 있어야 한다. 생산성을 키우려면 사고 역량을 발휘해 내가 어디까지를 목표로 하는지 알아야 하지만 행동 지향적인 면도 필요하다. 비록 작은 걸음일지언정 일보 전진할 수 있어야 한다.

대부분의 사람이 기왕 시작한 거 시시하게 한 걸음 내딛는 게 아니라 처음부터 대담하고 확실하게 뛰어오르기를 바란다. 훌쩍 몸을 날려 비상하기를 원한다. 하지만 마티넬리는 그렇게 비상할 수 있는 경우는 거의 없다고 한다. 작은 걸음을 한 번, 열 번, 100번을 내디뎌야 비로소 도약의 기회가 찾아오는 것이다. 남들이 보기에는 하룻밤 만에 성공한 것 같아도 당사자는 작은 성공이 수차례 누적된 결과임을 안다. 그런 결과를 내려면 반드시 불확실성 속에서 일어나 '첫걸음'을 뗄 각오가 되어 있어야 한다.

마티넬리는 그 예로 유년기의 우스운 일화를 들려줬다. 눈을 치워서 돈을 벌어야겠다는 생각에 차고에서 삽을 찾아서 집집마다 문을 두드리고 다녔다. 내가 살았던 오하이오처럼 눈이 많이 내리는 지역에서 살아 본 사람은 눈삽이 어떻게 생겼는지 알 것이다. 눈삽은 크고 납작하며 눈을 쉽게 뜰 수 있도록 삽날이 구부러져 있다. 그런데 마티넬리가 찾은 삽은? 정원에서 땅을 팔 때 쓰는 삽이었다.

"지금이야 웃을 수 있죠. 다른 집은 다 번듯한 눈삽이 있었지만 우리 집에는 없었던 거예요. 내가 차고에서 찾은 건 낡은 환삽이었는데, 삽의 종류가 일곱 가지나 되는 줄도 몰랐어요. 그냥 삽이 있으니까 일하러 가야지 했던 거예요. 멋도 모르고 일하러 간 겁니다."

생산성을 키우려면 이런 자세가 필요하다. 무엇이 있든 없든 간에, 원하는 경지에 이르는 방법을 알든 모르든 간에 일단 시작부터 하는 것이 중요하다.

3. 실패를 두려워하지 않는다

이 단계 역시 완벽함을 추구하는 것과 정반대로 느껴질 것이다. 하지만 생산적인 사람이 되려면 실패를 두려워하지 않아야 한다. 실패를 많이 경험해야 한다. 내가 마티넬리를 존경하는 이유도 그가 새로운 것을 시도하며 계속 전진하기 때문이다. 그는 뜻대로 되지 않는 것에 미련을 두지 않는다.

마티넬리의 사고방식에서 주목할 점은 자신의 노력을 평가하는 기준이 옳고 그름 혹은 성공과 실패가 아니라는 것이다. 그는 자신이 설정한 비전에 한 걸음 더 가까이 다가서기 위해 얼마나 노력했는지만 따진다. 그렇게 더 가까워졌다면 쾌거다. 만약 아니라면 뜻대로 되지 않은 것에서 얻은 피드백에 집중한다. 그러고 나서 즉시 수정한 후 다시 시도한다.

당신도 실패를 두려워하지 않는가? 거듭 실패하는 것을 겁내지 않는가? 뜻대로 되지 않는 것에서 교훈을 얻으려 하는가? 그래야만 생산 역량을 가로막는 마개를 날려 버릴 수 있다.

4. 다른 사람들보다 오래 집중력을 유지한다

마티넬리는 어릴 때 풋내기 사업가로 많은 것을 배웠다. 그중에서도 가장 중요한 것은 집중력을 유지하는 법이었다.

"그때를 돌아보면 남들보다 오랫동안 집중력을 유지했던 것 같아요. 다른 애들도 눈을 뜨러 나갔지만 대부분 30분 일하고 3, 4달러를 받으며 관뒀어요. 하지만 나는 환경이 어떻든 간에 누군가가 훼방을 놓아도 아랑곳하지 않고 집중했어요. 그래서 성과를 낼 수 있었어요."

지금도 마티넬리는 집중력을 유지해서 성과를 내고 있다. 당신도 그렇게 될 수 있다. 그는 처음에는 사람들한테 영리하지 않다는 말을 들었기 때문에 열심히 일했다. 하지만 자신이 얼마나 영리한지 아는 지금도 근면성만큼은 변함이 없다. 그래서 묻고 싶다. 당신은 무슨 일을 시작하면 성과를 내기 위해 얼마나 오랫동안 붙들고 있는가? 얼마나 열심히 노력하는가? 계속 집중력을 유지하는가?

당신은 마티넬리의 사례에서 배워야 할 점이 있다. 그는 딱 한 가지를 정해 놓고 수없이 도전하고 시도하지, 많은 것을 한 번씩 찔러 보고 포기하지 않는다. 이는 재능, 지능, 자원, 기회와 상관없이 누구나 받아들여야 하는 자세다.

5. 자신이 보유한 능력과 자원을 파악한다

청소 사업을 시작하고 2년쯤 됐을 때 마티넬리는 벽에 부딪혔다.

"그 당시 나는 어릴 때부터 배운 대로 일하고 있었어요. 열심히 정직하게 일하면 다 잘될 거라 배웠거든요. 그래서 열심히 정직하게 일했던 거죠. 그렇다고 다 잘되는 건 아니더군요. 신규 고객사가 한 군데 생기면 기존 고객사 두 군데가 빠져나가는 거예요. 직원을 잘 교육해 놓으면 시급 25~50센트를 더 받겠다고 다른 회사로 가버리고요. 그야말로 1보 전진, 2보 후퇴였죠. 뭘 어떻게 바꿔야 할지 도무지 감이 잡히지 않았어요. 완전히 발이 묶인 거죠. 그게 정말 난감했어요."

당시 마티넬리는 어떻게 그 문제를 해결해야 할지 몰랐다. 그래서 자신이 어떤 사람이고 어떤 능력을 보유하고 있는지 생각하기 시작했다. 그 과정에서 성장이 필요하다는 사실을 깨달았다.

"계속 성장하지 않으면 역량을 최대한 발휘하면서 살고 있는 게 아니에요. 역량을 최대한 발휘하지 않으면서 사는 건 그 자리에 발이 묶여 있는 거고요. 고약한 거죠. 왜 고약하냐 하면, 우리 인간이 원래 그러라고 태어난 게 아니거든요."

그때 마티넬리가 읽은 책이 맥스웰 몰츠Maxwell Maltz가 쓴 《성공의 법칙》이다. 그는 그 책을 읽고 스스로 역량에 마개를 끼워 놓았다는 사실을 깨달았다. 자신도 모르게 자신에 대한 부정적인 기대치를 만들었던 것이다.

"나 스스로 '고등학교 중퇴자가 잘돼 봤자 얼마나 잘되겠어'라고 생각한 거죠. 그런데 몰츠의 책을 읽고 나니까 '오호라, 생산성을 키우지 못하게 막은 장본인이 바로 나 자신이구나'라는 생각이 들었어요. 그전에는 내가 그렇게 자신의 역량을 제한하고 있다는 생각을 한 번도 하지 못했어요. 나 스스로 성공에 대한 기대치, 행복에 대한 기대치를 제한하면서 세상이 나를 대신해 바꿔 주기만 바랐던 거죠. 헛된 바람이었죠."

몰츠의 책에는 온도계와 자동 온도 조절기의 차이를 설명하는 대목이 있다. 이전의 마티넬리는 단지 자신의 상태만 알려 주는 온도계였다. 하지만 이후 그는 상태를 '변화'시키는 자동 온도 조절기로 변신했다. 당신도 생산적인 사람이 되고 싶다면 자신의 생산성을 책임지고 관리해야 한다. 온도 조절기가 되어야 한다.

6. 탁월하게 잘하지 못하는 것 대신 가장 잘하는 것에 집중한다

자신을 파악하는 과정에서 마티넬리는 한 가지 결심을 했다. 기조 연설자가 되려고 애쓰지 않겠다는 것이었다. 청소 회사를 매각할 때까지만 해도 그는 기조 연설자가 되겠다는 목표가 있었다. 마티넬리는 좋은 강연자이긴 하지만 청중으로 경기장을 가득 메울 만큼 탁월한 강연자는 아니라는 현실을 깨달았다. 더구나 그런 경지에 이르기 위해 요구되는 것을 하고 싶은 마음도 없었다.

마티넬리는 자신이 2인자감이라는 사실을 인정했다. 사업으로 크게 성공하기도 했지만 그는 2인자로 있을 때 최고의 기량을 발휘했다. 가디언 엔젤스에서 커티스 슬리와와 함께 일하면서 그런 사실을 어렴풋이 느꼈다. 그리고 존 맥스웰팀에서 나와 함께 일하면서 그것을 확인했다. 당신도 탁월하게 잘하지 못하는 것을 그만두고 가장 잘하는 것에 집중하면 생산 역량이 극적으로 증가할 것이다. 자신의 시간과 관심을 어디에 집중하면 좋을지 생각해 보고 투자 대비 실적이 썩 좋지 않은 일은 되도록 일정표에서 빼버리자.

7. 팀의 중요성을 알고 팀원들에게 가치를 더한다

마티넬리는 자신이 큰 생산성을 내는 비결이 팀워크에 있다고 본다.

"내가 지금까지 성공할 수 있었던 데에는 팀이 있었기 때문입니다. 가디언 엔젤스도 팀이었고 앳 유어 서비스도 팀이었죠. 존 맥스웰팀도 교육팀, 영업 마케팅팀, 공인 코치팀으로 구성되어 있고요. 그중에는 나와 10년, 12년째 같이 일하는 사람도 있어요. 셰릴 피셔Cheryl Fisher는 22년째 우리와 함께하고 있죠. 내가 원하는 건 직원이 아니라 팀이었어요. 왜냐하면 내 역량이 제한되어 있다는 걸 알았거든요. 하지만 팀을 모아서 목표를 달성하기 위해 단결하면 저절로 내 역량이 어마어마하게 커집니다. 나 혼자서는 그만큼 키우고 싶어도 어렵거든요. 생산성이 배가되는 거죠."

마티넬리는 팀의 중요성을 알기에 함께하는 사람들과 친밀한 관계를 유지하기 위해 의도적으로 노력한다. 날마다 누군가에게 전화를 걸어 안부를 묻고 아무 용건이 없어도 사람들의 사무실을 찾아간다. 그들의 근황을 알기 위해 소셜미디어에도 주목한다. 한 배를 탄 사람들의 동향을 늘 알고 있어야 한다는 것이다.

나도 마찬가지다. 중요한 팀원과는 저녁도 자주 먹고, 행사에 동행해서 함께 시간을 보낸다. 나와 가장 가까운 사람들이 나의 성공 수준을 결정한다는 것을 알기에 돈독한 관계를 유지하고 발전시키면서 그들에게 가치를 더하려고 노력한다. 당신도 생산적인 사람이 되고 싶다면 팀을 만들어 교류하고 그들에게 꾸준히 가치를 더해야 한다.

8. 날마다 자신과 팀을 전진시키는 결정을 한다

마티넬리는 무엇을 시도하기로 마음먹으면 일단 시작해서 제대로 굴러가게 만드는 것을 최우선 목표로 삼는다. 존 맥스웰팀을 시작할 때 그는 웹사이트조차 없었다. 하지만 그런 상황에 발목이 잡히지 않았다. 자신이 할 수 있는 일부터 시작해서 차차 개선해 나갔다. 그는 그 과정에서 생산 에너지에 최대한 집중했다. 그러려면 날마다 결정을 내려야 한다. 마티넬리에 대한 가장 인상적인 부분은 어떤 결정을 하든 옳고 그름 혹은 좋고 나쁨으로 평가하지 않는다는 점이다. 단지 그 결정을 통해 자신과 팀이 비전을 향해 전진했느냐, 후퇴했느냐만 따진다.

"우리가 어떤 결정을 내린 다음 그것이 잘못되었다 해도 올바른 방향으로 나아가는 데 보탬이 됐다면 잘한 결정입니다. 다시 말하지만 나는 실패에 연연하지 않아요. 실패에는 아예 신경도 안 쓰죠. 내가 묻는 건 '그로 인해 우리가 완벽함에 더 가까워졌는가?' 하는 거예요. 내가 걱정하는 건 딱 하나, 진행 방향입니다. 내 판단이 적중하고 말고는 걱정하지 않아요. 나는 미래지향주의자예요. 현재에 얽매이지 않아요. 계속 변할 테니까요. 내가 나아가는 방향만 옳으면 돼요. 우리가 올바른 방향으로 나아가고 있으면 되는 거예요. 존 맥스웰팀 사람들에게 내가 항상 강조하는 말이 뭔지 물어보세요. 그러면 '일단 몸부터 날린 다음 날개를 만들어라'라고 대답할 겁니다."

생산 역량을 발현하려면 당신도 결정을 내릴 각오가 되어 있어야 한다. 이때 마티넬리의 자세를 받아들이면 의사 결정을 할 때 좀 더 마음이 가벼워질 것이다. 물론 어떤 사안이 성품이나 윤리와 관련 있다면 옳은 결정도 있고 틀린 결정도 있을 것이다. 하지만 생산과 성취와 관련된 결정에는 옳고 그름이 없다. 그저 효과가 있느냐, 없느냐만 있을 뿐이다. 전진이냐, 후진이냐만 있을 따름이다. 빠른 결정으로 새로운 것을 시도하고 그것이 전진인지, 아닌지만 평가하는 태도가 몸에 배면 당신도 생산적인 사람이 될 것이다.

9. 성공하고 싶다면 미래를 생각하되, 오늘 행동한다

생산적인 사람은 더욱 발전하고 더 나은 방법을 찾기 위해 노력한다. 마티넬리도 모든 사항을 끊임없이 재평가한다. 그는 반년에 한 번씩 코치를 교육하고 공인하는 행사를 개최하는데, 나날이 규모가 커지고 있다. 또 그가 마케팅에 관여할수록 실적이 좋아진다. 지금도 그는 공인 코치 육성 프로그램에서 사전 교육 과정을 검토하고 교육진도 재평가하고 있다. 딱히 문제가 있어서가 아니다. 지금도 충분히 성공적이다.

하지만 그는 프로그램이 더 나아지기를 원한다. 마음속에 있는 완벽의 본보기를 향해 열심히 나아가고 있다. 마티넬리는 그렇게 뭔가를 지속적으로 개선할 때 더욱 의욕이 솟는다.

"우리 인생에는 세 가지 선택안이 있어요. 역사가, 기자 그리고 미래지향주의자입니다. 역사가는 과거에 있었던 일을 되새기면서 그것을 여과기 삼아 미래를 보게 해요. 기자는 현재의 상황과 조건을 보도하는 데 열심이고요. 그런데 미래지향주의자는 아직 실현되지 않은 것에 집중합니다. 그래서 '우리는 할 일이 더 남아 있습니다. 우리는 더 많은 일을 할 수 있습니다. 우리는 역량을 키울 수 있습니다. 우리 안에는 무한한 잠재력이 남아 있습니다'라고 말합니다."

마티넬리는 이를 '서서히 드러나는 미래 속에서 사는 것'이라고 부른다. 나는 그것을 더 나은 내일을 만들겠다는 의지를 갖고 오늘 행동하는 것이라 부르고 싶다. 오늘과 내일의 교차점이 긍정적인 변화를 일으킬 수 있는 지점이다. 우리가 다스릴 수 있는 시간대는 현재뿐이다. 우리는 어제를 바꿀 수 없고 미래를 조종할 수 없다. 하지만 더 나은 내일을 만들기 위해 오늘 어떤 선택을 하고 무엇을 할지는 우리의 선택에 달려 있다. 에드워드 밴필드Edward Banfield 하버드 대학 교수는 《천국 같지 않은 도시》The Unheavenly City에서 미래에 중점을 두는 자세가 중요하다고 강조했다. 그는 이를 '장기적 관점'이라고 지칭하면서, 이는 미국 사회에서 사회, 경제적 지위의 상승을 가장 정확히 예측할 수 있는 지표이며 가정환경, 학력, 인종, 지능, 인맥 등 다른 어떤 요인보다 중요하다고 했다. 당신도 생산성을 발휘해 성공하고 싶다면 미래를 생각하되 오늘 행동해야 한다.

내가 마티넬리를 알고 지낸 지 벌써 6년째인데, 그의 생산성 수준만 놀라운 게 아니라 꾸준히 생산성을 향상하는 태도 역시 놀랍다. 마티넬리는 "잠재력이 있어도 그걸 발현할 역량이 없다면 무슨 소용입니까?"라고 되묻는다. 장담컨대 마티넬리는 분명 잠재력을 발현하며 살고 있다. 생산 역량을 키우는 것만큼 빠르고 강력하게 잠재력 혹은 성공에 긍정적인 영향을 미치는 요인도 드물다. 마티넬리를 본받는다면 당신도 당장 생산 역량을 키울 수 있다. 그의 원칙을 받아들이고 그것을 습관으로 만들어 보자. 그 결과는 직접 체험해 보기 바란다.

생산 역량을 키우기 위한 질문

❶ 당신은 과거를 연구하는 역사가, 현재를 관찰하고 논평하는 기자, 내일을 개선하겠다는 의도를 갖고 오늘 행동하는 미래지향주의자 중 어떤 성향을 타고났는가? 어떻게 하면 서서히 드러나는 미래에 더 관심을 기울일 수 있겠는가?

❷ 마티넬리의 사례를 참고해서 완벽한 미래에 대한 당신의 비전을 설명한다면? 그 미래에 당신은 무엇을 할 것인가? 최대한 상세하게 설명해 보자.

❸ 당신이 이상적인 미래에 다가가지 못하도록 막는 내리막 습관은 무엇인가? 그런 비생산적인 습관을 없애기 위해 어떤 오르막 습관을 길러야 하겠는가?

제9장

사람들을 격려하고
바른 목표로 인도한다

모든 일의 성패가 리더십에 달렸다는 사실을 깨달은 지도 어언 40년이 넘었다. 1970년대 "5년 동안 일주일에 5일씩, 하루에 한 시간을 투자해 한 분야를 파고들면 전문가가 될 수 있다."는 얼 나이팅게일Earl Nightingale의 말을 듣는 순간, '와! 겨우 5년이면 리더십 전문가가 될 수 있겠구나!'라고 생각했다.

그렇게 5년간 리더십에 열중한 이후 두 가지 사실을 배웠다. 첫째, 나는 분명 더 나은 리더가 될 수 있다. 둘째, 고작 5년으로는 절대 리더십 전문가가 될 수 없다. 아직 내 역량을 발현하려면 한참 멀었다. 배우면 배울수록 내가 모르는 게 얼마나 많은지 더 잘 알게 됐다. 지금도 마찬가지다. 하지만 그럴수록 더 배우고 싶은 마음이다! 나 자신을 알면 알수록 지금보다 더 성장할 거란 기대감이 커지기 때문이다.

내가 리더십 분야에서 인정받은 것은 사실이다. 2014년 미국경영협회American Management Association에서 나를 경영 분야 1위 리더로 꼽았다. 같은 해 〈비즈니스 인사이더〉와 《Inc.》에서도 나를 전 세계에서 가장 영향력 있는 리더십 전문가라고 평가했다. 하지만 나 스스로는 전혀 전문가라는 느낌이 들지 않는다. 굳이 말하자면 나는 리더십 중첩가라고 생각한다. 실제로 그런 말은 없지만, 현실이 그렇다. 나는 새롭게 배우는 것으로 리더십에 대한 개념을 확장하고 그것을 삶에 적용한다. 새로운 지식과 정보가 기존의 지식에 층층이 중첩되어 깊이를 더하면서 꾸준히 성장하는 것이 내 목표다.

출판사에서 《리더십 불변의 법칙》 출간 10주년을 맞아 개정판을 내자고 했을 때 기쁜 마음으로 흔쾌히 수락했다. 그때는 단지 몇 부분만 고치면 될 거라 생각하고 금방 끝나겠거니 했다. 하지만 오판이었다. 책을 다시 읽어 보니 10년 사이 리더십에 대해 배운 게 무척 많았다. 나는 성장하고 달라져 있었고 리더십은 더욱 깊어져 있었다. 하지만 책은 그대로였고 내용의 70퍼센트 이상을 수정하는 대대적인 개정 작업을 진행했다. 예전의 내용 위에 그간 습득한 리더십 지식을 층층이 수북하게 쌓았다.

새로운 지식을 기존 지식과 연결하면 새로운 층이 생기면서 큰 중첩 효과가 일어난다는 사실을 그때 처음으로 의식했다. 그래서 새로 배운 내용을 과거의 지식에 접목하는 습관이 생겼다. 제7장에서 창조역량을 논하면서 제시한 그림이 기억나는가? 창조는 지식을 연결하는 것이라고 말했다. 배움과 지혜도 마찬가지로, 배움은 새로운 점을 만드는 것이고 지혜는 그 점들을 연결하는 것이다. 꾸준히 점들을 연결하면 충이 더해지면서 중첩 효과가 일어난다.

리더십이라는 동전의 양면

나는 리더십 방면에서 꾸준히 성장하는 중이다. 제3장에서 존 맥스웰 컴퍼니가 고위직 리더를 대상으로 매년 익스체인지 행사를 개최한다고 했다. 2015년 샌프란시스코에서 열린 행사에서는 오라클에서 중역을 지내고 현재 와이즈먼 그룹Wiseman Group의 대표로 있는 리즈 와이즈먼Liz Wiseman이 기조 연설자로 나섰다. 와이즈먼은 《멀티플라이어》를 비롯한 책을 다수 집필한 작가이기도 하다.

와이즈먼은 익스체인지에서 '멀티플라이어의 5대 법칙'을 강연했다. 멀티플라이어가 '타인의 지성을 끌어내는 천재 제조기 같은 리더'라는 말에 귀가 솔깃했다. 그녀가 멀티플라이어의 법칙을 하나씩 설명할 때 가슴이 뛰었다. 꼭 나의 이야기 같았기 때문이다.

- 재능 자석 : 재능 있는 사람들을 모으고 활용해 최대한의 기여를 끌어낸다.('그래, 내가 그렇지.')
- 해방자 : 최고의 생각을 하고 최고의 작업을 하게 하는 열정적인 환경을 만든다.('그래, 내가 그렇다니까.')
- 도전자 : 재능을 마음껏 발휘할 수 있는 기회를 제공한다.('내가 바로 그래.')

- **토론 주최자** : 철저한 토론을 통해 타당한 결정을 내린다.('나도 그런 것 참 좋아하지.')
- **투자자** : 사람들에게 결과를 만들어 낼 수 있는 주인의식을 심어 주고 성공하도록 투자한다.('와, 나도 그래. 100퍼센트 나야!')

정말 기분이 좋았다! 나는 그녀가 멀티플라이어가 어떻게 생겼는지 독자들이 볼 수 있게 표지에 내 사진을 넣을 생각은 없는지 궁금해지기 시작했다. 하지만 그런 제안도 하기 전에 그녀는 사람들을 위축시키는 멀티플라이어의 특징에 대해 설명하기 시작했다.

- **아이디어 맨** : 자신의 아이디어로 사람들을 자극해 그들이 아이디어를 낼 수 있게 도와주려 하지만, 보통은 사람들을 압도해서 아예 입을 닫아 버리게 만든다.('안 돼. 내가 그러잖아.')
- **마이크를 놓지 않는 사람** : 사람들에게 에너지를 확산하고 자신의 견해를 공유하려 하지만, 결과적으로 정서 공간을 독차지해 사람들의 귀를 닫아 버리게 만든다.('어이쿠, 또 나야.')
- **구조자** : 사람들이 성공할 수 있게 돕고 그들의 명성을 보호해 주려 하지만, 사람들을 의존적으로 만들어 되레 그들의 명성을 약화한다.('세 번째도 내가 하는 짓이군.')
- **페이스메이커** : 품질이나 속도에 대해 높은 기준을 설정하지만, 사람들이 그 기준을 따라가지 못하면 구경꾼으로 전락하거나 포기해 버린다.('나도 이런 짓을 인정하고 싶지 않을 만큼 많이 했지.')
- **즉답 리더** : 조직이 신속하게 움직일 수 있도록 도우려 하지만, 결과

적으로 너무 많은 결정이나 변화로 인해 교통 체증이 생겨 조직이 정체한다.('그래. 이것도 나야.')

- 낙관주의자 : 팀에서 할 수 있다는 믿음을 심어 주려 하지만, 사람들은 그가 이 여정이 얼마나 힘든지 알고 있는지 혹은 실패의 가능성을 인지하고 있는지 의구심을 품는다.('역시 나로군.')

그녀가 사람들을 위축시키는 리더의 성향을 설명하는 순간, 나는 겸손해질 수밖에 없었다. 약 한 시간 반 만에 나는 세상의 꼭대기에서 땅 밑으로 추락했다. 나의 강점이 그런 식으로 사람들을 위축시킬 수 있는 줄은 꿈에도 몰랐다. 그때서야 현실 감각이 생겼다. 나는 샌프란시스코를 떠나기 전에 측근 몇 명을 불러 나에게 와이즈먼이 말한 위축형 리더의 특징이 모두 있음을 인정하고 도움을 요청했다. 한꺼번에 여섯 개의 영역을 개선할 수는 없었기에 무엇부터 바꿔야 할지 물었다. 낙관주의를 완화해야 한다는 쪽으로 뜻이 모였다. 그 후부터 나는 달라지기 위해 노력했고, 아직도 가야 할 길이 멀지만 점점 더 나아지고 있긴 하다. 이런 변화를 통해 나의 리더십 역량도 향상될 것이다.

리더십 역량을 기르기 위해 잊지 말아야 할 것

내가 쓴 리더십과 관련된 책을 읽어 봤다면 무슨 말을 할 것인지 궁금할 수도 있겠다. 이 책에서는 요즘 내가 새롭게 배우고 있는 것을 전수하고 싶다. 그중 일부는 기존의 생각에 새로운 층으로 쌓인 생각이다.

또 일부는 새로운 생각에 자극제가 된 기존의 생각이다. 이 모든 생각으로 나의 역량이 증진됐듯이 당신의 역량도 증진되기를 바란다.

1. 질문하고 경청함으로써 사람들을 이해하고 발견한다

얼마 전 인터뷰에서 "일흔에 가까운 나이에도 사람들을 인도하고 있는데 그 방식이 30, 40대에 진행했던 예전의 방식과는 어떻게 다릅니까?"라는 질문을 받았다. 나는 생각할 것도 없이 "요즘은 사람들을 인도할 때 계속 질문을 합니다."라고 대답했다.

리더십의 언어는 커뮤니케이션이다. 언론인이자 저술가였던 윌리엄 화이트William H. Whyte는 '커뮤니케이션의 천적은 커뮤니케이션에 대한 착각'이라고 했다. 나는 오랫동안 내가 말하고 지시하면 그게 다 커뮤니케이션이라는 착각 속에 살았다. 젊었을 때는 리더로서 답을 제시하는 걸 좋아했다. 사람들이 내가 아는 것에 감명을 받았으면 했고, 뭔가를 달성하는 데 관심이 많았다. 그때는 내 비전에만 초점이 맞춰져 있었다. 리더십에서 중요한 것이 나라는 사람과 내가 원하는 것인 줄 알았다. 하지만 지금은 사람들이 나에 대해 알았으면 좋겠고, 나도 그들에 대해 알고 싶다.

초창기에는 커뮤니케이션에서도 일방적인 면이 강했다. 나는 질의응답을 좋아하지 않았다. 내가 알고 중요하다고 생각하는 것만 가르쳐 주고 싶었다. 지금은 질의응답을 권장한다. 왜? 청자와 교감하고 그들의 필요를 충족하는 데 그만큼 쉽고 빠른 방법이 없기 때문이다. 예전의 나는 아무도 하지 않은 질문에 답하고 있었던 것이다!

나는 리더십이 양방향 도로라는 사실을 서서히 깨달았다. 시간이 흐르면서 내가 '커뮤니케이션의 법칙'이라고 말하는 것을 깨쳤다. 모름지기 리더라면 손을 붙잡기 전에 마음부터 붙잡아야 한다. 예전의 나는 마음은 건너뛰고 바로 손부터 잡으려 했다. 하지만 질문을 더 많이 하고, 지시를 덜 하기 시작하면서 모든 게 바뀌었다. 의도적으로 타인에게 초점을 맞추기 시작했다. 질문은 타인의 삶으로 난 문을 여는 열쇠이고, 나는 그것으로 사람들을 알아 가기 시작했다.

내가 그런 질문을 하는 이유는 찾아야 할 사람을 찾는 데 도움이 되기 때문이다. 젊었을 때는 잘 몰랐지만, 지금은 나라는 리더를 도와주고자 하는 사람을 찾으려면 질문하고 경청해야 한다는 것을 잘 안다. 그래서 사람을 만날 때 어떤 질문을 하면 이 사람에 대해 알고 교감할 수 있을까부터 생각한다.

질문하면 타인과 교감하기 위한 문이 열린다. 질문은 타인에게 가치를 두는 행위다. 질문을 하면 우리의 시각이 달라진다. 우리는 리더로서 상황을 '바로잡으려고' 하기 전에 상황을 '바로 볼' 수 있어야 한다. 우리가 타인에게 줄 수 있는 가장 큰 칭찬은 그 사람의 견해를 물어보는 것이다.

하지만 그래 봤자 경청하지 않으면 아무 소용이 없다. 질문이 문을 연다면 경청은 그 문이 계속 열려 있게 한다. 질문은 대화를 시작하지만, 경청은 그 대화를 지속시킨다. 경청은 내가 상대방에게 이해받으려고 하기 전에 먼저 상대방을 이해하고 싶다는 의사의 표현이다.

질문 + 경청 = 훌륭한 대화

훌륭한 대화 = 훌륭한 리더십

나는 내 말을 하는 데 치중하는 성격이다 보니 경청하는 법을 배워야 했다. 지금은 상대방이 내게 알려 주고 싶은 것을 먼저 다 말하도록 권유하는 편이다. 그리고 상대방에 시선을 고정하고 그의 말을 귀담아듣는다. 중간에 함부로 말을 끊지 않고 충분한 시간을 주려고 한다. 왜? 상대방이 이해받는다는 느낌을 받기를 바라기 때문이다. 상대방이 말을 멈췄을 때도 "하고 싶은 말씀을 다 하셨나요? 더 하시고 싶으면 하세요. 시간은 충분합니다."라고 말한다. 그렇게 상대방이 정말 하고 싶은 말을 다 하면 내 말을 시작한다.

내가 리더로서 해야 하는 일에 대한 단서는 대부분 타인의 말을 듣는 데서 나온다. 나는 사람들을 발견하고 이해하기 위해 질문하고 경청한다. 그래야만 사람들을 진심으로 인도할 수 있다.

2. 사람들과 교감하려면 공감대를 형성하고 기대치를 제시한다

리더십의 핵심은 변화다. 우리는 리더로서 사람들이 팀을 위해, 비전의 성취를 위해 초점을 바꾸기를, 에너지를 바꾸기를, 능력을 바꾸기를, 때로는 인생의 방향마저 바꾸기를 요청한다. 사람들이 그렇게 많은 변화를 일으킬 만큼 우리를 신뢰하게 하려면 어떻게 해야 할까? 신뢰의 기초는 좋은 관계이고, 좋은 관계의 출발점은 좋은 교감이다. 《사람 사귀는 법에 서툰 이들을 위한 인간관계 맺는 기술》에서도 말했지만, 교감은 공감대가 형성됐을 때 가장 잘 일어난다.

혹시 당신이 과업 지향적인 사람이라면 교감하기 위해 노력이 요구될 수도 있다. 만약 관계 지향적인 사람이라면 관계를 맺는 것 자체가 어렵지는 않을 수 있다. 하지만 관계를 맺는 차원을 넘어 그 관계에서 움직임을 만들어 내려면 내가 말하는 '리더의 기어 변환'이 필요하다. 이는 리더가 사람들과 교감하는 차원을 넘어, 그들이 팀을 위해 필요한 변화를 일으키도록 돕는 차원으로 전환하는 것을 의미한다.

젊었을 때는 나도 그런 전환이 어려웠다. 하지만 관계 맺기는 잘했다. 그때는 우정이 리더십이라고 생각했다. 그 덕에 사람들이 나를 좋아했지만 항상 나를 따르지는 않았다. 나는 그들이 지금 있는 곳을 떠나 우리가 가야 할 곳으로 움직이게 할 수 없었다.

최근에 존 맥스웰 컴퍼니가 후원하는 멘토링 행사에서 켄터키 대학 여자 농구팀 와일드캐츠의 매튜 미셸Matthew Mitchell 감독이 내게 "감독으로서 선수들을 밀어붙여야 할 때는 언제고, 선수들에게 인내심을 발휘해야 할 때는 언제입니까?"라고 물었다. 이는 모든 리더가 날마다 자신에게 던지는 질문이기도 하다. 내 대답은 태도, 책임감, 근태 등 선택의 영역에서는 팀원들을 밀어붙이되, 출신 배경, 경험, 능력과 관련된 영역에서는 인내심을 발휘하라는 것이다.

인내심은 주로 팀원들의 출신이 다양할 때 요구된다. 어쩌면 팀 안에서도 다른 팀원들이 누렸던 특권이나 기회를 누리지 못하는 사람도 있을 수 있다. 팀원의 경험이 부족한 경우에도 인내심이 요구된다. 예컨대 대학 농구에서 신입생이 4학년 정도의 결정력을 발휘하길 기대하는 것은 무리다. 실력이 부족한 선수는 우수한 선수보다 더 큰 인내심을 요한다. 말하자면 실력이 우수한 선수일수록 강하게 밀어붙이고, 실력이 부족한 선수일수록 많이 기다리고 인내해야 한다.

팀원들이 변화할 수 있도록 돕고 싶을 때는 사전에 기대치를 정해놓는 것이 중요하다. 그러면 그 관계에서 긍정적인 변화가 일어날 확률이 높아진다.《신뢰의 속도》를 쓴 스티븐 M. R. 코비Stephen M. R. Covey

는 "사전에 성공에 대한 공동의 비전에 집중하는 것이 중요하다. 이는 예방책이다. 사전에 기대치가 명확하게 정해져 있지 않으면 신뢰와 속도가 모두 떨어진다. 리더가 기대치를 명확하게 제시하지 않으면 많은 시간이 낭비된다. 명확한 기대치가 없으면 사람들은 짐작에 기댈 수밖에 없다. 그러면 미진한 결과가 나오고, 그 결과를 등한시한다."고 말했다. 나는 이를 '기대의 법칙'이라 부른다. 미리 기대치를 정해 놓아야 기대에 부응하는 결과가 나올 확률이 높아진다.

이제 기대치를 정하는 6단계 기법을 소개하려 한다. 이 기법을 활용하면 당신도 사람들과 교감하며 변화를 유도할 때 원하는 결과를 얻을 것이다.

내가 그들을 소중히 여긴다는 것을 알게 한다

리더가 팀원들에게 줄 수 있는 가장 큰 선물은 그들을 얼마나 소중히 여기고 신뢰하는지 알려 주는 것이다. 사람들이 자신의 리더를 소중히 여기는 것도 훌륭하지만, 리더가 팀원을 소중히 여기는 것이 더욱 훌륭하다. 왜? 리더로서 내가 그들을 아끼고 사랑한다는 증거이기 때문이다. 내가 그들 한 사람 한 사람을 소중히 여기면 여길수록 그들에게 더 많은 것을 주기 때문이다. 즉 가치를 어떻게 평가하느냐에 따라 투자 규모가 달라진다. 내가 리더로서 팀원들을 소중히 여기지 않으면, 그들이 득을 보게 하기는커녕 그들을 이용해 내가 득을 보려 할 것이다.

사람들에 대한 기대치를 정할 때 나는 그들을 단순한 팀원으로서가 아니라 하나의 인격체로 얼마나 소중히 여기는지 확실하게 전달한다. 여기서 소중히 여긴다는 것은 쓴소리도 마다하지 않을 만큼 애정이 깊다는 뜻이다. 팀원을 너무 아끼기 때문에 현실에 안주하는 것을 용납하지 않는다는 말이다. 내가 팀원에게 거는 기대가 그런 애정에서 나온다는 것을 그들도 알게 되면, 다음 단계로 넘어가기 위한 환경이 조성된 셈이다.

그들 스스로 자존감을 키우도록 돕는다

우리가 리더로서 팀원들을 어떻게 보느냐에 따라 투자하는 규모가 달라진다. 그런데 그들이 스스로 어떻게 평가하느냐에 따라 자신에게 투자하는 규모도 달라진다. 즉 우리가 자신의 가치를 어떻게 평가하느냐에 따라 자신과 타인을 위해 쏟는 정성의 정도가 달라진다는 말이다. 자존감은 자기 신뢰의 근간이다. 자신에 대한 믿음이 커지는 순간, 자신을 스스로 돕겠다는 의지도 강해진다.

만약 팀원들이 자신을 불신한다면 우리는 리더로서 그들이 믿음을 찾을 수 있도록 도와야 한다. 그들을 격려해야 한다. 긍정적인 말로 그들을 인정하고 가르쳐야 한다. 그들이 승리의 경험을 쌓을 수 있도록 도와야 한다. 그러면 효과가 있을까? 아니다. 그들 스스로 자존감을 키우지 못한다면 성과도 나아지지 않을 것이다.

그들에게 기대치를 제시하고 책임을 묻는다

나는 2012년에 《사람은 무엇으로 성장하는가》를 썼다. 제1장의 주제가 성장은 저절로 일어나지 않는다는 '의도성의 법칙'이었다. 성장하고 싶으면 목표를 설정하고 행동에 나서야 한다. 팀원들이 성장하기를 바란다면 그들이 그렇게 할 수 있도록 도와야 한다.

리더로서 상대에 대한 기대치를 정할 때는 두 가지 질문에 대한 답이 준비되어 있어야 한다. '그들이 무엇을 알았으면 좋겠는가?'와 '그들이 무엇을 했으면 좋겠는가?'이다. 리더로서 우리가 그들의 성장을 기대한다는 것을 사전에 알려야 한다. 그리고 우리가 그들에게 성장에 대한 책임을 물을 것이란 사실을 알면, 실제로 성장할 확률이 급격히 높아진다. 리더들이 저지르는 크나큰 실수 중 하나가 기대치만 말해 주고 그에 대한 책임을 묻지 않는 것이다.

변화가 필수적이라는 것을 보여 준다

변화가 없으면 발전은 불가능하다. 현재 상태를 유지하면서 더 높은 차원으로 올라간 사람은 아무도 없었다. 성장의 문을 열려면 기꺼이 변화하고자 하는 마음이라는 요금을 내야만 한다.

좋은 리더는 사람들이 그런 요금을 인정하고 지불하게 돕는다. 좋은 리더는 팀원들이 두 점 사이에서 가장 멀게 가는 길이 대부분 지름길이며, 성장에 요금 할인은 없다는 사실을 깨닫게 돕는다. 그리고 발전과 성장하는 데 필요한 변화를 기꺼이 감당하고자 하는 사람들 곁을 꿋꿋이 지킨다. 리더가 그들을 대신해 변화를 일으킬 수는 없지만, 무엇을 바꿔야 하는지 보여 주면서 지원하고 격려할 수는 있다.

끊임없이 접촉하고 교감한다

최근에 나는 기업의 중역들에게 기대의 법칙을 강의할 기회가 있었다. 나는 참석자 중 한 명의 어깨에 손을 얹은 채 강연을 이어갔다.

리더라면 자신이 인도하는 사람들과 꾸준히 접촉하고 교감해야 한다는 것을 직접 보여 주기 위해서였다. 리더는 항상 사람들로 하여금 은 근히 전진에 대한 압력을 느끼게 해야 한다. 왜? 리더가 어깨에서 손을 떼는 순간, 대부분의 사람은 그 자리에 안주하려 한다. 리더는 '내가 기대치를 정해 놓으면 나머지는 알아서 되겠지' 하고 생각하면 절대 안 된다. 사람들은 진로에서 벗어나도 자발적으로 다시 전진하거나 방향을 재조정하는 경우가 거의 없기 때문이다.

혹시 당신이 부모라면 자녀에게 똑같은 말을 몇 번이나 반복해야 했는가? 수십 번, 수백 번, 수천 번? 꾸준히 접촉하고 교감해야만 효과도 꾸준히 유지된다. 리더로서 우리가 사람들과 상시 교감하면 두 가지 효과가 있다. 첫째, 팀원들의 입장에서는 그 기대에 부응하기 위해 어떤 노력이 필요한지 되새기게 된다. 둘째, 리더의 입장에서는 그들이 어떻게 반응하는지 파악해 어떤 문제가 있으면 즉시 손을 쓸 수 있다.

마이크로소프트에서 최고운영책임자COO를 지냈고 현재 시타델 증권Citadel Securities의 CEO로 있는 내 친구 케빈 터너Kevin Turner는 "사람들은 자신의 행동이 아니라 의도로 평가 받기를 원한다."고 말했다. 그 말에 나도 동의한다. 거기에 더해 사람들은 자율성을 원한다. 하지만 대부분의 경우 그들에게 가장 필요한 것은 자신에게 기대하는 것을 수행하는 책임감이다. 사람들과 끊임없이 교감하며 자연스럽게 그들을 앞으로 밀면 격려도 되고 책임감도 느끼게 할 수 있다.

"내가 당신을 어떻게 도울 수 있는지 말해 주시겠습니까?"라고 묻는다

리더가 아무리 기대치를 정해도 그들이 받아들이지 않으면 절대 성공할 수 없다. 그들이 변화와 성장을 위해 어떤 식으로 도움 받기를 원하는지 직접 말하게 한다. 그렇게 함으로써 그들이 그 일에 매진하겠다는 의사를 확인 받는다. 만약 그 말을 지키지 않을 경우 책임을 물을 수 있다. 우리는 조언을 청하기만 하고 정작 따르지는 않는 사람, 말하자면 '밑 빠진 조언의 독' 같은 사람에게 굳이 시간을 쓸 필요가 없다. 진심으로 변화를 바라는 사람에게만 시간을 써야 한다.

3. 사람들을 진솔하고 투명하게 대한다

리더십 역량을 키우는 데 가장 가치 있는 방법은 사람들을 진솔하고 투명하게 대하고 자신의 이야기를 솔직하게 꺼내는 것이다. 특히 상대에게 어려운 일을 시도해 보라고 권면하기 전에 그렇게 하면 좋다. 앞서 리더는 '그들이 무엇을 알았으면 좋겠고, 무엇을 했으면 좋겠는가?'라고 자문할 필요가 있다고 했다. 여기에 또 하나 추가하고 싶은 질문은 '그들이 무엇을 느꼈으면 좋겠는가?'이다.

리더는 비전, 계획, 프로젝트, 문화, 차기 과제 등에 역점을 둔다. 모두 중요한 요소지만, 나는 리더의 사연이나 이야기야말로 사람들의 삶을 변화시키고 그들이 행동하도록 준비시키는 위력이 있다고 본다. 단, 그 이야기가 리더의 약점까지 솔직히 드러낼 만큼 진솔한 경우에 한해서다.

사람들에게 완벽한 모습을 보여 줘야만 신뢰를 얻을 수 있다고 생각하는 리더가 많다. 말하자면 그들은 항상 가장 아름다운 손가락을 보여 줘야 한다고 생각한다. 그런데 가장 아름다운 손가락이 여기저기 흉터가 있는 손가락이라는 사실을 잘 모른다. 자신도 불완전한 사람이라는 점을 알려 주는 것이 힘이 된다는 사실을 간과한다. 리더의 성장과 발전을 위해 힘들었던 이야기는 팀원들에게 영감과 기운을 불어넣어 그들의 삶을 변화시킨다.

그러기 위해서는 용기가 필요하다. 사우스웨스트항공Southwest Airlines 을 설립한 롤린 킹Rollin King 은 "우리 회사는 직원들에게 그 어떤 사실이나 문제도 숨기지 않는다는 철학으로 운영된다."고 말했다. 존경받는 리더는 진실을 말하면서도 비전을 굳게 붙들고 팀을 계속 전진시키는 사람이다.

나는 팀원들을 투명하게 대하는 태도가 얼마나 큰 위력이 있는지 피부로 느낀 적이 있다. 존 맥스웰팀의 숙련된 코치들에게 파라과이에서 변혁의 촉매제가 되어 달라고 요청했을 때다. 우리의 목표는 5년 동안 70만 명의 리더를 훈련하는 것이었다. 나는 200명 이상의 코치에게 전액 자비를 내고 하루에 열두 시간씩 일주일 동안 원탁회의 진행에 대한 교육에 참가해 줄 것을 부탁하고 싶었다.

하지만 그런 부탁을 하기 전에 내가 확신하는 비전의 무게부터 이야기했다. 파라과이 대통령이 나를 직접 초청했으며 국민들의 기대감도 고조되어 있었다. 길고 힘든 여정이 분명했다. 국가 전체를 변혁하기란 가망성이 아주 낮은 일이다. 지금까지 그 정도 규모의 과업을 진두지휘해 본 적도 없고, 우리 앞에 무엇이 놓여 있을지도 몰랐다. 내 나이에 그 프로젝트를 완수할 수 있을지도 미지수였고 분명 힘에 부치는 일이었다.

나는 코치들에게 이런 상황을 솔직히 털어놓으며 선택의 여지가 없는 것 같다고 말했다. 나는 그 프로젝트를 수행하기로 마음먹었고,

실패할지언정 작은 일보다 큰일을 시도하기로 결정했다. 그들의 도움이 절실했던 나는 "누가 나와 이 짐을 나눠 지겠습니까?"라고 물었다.

250명의 코치가 의연히 파라과이 문화에 변화를 일으키고 그 비전에 동참하기로 했다. 그 결과? 2016년 초에 그들과 함께 파라과이로 가서 일주일도 안 되는 기간에 1만 7,000여 명의 리더에게 원탁회의 진행법을 가르쳤고, 이 리더들이 진행하는 원탁회의를 통해 7만 명이 좋은 가치관과 의도적인 삶에 대해 배웠다. 그렇게 변화가 시작됐다.

리더라면 비전만 봐서는 부족하다. 비전을 '느껴야' 한다. 비전을 보기만 해서는 한눈을 파는 사이 비전이 시야에서 사라져 버릴 수도 있다. 하지만 비전을 느끼면 쉽사리 사라지지 않는다. 비전의 무게를 느낄 때 리더는 두 가지 필수 불가결한 자질을 발휘하게 된다. 바로 끈기와 열의다. 당신이 도전에 응해 비전의 무게를 감당한다면 리더로서 성장할 것이다. 비전에 대한 느낌을 솔직하고 투명하게 말한다면 당신을 따르는 사람들이 자극 받아 그 비전을 수용할 것이다.

4. 나보다 타인을 우선시한다

마지막으로 내가 1976년에 배우고 꾸준히 실천해 온 교훈을 말하고 싶다. 지난 40년간 나는 이 리더십의 진리에 계속해서 층을 더해 왔다. 그 교훈은 바로 리더십의 초점을 '나'에서 '우리'로 바꿔야 한다는 것이다.

풋내기 리더 시절에는 나 자신에게만 초점이 맞춰져 있었다. 항상 '이 사람이 내 비전을 듣고 싶어 할까?', '저 사람이 나와 내 팀을 돕고 싶어 할까?', '저들이 나를 위해 무엇을 해줄 수 있을까?'만 생각했다.

하지만 이후 내 관심이 타인을 강화하고 계발하는 것으로 옮겨 가면서 태도가 바뀌었다. 지난 20년 동안 나는 다른 사람을 섬기고 의도적으로 그들에게 가치를 더하는 데 집중하며 살아왔다. 혹시 당신이 아직도 '나'에서 '우리'로 초점을 전환하지 않았다면 이제부터 그렇게 하기를 권한다. 그 이유는? 다음의 세 가지 요인을 보면 변화의 욕구가 꿈틀댈 것이다.

현실 : 과제가 어려울수록 팀워크의 필요성이 커진다

내 꿈은 나보다 크다. 당신의 꿈도 당신보다 크다. 가치 있는 꿈은 모두 그 꿈을 맨 처음 꾼 사람보다 크다. 이 사실을 알면 타인에게 도움을 청하고 싶은 마음이 생긴다.

나는 팀을 통해 내 꿈을 실현하기를 원하는 만큼 그들이 꿈을 실현하도록 돕는 것도 좋아한다. 나는 다른 리더들이 꿈을 이루는 데 필요한 것이 무엇인지 짚어 주고 그 방면으로 도와주는 재능이 있었다. 강연가로서 때로는 그들이 스스로 할 수 없는 것을 대신 해주는 특별한 위치에 서기도 한다. 예를 들면, 그가 인도하는 사람들 앞에서 그 리더를 격려하고 칭찬하는 것을 좋아한다.

최근에 헨드릭자동차그룹Hendrick Automotive Group과 헨드릭모터스포츠Hendrick Motorsports의 소유주인 릭 헨드릭Rick Hendrick을 도와줄 기회가 있었다. 내가 존 맥스웰 컴퍼니를 대표해 그의 회사 직원들을 교육할 때였다. 교육하는 중간에 헨드릭을 인터뷰하는 시간이 있었다. 나는 직원들이 보는 앞에서 그를 격려하고 칭찬하고 싶었다. 교육이 끝날 무렵 나는 헨드릭의 인터뷰에서 배운 점을 알려 주고 싶다고 말했다.

좌중이 순식간에 조용해졌다. 헨드릭 대표가 리더십 전문가인 나를 초청했는데, 내가 헨드릭에게서 배운 점을 말하겠다고 하니 그럴 만도 했다. 나는 직원들에게 헨드릭을 얼마나 존경하는지 설명했다. 직원들은 나의 말에 뿌듯해하며 그만큼 회사를 위해 더 열심히 일하고 싶은 의욕을 느꼈을 것이다.

성숙 : 단 한 명을 제외하면 세상은 타인으로 구성되어 있다

나는 성숙을 '자기중심주의의 소멸'이라고 정의한다. 성숙한 사람은 타인을 소중히 여기기 때문에 타인의 관점에서 볼 수 있다. 성숙한 사람은 자기가 먼저 사다리를 오르겠다고 몸싸움을 벌이는 게 아니라 타인이 오를 수 있게 사다리를 만들어 준다. 사다리를 만드는 사람이 성공하는 것은 타인이 성공하도록 도울 때다. 내가 도와주는 사람이 사다리를 끝까지 다 오를 수도 있지만, 한두 칸만 오를 수도 있다. 그것은 중요하지 않다. 그 사람이 오를 수 있는 만큼 오르도록 도와주고 난 다음에는 그가 나를 외면하든, 다른 전문가를 찾든 더 이상 도와줄 수 없는 시점이 오면 내 발로 그 자리에서 물러난다.

얼마 전 내가 존경해마지 않는 분에게도 그렇게 했다. 그분이 내게 왜 슬슬 발을 빼냐고 묻기에 "우리의 협력 관계에서 제가 선생님보다 얻는 게 더 많아지면 그만 정리해야죠."라고 말했다. 나는 상대가 내게 더하는 가치보다 더 큰 가치를 더해 주고 싶다. 최소한 둘 사이에 균형이 유지되길 바라고, 기왕이면 내가 더 큰 가치를 더하는 쪽이 이상적이라고 생각한다.

수익성 : 내가 받는 것이 아니라 주는 것을 성공의 척도로 삼는다

나는 예전부터 상대에게 가치를 더하고 싶은 욕구가 돈을 벌고 싶은 욕구보다 강했다. 그 이유는 목회자로 시작했고, 돈이 성공을 가늠하는 잣대로 적합하지 않다고 생각했기 때문인 것 같다. 당신이 목회자가 아니라 어떤 일을 하든 성공을 평가하는 기준은 내가 타인을 얼마나 도울 수 있는가가 되어야 한다. 따지고 보면 인생에서 가장 중요한 것은 사람이다. 이 점을 명심하기 바란다. 당신의 경력을 챙기지 말고 당신의 사람들을 챙기자.

내 회사들의 CEO를 맡고 있는 마크 콜이 최근에 어느 강연에서 나와 10년 넘게 일하면서 어떤 영향을 받았는지 이야기했다. 그는 강연 제목을 '사람들에게 복리複利로 이득을 주는 존 맥스웰의 삶'이라고 붙이고 세 가지 원칙을 설명했다.

1. 돈을 버는 게 아니라 사람을 버는 데 집중하라.
2. 회사를 세우는 게 아니라 사람을 세우는 데 집중하라.
3. 생산량을 키우는 게 아니라 사람을 키우는 데 집중하라.

내가 이 세 가지를 창안했다고 생각하지는 않지만 모두 동의하는 바다. 당신이 리더십 역량을 키우기 위해 노력하고 그 이유가 타인을 위하고 타인에게 가치를 더하는 능력을 키우기 위해서라면 보람 있는 인생을 살게 될 것이다. 나는 그런 인생을 살고 있다. 그리고 내가 시간과 노력을 투자하는 사람들을 볼 때마다 왜 내가 그런 삶을 살고 있는지 알 수 있다. 이 글을 쓰는 지금 나는 '당신이 우리 삶을 빛냅니다'

라고 적힌 펜을 쥐고 있다. 우리 직원들이 준 선물이다. 그게 바로 내가 언제까지나 타인을 돕고 싶은 이유다.

나의 예순아홉 살 생일을 축하하기 위해 친구 존과 설레스트 리 부부가 예고도 없이 나를 저녁 식사에 초대했다. 그 자리에 있던 친구들도 모두 따뜻하게 대해 줬고 우리는 속 깊은 이야기를 나누며 즐거운 시간을 보냈다. 식사 도중 프랭크 밴츠가 건배사를 읽었는데, 그 내용은 이렇다.

우리네 생이란 한낱 숨결 같으나
그대 그림자는 뭇 사람을 성장시켰으니
리더를 세우는 삶은 소명 없이 살 수 없는 것.
그대가 심은 씨앗은 눈부신 속도로 성장한다.
그대 생의 최고의 문장과 지혜는 아직 나오지 않았고
그대 생의 다음 계절에는 더 큰 즐거움이 있으리니.
이제 그대의 예순아홉 번째 해를 시작함에
하나님의 새로운 계획이 있어
하나님께 더욱 가까이 다가가리라.

나는 당신이 몇 살인지는 모른다. 이제 일흔이 되고 보니 만나는 사람이 거의 대부분 나보다 젊어 보인다. 당신이 몇 살이든 묻고 싶은 게 있다. 당신의 인생이 어떤 의미를 지니길 바라는가? 나이를 먹고 인생의 막바지를 향해 가면서 세상에 어떤 영향을 끼치고 싶은가? 당신이 사람들에게 가치를 더하는 쪽을 선택했으면 좋겠다. 그리고 리더로서 역량을 키우는 쪽을 선택했으면 좋겠다. 영향력이 커질수록 세상에 더욱더 긍정적인 변화를 일으킬 수 있을 것이다.

리더십 역량을 키우기 위한 질문

❶ 리더십 역량을 키우기 위해 얼마나 많은 시간과 노력을 들이는가? 지금까지 그것이 우선순위에서 몇 번째였는가? 그 순위를 높일 의향이 있다면, 앞으로 어떻게 리더십 역량을 키우겠는가?

❷ 사람들과 교감하고 그들을 권면하는 것을 얼마나 잘하는가? 둘 중 더 잘하고 못하는 것이 있는가? 어떻게 하면 잘 못하는 것을 더 잘할 수 있겠는가?

❸ 나보다 타인을 우선시하기 위해, 특히 리더십 영역에서 그렇게 하기 위해서는 어떤 변화를 일으켜야 하는가? 구체적으로 어떤 행동을 해야 할 것인가?

제3부

선택,
가능성을 현실로 만드는
행동의 힘

《좋은 기업을 넘어 위대한 기업으로》의 저자 짐 콜린스는 "위대함이란 상황의 산물이 아니다. 위대함은 대체로 의식적인 선택과 극기에 달린 문제다."라고 말했다. 역량도 마찬가지다. 역량은 올바른 선택을 할 때 더욱 커진다. 그렇다면 우리에게 선택권이 있다는 말이다. 인생에서 어느 정도의 수준까지 역량을 발휘하고 싶은가? 당신에게는 그것을 선택할 권리와 힘이 있다. 앞서 다음과 같은 역량 공식을 소개했다.

자각 + 능력 + 선택 = 역량

자각은 우리의 깨달음이다. 능력은 우리가 이미 보유한 재능이다. 여기에 선택이 더해지면 깨달음이 깊어지고 재능이 향상된다. 역량을 키우는 열 가지 선택을 논하기 전에 그 모든 경우에 유용하게 쓰일 수 있는 전략을 알려 주고 싶다. 나는 이것을 '5의 법칙'이라 부른다. 원래는《영혼을 위한 닭고기 수프》의 저자인 마크 빅터 한센Mark Victor Hansen과 잭 캔필드 Jack Canfield를 통해 알려진 법칙을 내 식으로 고쳐 본 것이다.

마당에 있는 아름드리나무를 베고 싶다고 해보자. 지금까지 본 나무 중에서 가장 크거나 '어떻게 저렇게 큰 걸 베겠다는 거야?' 하는 생각이 들 만큼 무지막지하게 큰 나무를 떠올려 보자. 이 과업을 어떻게 수행하겠는가? 5의 법칙을 쓰면 된다. 날마다 도끼를 들고 나가서 다섯 번씩 찍는 것이다. '겨우 그게 다야?' 싶을지도 모른다. 그런데 정말로 그게 전부다. 그렇게 해서 소용이 있을까? 물론이다. 날마다 다섯 번씩 몇 주, 몇 달, 몇 년을 찍으면 그 나무는 '반드시' 쓰러지게 되어 있다.

이 법칙을 적용하면 장기적으로는 어떤 목표나 비전도 성취할 수 있다. 그 이유는 5의 법칙에는 어렵고 힘든 과업을 달성하는 데 필요한 요소가 모두 들어 있기 때문이다.

1. 의도성 : 무엇을 성취하고 싶은가? 나무 베기.
2. 현실성 : 그것을 어떻게 성취할 것인가? 도끼로 찍는다
3. 집중성 : 몇 그루의 나무를 벨 것인가? 이 나무 저 나무에 생채기만 내지 말고 오로지 한 나무만 찍는다.
4. 행동성 : 나무를 몇 번을 찍을 것인가? 다섯 번.
5. 일관성 : 어떤 주기로 나무를 찍을 것인가? 매일.

그 결과? 나무가 쓰러진다. 나무가 크면 그만큼 시간이 더 걸리지만 결국에는 쓰러진다. 역량을 극대화하기 위해 우리는 의도를 갖겠다고, '도끼'(방법)를 정하겠다고, 한 번에 한 영역에만 집중하겠다고, 날마다 행동하겠다고 결심해야 한다. 그렇게 할 때 역량의 마개를 날려 버릴 수 있다. 이 책을 읽는 당신이 '도끼'를 찾을 수 있고 꾸준히 그 도끼로 나무를 찍는 쪽을 선택하기를 바란다. 날마다 그렇게 하면 역량의 수익률이 높아질 것이다.

이제부터 열 개의 장은 당신이 10대 핵심 영역에서 선택을 통해 역량

을 극대화하도록 도울 것이다. 여기서 중요한 요소는 능력이나 재능이 아니라 우리가 인생에서 하는 선택이다. 그런 선택을 실천하고 사랑하게 되면 그만큼 역량이 커지고, 그만큼 더 큰 성공을 이룰 것이다. 그중 하나가 믿음 역량인데, 이 책에서 그 부분을 들어내는 것은 신앙인으로서 양심이 허락하지 않았다. 하지만 그 부분을 건너뛰어도 좋다. 나는 당신을 한 사람의 인격체로 소중하게 여긴다. 이제 10대 선택이 무엇인지 알아보자.

책임 역량 : 내 인생은 내가 책임지겠다는 선택

성품 역량 : 좋은 가치관에 입각한 선택

풍요 역량 : 세상에는 충분한 것 이상의 자원이 있다고 믿겠다는 선택

극기 역량 : 현재에 집중하고 끝까지 해내겠다는 선택

의도 역량 : 의도적으로 의미를 추구하겠다는 선택

태도 역량 : 어떤 상황에서도 긍정성을 유지하겠다는 선택

위험 역량 : 안락 지대를 벗어나겠다는 선택

믿음 역량 : 신앙을 공고히 하겠다는 선택

성장 역량 : 내가 얼마나 멀리까지 갈 수 있느냐에 집중하겠다는 선택

협력 역량 : 다른 이들과 힘을 모으겠다는 선택

이들 역량을 살펴보면서 당신이 '진면목'을 실현하는 데 도움이 되는 선택을 하길 바란다. 날마다 좋은 선택으로 역량을 극대화하다 보면 언젠가는 반드시 잠재력을 발현하는 날이 올 것이다. 이제 책장을 넘겨 첫 번째 선택부터 알아보자.

제10장

내 인생의 모든 결정은 내가 책임진다

세상에서 제일 따분하고 듣기만 해도 지긋지긋한 단어는? 바로 '책임'이다. 당신도 그 말을 귀가 따갑게 들었을 것이다. 설레거나 짜릿한 구석이라고는 전혀 없는 말이다. 그런데도 잠재력을 극대화하기 위해 필요한 선택을 논하면서 하필이면 가장 먼저 책임을 선택했다. 왜? 인생에서의 중요한 선택은 대부분 책임을 전제로 한다.

이 사실을 이해하지 못하는 사람도 있다. 몇 년 전 신문에 나온 기사를 봤는데, 그는 세상 모든 사람이 심지어 하나님까지도 자신의 인생에 책임을 져야 한다고 생각했다. 그 기사를 읽어 보자.

뉴욕 주, 시러큐스(AP)-펜실베이니아에서 한 남성이 하나님을 상대로 소송을 제기했으나 시러큐스 법정에서 각하됐다. 펜실베이니아 주 이스트매키스포트에 거주하는 도널드 드러스키(63세)는 전 직장인 철강 업체 US스틸(현 USX코어)과 30년간 싸움을 벌이는 과정에서 하나님이 정의를 구현하지 않았다며 소송을 제기했다. 회사는 1968년에 드러스키를 해고했다.

소장에는 '피고 하나님은 우주의 주권자임에도 피고가 다스리는 교회 및 국가의 지도자들이 심각한 비행으로 원고 도널드 드러스키의 삶을 피폐하게 만드는 것에 대해 아무런 제재를 가하지 않았음'이라고 기술되어 있다. 드러스키는 하나님이 자신에게 젊음을 돌려주고 유명 기타리스트와 같은 기타 연주 실력을 주는 것과 함께 모친과 애완 비둘기를 부활시켜 줄 것을 요구했다. 하나님이 법정에 출석하지 않는다면 연방민사소송법에 따라 자연히 패소하게 된다고 주장했다. 뉴욕 주 지방법원 노먼 모듀 판사는 지난주 하나님, 로널드 레이건 및 조지 부시 전 대통령, 텔레비전 방송사, 미국 50개 주, 미국 국민 전원, 연방통신위원회, 연방법원 판사 전원, 100~105대 의회 등에 대한 드러스키의 소가 적격하지 않다고 판단하여 각하했다.[1]

자신의 인생을 직접 책임져야 하는 이유

이 이야기처럼 자신의 인생에서 책임을 거부하는 어이없는 상황을 보면 웃음이 날 수밖에 없다. 그런데 우리는 자신이 처한 상황은 물론이고 자신이 선택한 것에 대해서까지도 남을 탓하는 경향이 있다. 그런 태도를 극복해야만 역량을 키우고 한계를 모르는 삶을 살 수 있다. 책임이란 주제가 썩 흥미롭지 않을지는 몰라도 그 영향력만큼은 최고라고 할 수 있다. 그 이유는 다음과 같다.

1. 책임은 성공의 토대를 만든다

소설가이자 편집자인 마이클 코다Michael Korda 는 "어떤 경우라도 대대적인 큰 성공을 거두려면 '반드시' 책임을 수용해야 한다. (중략) 분석 결과, 성공한 모든 사람이 보유한 자질은 (중략) 책임을 받아들이는 능력으로 나타났다."고 말했다. 20세기 최고의 리더로 꼽히는 윈스턴 처칠도 같은 취지에서 '위대함의 대가는 책임'이라고 했다. 이는 처칠이 영국군을 지휘해 독일의 공세에 맞섰던 2차 세계대전 당시만 아니라 지금도 여전히 유효한 진실이다.

나는 아주 어릴 적부터 책임 의식이 인생에 긍정적인 영향을 미친다는 사실을 잘 알았다. 그렇다고 어릴 때부터 책임감이 강했다는 말은 아니다. 나는 원래 놀기 좋아하는 아이였지만, 부모님은 내가 인생을 잘 살 수 있도록 열심히 준비시키셨다. 아버지는 '무릇 많이 받은 자에게는 많이 요구할 것이요'라는 '누가복음' 12장 48절 말씀을 자주 언급하셨다. 더 현대적인 번역본에는 '선물이 크면 책임도 그만큼 큰 법이다. 더 큰 선물에는 더 큰 책임이 따른다'고 되어 있다.[2] 어릴 때 탈선의 유혹이 있을 때마다 이 말씀이 머릿속을 맴돌았다.

막 사회에 첫발을 내디딘 청년기에 나는 기회를 포착하는 데 혈안이 되어 있었다. 성공에 대한 강렬한 열의와 야망을 적당히 누그러뜨리기 위해 어떤 기회를 수락하기 전에 먼저 자신에게 '여기에 내 이름을 서명할 용의가 있는가?'라고 물었다. 이 기회를 붙잡기로 선택함으로써 뒤따르는 좋든 나쁘든 모든 결과를 책임질 용의가 있는지 묻는 것이다. 그러고 나면 그 기회를 단념하거나 행동 계획을 수정할 때가 많았다. 그 질문을 50여 년간 수천, 수만 번이나 했더니 다음과 같은 사실을 알게 되었다.

- 기회의 규모가 클수록 그만큼 큰 책임이 요구된다.
- 책임을 등한시하면 기회는 사라진다.
- 내일의 기회는 어제의 책임에 의해 결정된다.

성공한 사람들이 성공한 이유 중 하나는 기회를 잘 포착했기 때문이다. 우리는 그들이 기회의 문으로 들어가는 것을 보고 '나도 저런 기회가 있었으면……' 하고 부러워할 때가 많다. 이처럼 누군가가 이룬 결과는 잘 보인다. 하지만 그들이 그 기회를 얻기 위해 얼마나 큰 책임을 받아들여야 했는지는 보지 못한다. 그들이 책임 역량을 키우지 않았다면 기회 역량도 키우지 못했을 것이다.

2. 책임은 우리에게 인생의 주도권을 준다

2015년에 사람들이 인생의 주도권을 쥘 수 있도록 돕기 위해 《의도적인 삶》을 썼다. 최근에 어디에서 저술가 로샨 본데카Roshan D. Bhondekar의 글을 인용한 것을 보고 '그 책에서 인용했으면 좋았을걸' 하는 생각이 들었다.

많은 사람이 인생을 자신이 조종할 수 있는 것이 아니라 그냥 자신에게 주어지는 것이라고 생각한다. 그래서 진취적으로 걸음을 내딛지 않고 그저 다른 사람의 행동에 끌려 다니며 인생을 표류한다. 그런 사람들은 키 없이 망망대해에 떠 있는 배와 같아서 파도가 데려가는 곳으로 떠내려갈 뿐이다. 자신이 어디로 가는지 모르는 사람은 대부분 자신이 원하지 않는 곳에 이르고 만다.

바다를 표류하는 배는 해류에 쓸려 다니다 금세 암초를 만나 좌초하거나 파손된다. 그러기 전에 누군가 그 배의 조종을 맡아서 위험을 면하고 다른 곳으로 나아가는 편이 훨씬 낫다는 데 다들 동의할 것이다. 사람도 마찬가지다. 우리가 인생의 방향을 직접 조종하지 않으면 다른 사람에 의해 쓸려 다니다가 대개 참담한 결과를 맞는다.[3]

인생의 방향을 직접 조종하려면 자기 자신과 그날그날 하는 행동에 대해 책임져야 한다. 그렇게 책임지고 인생을 조종하는 사람은 극적인 결과를 얻게 된다. 최근 있었던 행사에서 한 여성이 "10년 전에 선생님께서 제 인생에서 최고의 조언을 해주셨어요."라고 말했다.

나는 호기심 어린 목소리로 "어떤 조언이었습니까?"라고 물었다.

"내 인생을 직접 조종하라고 하셨어요. 안 그러면 다른 사람이 조종하게 된다면서요. 그래서 그렇게 했죠. 감사합니다."

나는 지금 당신에게도 똑같이 조언하고 싶다. 당신의 인생을 직접 조종하라. 그렇다고 당신이 모든 것을 조종할 수 있을까? 물론 아니다.

하지만 당신이 조종 '가능한' 것은 조종하겠다는 선택을 할 수는 있다. 일단 당신에게 선택할 능력이 있다는 것을 인지하자. 그러고 나서 인생에서 조종할 수 있는 부분과 할 수 없는 부분을 파악하자. 엘리너 루스벨트 영부인은 "우리는 오랜 시간에 걸쳐 인생을 빚고 자기 자신을 빚는다. 그 과정은 우리가 죽을 때까지 계속된다. 우리가 하는 선택의 최종 책임자는 바로 자기 자신이다."라고 말했다.

혹시 인생에서 도피하고 싶은 욕구를 느껴 본 적이 있더라도, 지금부터 책임감 있게 인생을 빚어 나가면 그런 유혹이 많이 사라질 것이다. 자신이 원하는 인생을 살도록 허락하면 스스로 주인이 되어 더는 남의 허락을 구하지 않고 자주적으로 옳다고 생각하는 행동을 하게 된다. 바로 그 시점부터 역량이 극대화되기 시작한다.

내가 조종할 수 있는 것은 조종하고, 조종할 수 없는 것은 굳이 조종하려 애쓰지 말자. 그리스 철학자 에픽테토스는 "자신의 영향력 안에 있는 것은 최대한으로 활용하고, 나머지는 있는 그대로 받아들이라."고 말했다. 책임의 한계를 알아야 한다. 그렇지 않으면 불필요한 고통을 자초하고, 에너지를 허비하고, 끊임없이 중압감에 시달리게 된다.

3. 책임은 자존감을 높인다

왜 사람들이 자존감으로 많은 문제를 겪을까? 보통은 자기 인생을 책임지지 않기 때문이다. 소설가 존 디디온 Joan Didion 은 "자기 인생에 대한 책임을 기꺼이 수용하는 자세가 바로 자존감이 샘솟는 근원이다."라고 역설했다. 스스로에 대한 책임을 받아들이지 않는 사람은 안 좋은 일이 생기면 보통 남을 탓하면서 피해 의식을 품는다. 그런 마음가짐으로는 절대 성공할 수도, 역량을 키울 수도 없다.

내가 옳다고 믿는 일을 선택하는 게 어려운 상황에서 그 일을 해낸다면 어떤 기분이 들까? 마음 깊은 곳에서부터 만족감이 일어나지 않을까? 자신이 강인하게 느껴지지 않을까? 옳은 일을 했다는 보람이 느껴지지 않을까? 나는 일을 해낼 때마다 분명 이런 기분을 느낀다. 항상 책임감을 갖고 선택하면 정신과 마음에 가속도가 붙어 내가 더 강해지고 더욱 대견스럽게 느껴진다.

30대 초반에 나는 친구로부터 귀가 솔깃한 투자를 제안 받았다. 당시 마거릿과 나는 무일푼이나 다름없었는데, 친구가 투자 비용을 빌려주겠다고 했다. 꿈인가 생시인가 싶을 만큼 좋은 조건이라 그 자리에서 친구의 제안을 수락했다. 그런데 두어 시간쯤 지나자 마음이 불편해지기 시작했다. 왜? 그 친구가 모든 것을 챙기고 모든 위험을 감수하니 나는 아무것도 할 게 없었다. 그러면 안 된다는 생각이 들었다. 다음날 친구에게 필요한 자금을 마련하면 그때 가서 투자에 참여하겠다고 했다. 내 몫은 내가 책임지고 싶었다. 설사 투자가 성공해도 나는 아무것도 부담하지 않았다는 생각에 마음이 무거울 것 같았다.

그러고 나서 한 달 동안 열심히 일하고 창조력을 발휘한 끝에 자금을 마련했다. 생애 첫 투자라서 매우 짜릿했다. 좋은 기회가 생긴 것은 물론 스스로 책임질 수 있어서 기뻤다. 투자수익률도 괜찮았지만 내 자존감에 대한 수익률이 훨씬 더 좋았다. 당신도 인생에 대한 책임을 받아들이는 선택을 하고 그런 수익률을 올릴 수 있으면 한다.

4. 책임은 행동을 준비시킨다

나치에 저항한 신학자 디트리히 본회퍼Dietrich Bonhoeffer는 "행동은 생각에서 나오지 않고 책임을 지겠다는 각오에서 나온다."고 말했다. 책임질 줄 알면 자발적으로 행동을 개시할 줄 아고, 자발적으로 행동을 개시할 줄 아는 사람은 인생을 아주 잘 산다. 그 이유는 가장 빨리 달리는 사람이 항상 경주에서 이기는 것은 아니기 때문이다. 보통은 가장 먼저 출발하는 사람이 승리한다.

책임감 있는 사람은 남들이 행동에 나설 때까지 손 놓고 기다리지 않는다. 그들은 먼저 행동한다. 군중과 차별화된 사람이 되고 싶다면 남을 돕는 것이든, 현장에 도착하는 것이든, 기회를 잡는 것이든 무엇이든 가장 먼저 하자. 엔지니어이자 교육자요 저술가인 로구 코라파티 Roghu Korrapati는《대학생을 위한 108알의 지혜 구슬》108 Pearls of Wisdom for Every College Student에서 이렇게 썼다.

> 흔히 생각이 행동으로 이어진다고 합니다. 하지만 인생에 책임을 질 줄 모르면 생각은 머릿속에만 머물 뿐 행동으로 나타나지 않을 때가 많습니다. 스스로 인생을 책임지는 자세라는 특별한 성분이 있어야만 생각이 자연스럽게 행동으로 표출됩니다. 생각만 많고 바라는 것만 많은 상태에 갇혀 있으면 안 됩니다. 수동적인 사람이 아니라 진취적인 사람이 되어야 해요.[4]

나는 어떤 문제에 직면하면 온 정신을 집중하고 나 자신에게 행동할 책임이 있다고 말한다. 내게 책임 의식이 부족하면 행동이 요구될 때 '준비, 조준, 조준, 조준'만 하다 끝내 '발사!'는 하지 못할 것이다. 반대로 책임을 받아들이면 행동을 준비하는 것에 그치지 않고 실행하게 된다.

5. 책임은 이로운 습관을 만든다

습관은 좋은 것인가, 나쁜 것인가? 그것은 어떤 습관이고 어떤 이득(혹은 손해)을 끼치느냐에 따라 달라진다. 그런데 습관에 책임을 접목하면 습관이 긍정적인 방향으로 발전해 우리에게 이로워진다.

긍정적인 습관이란 어떤 결심을 한 후(예를 들면 '이제부터 규칙적으로 운동해야겠어') 그 결심을 날마다 책임지고 지키는 것이다. 좋은 결심을 하고 매일매일 지키면 긍정적인 습관이 발전하면서 좋은 결과를 낸다. 아무리 좋은 결심이라도 꾸준히 지키지 않으면 소멸하고, 꾸준히 지키면 생명력을 유지한다. 그래서 결심을 지키는 것이 결심을 하는 것보다 더 중요하면 중요했지, 덜 중요하지 않다.

반대로 긍정적인 습관을 책임지고 매일 지키지 않으면 대체로 미루기, 특권 의식, 변명이라는 부정적인 습관이 길러진다. 그리고 머잖아 이런 나쁜 습관이 우리의 주인이 된다. 예를 들어 변명은 성공의 걸림돌이다. 변명하는 습관이 들면 머릿속에서 책임지지 않아도 되는 온갖 이유가 만들어진다. 변명을 할 때마다 실수에서 교훈을 얻을 수 있는 기회를 놓친다. 변명은 타인이나 상황에 책임을 전가하는 것이고, 그러다 보면 스스로 인생을 바꿀 힘을 포기하게 된다.

특권 의식을 느끼는 것도 부정적인 습관이다. 특권 의식은 내가 이기든 지든 트로피를 받을 권리가 있다고, 일하든 놀든 소득을 받을 권리가 있다고, 선하게 행동하든 이기적으로 굴든 칭찬을 받을 권리가 있다고 믿는 것이다. 따지고 보면 특권 의식이란 아무런 노력도 하지 않고 타인이 내 삶을 지탱해 주기를 바라는 것이다. 이 또한 우리의 주인 노릇을 하며 책임 의식을 멀리하게 만드는 나쁜 습관이다.

얼마 전 탁월한 미식축구 감독이자 훌륭한 리더인 루 홀츠Lou Holtz를 만났다. 입담이 좋은 그는 "꼭 공을 놓친 선수가 공이 이상한 데로 튄다고 툴툴거리죠."라고 했다. 어쩌다 한 번 공을 놓치는 것은 괜찮다. 그런데 공을 놓치고 남 탓만 하고 남이 주워다 주기만 기다리면 곤란하다. 만약 책임을 거부한다면 그 또한 선택이므로 거기에 대한 책임을 져야 한다. 책임을 회피하는 것은 음주 운전자가 끔찍한 교통사고를 내고도 자신은 술에 취한 상태였으니 아무 책임이 없다고 강변하는 것과 같다. 그럴 때 법에서는 술을 마시고 그로 인해 책임을 포기하기로 한 '선택' 또한 그의 책임이라고 주장한다.

이로운 습관을 기르고자 할 때 가장 먼저 해야 할 일은 우리를 지배하려 하는 손실(부정적 습관이 유발하는)을 차단하고, 우리의 진면목을 드러내는 선택을 하고 그 선택을 지키는 것이다. 그 출발점은 책임 있는 사람이 되기로 선택해서 습관과 인생을 다스릴 힘을 확보하는 것이다.

6. 책임은 존경과 권위를 불러온다

존경이란 거저 주어지지 않고 우리가 수고해서 얻어 내야 한다. 나는 리더들이 권위가 없다고 한탄하는 말을 자주 듣는다. 무엇이 문제일까? 이는 책임 있는 행동을 통해 권위를 확보하려 하지 않고 직함에만 의존하는 태도다. 작고한 피터 드러커Peter Drucker는 "경영자에게는 권력이 없다. 책임만 있을 뿐이다."라고 말했다. 나도 그 말에 동의한다.

우리는 사람들이 존경하기만 바라고 정작 존경받을 만한 행동과 노력을 하지 않을 때가 얼마나 많은지 모른다. 반드시 해야 하는 대화도 껄끄럽다는 이유로 피하고 문제가 저절로 해결되기를 바란다. 하지만 그런 일은 일어나지 않는다. 《신뢰의 속도》를 쓴 스티븐 M. R. 코비는 껄끄러운 대화에 대한 책임을 받아들이는 자세가 중요하다고 했다.

> 마음속에 있는 말을 하라. 속뜻을 숨기지 말라. 솔직하게 말할 때 진실이 나오고 올바른 인상이 남는다. 직원들은 대체로 상사가 정직하게 이야기하지 않는다고 생각한다. 이로 인해 신뢰세稅가 생긴다. 이 세금 때문에 속도가 감소하고 비용이 증가한다. 아전인수해서 진실을 해독하느라 많은 시간이 낭비된다.[5]

젊었을 때 나는 사람들의 비위를 맞춰 주는 리더라 그들이 들어야 하는 말보다 듣고 싶어 하는 말만 하기 일쑤였다. 좋은 리더라면 불편한 진실을 말하는 책임을 감당해야 하지만, 그런 책임을 회피했다. 분명 나와 사람들에게 신뢰세가 부과됐을 것이다. 지금은 내가 직접 사람들의 존경을 얻어 내야 한다는 책임을 기꺼이 받아들이고 내 힘으로 존경을 얻어 내려 한다.

가끔은 그런 결심이 시험에 들 때도 있다. 몇 년 전 투자와 관련해 친구 토드 던컨Todd Duncan을 위해 강연했을 때도 그랬다. 토드를 위해 여러 차례 강연했던 나는 참석자들에게 도움이 되기를 바라며 연단에

올랐다. 강연 제목은 '오늘이 중요합니다'였다. 그런데 강연하는 중 뭔가 잘못되어 간다는 기분이 들었다. 내용이 나쁘지는 않았지만, 내가 기대하는 만큼 사람들에게 도움이 되지 않는다는 직감이 들었다.

강연이 끝나고 던컨과 저녁을 먹고 나서 밤에 비행기를 타는 일정이었다. 그런데 저녁을 먹으러 가면서도 영 찝찝하고 뭔가 석연치 않아 린다에게 전화를 걸어 "내가 작년 행사에서 무슨 내용으로 강연을 했는지 확인 좀 해줄 수 있어?"라고 물었다.

잠시 린다가 컴퓨터 자판을 두드리더니 이렇게 대답했다.

"'오늘이 중요합니다'요."

나는 말문이 턱 막혔다. 식사하면서 내가 던컨에게 사과하자 그는 다정하게 "괜찮아요, 존. 두 번 들어도 좋던데요."라고 대답했다. 던컨이 호의적으로 말했지만 나는 그에게 필요한 것을 주지 못했고, 강연 료값을 못했다고 생각했다. 거기에 책임을 져야 했다. 그런데 다음 날 행사 일정이 모두 잡혀 있어 내가 강연을 할 수는 없었다.

"토드, 내년에는 자비로 와서 무료로 강연할게요. 오늘 신세를 졌으니 갚아야죠."

던컨이 사양하려 했지만 나는 말을 이었다.

"그리고 내일 아침 첫 강연이 시작되기 전에 참석자들에게 사과하고 싶어요."

"그건 내가 대신 할게요."

"아니요. 내가 잘못했으니까 직접 사과해야죠."

출발 일정을 조정해서 다음 날 2,500명 앞에서 작년에 들은 메시지를 또 들었을 많은 사람들한테 사과했다. 그러고 나서 차를 몰고 공항으로 가는데 내가 옳은 일을 했다는 생각이 들었다. 비록 실수는 저질렀지만 책임을 인정하고 실수를 만회하기 위한 행동을 했기 때문이다. 이듬해 또다시 던컨을 위해 강연했다. 물론 강연 제목은 '오늘이 중요합니다'는 아니었다.

에릭 그레이튼스는 《회복력》에서 책임의 본질이 무엇인지 이야기하며 "책임을 많이 인정할수록 회복력이 향상된다. 반대로 자신의 행동, 인생, 행복에 대한 책임을 회피할수록 인생에 짓밟힐 위험이 커진다. 회복력의 뿌리는 기꺼이 결과를 책임지는 자세다."라고 기술했다.[6] 그런 자세는 또한 역량의 뿌리이기도 하다.

 책임 역량을 키우기 위한 질문

❶ 역량 증진이 책임감과 연관있다고 생각해 본 적 있는가? 책임감을 키우면 당신의 생활과 직업에서 구체적으로 어떤 도움이 될까?

❷ 자신이 자주적으로 행동에 나서는 정도를 1~10점으로 매긴다면 몇 점을 주겠는가? 책임감을 키우면 어떤 식으로 자주성이 커질까?

❸ 책임감을 키움으로써 기르고 싶은 긍정적인 습관은 무엇인가? 그런 습관을 시작하려면 어떤 결심을 해야 하고, 그 결심을 지키려면 매일매일 어떤 행동이 필요한가?

제11장
....

좋은 가치관을 바탕으로 인생의 방향을 결정짓는다

존 맥스웰팀에서 1년에 두 번씩 코치, 교사, 강연자를 공인하는 행사를 진행하는데, 나는 매번 연사로 참석한다. 다양한 주제로 강연하며 그때그때 내가 무엇을 배우고 있느냐에 따라 강연의 내용이 달라진다. 하지만 매번 한 시간은 똑같은 주제를 설명했고 앞으로도 무조건 그렇게 할 계획이다. 그 주제는 바로 가치관이다. 왜? 가치관이 성품을 결정하고, 성품이 인생의 방향을 결정하기 때문이다. 나는 내 이름을 달고 나가는 공인 코치들이 좋은 성품을 보이며 긍정적인 방향으로 나아가기를 바란다.

가치관은 성품의 기초다

일흔이 다 되고 보니 내 가치관이 어느 때보다도 깊고 단단해진 듯하다. 나이가 들수록 점점 신념에 대한 의존도가 떨어지고 신념의 가짓수 또한 줄어드는 것 같다. 신념과 가치의 차이는 무엇일까? 가치는 불변하지만 신념은 항상 변한다. 우리가 새로운 것을 배울 때마다 그에 맞춰 신념이 바뀐다. 나는 살면서 다른 이유가 아니라 예전보다 더 많이 배우고 더 많은 경험을 했다는 이유로 수많은 신념을 버렸다.

가령 20대 때의 나는 양육에서 환경이 가장 중요한 요인이라고 굳게 믿었다. DNA는 덜 중요하다고 확신했다. 이후 마거릿과 나는 아이 둘을 입양했다. 먼저 엘리자베스를, 이어서 조엘을 식구로 맞았다. 그로부터 우리가 유전자의 힘을 인정하기까지 오랜 시간이 걸리지 않았다. 형 래리와 동생 트리시의 아이들을 보면 지금 무엇을 하고 있는지, 왜 하고 있는지 딱 감이 왔다. 그들은 영락없는 맥스웰 가 사람이었다. 하지만 엘리자베스와 조엘을 보면 왜 그렇게 행동하는지 알 수 없을 때가 많았다. 아이들이 태어날 때부터 타고난 기질과 행동이 있고, 그것은 마거릿과 내가 무슨 수를 써도 바꿀 수 없다는 것을 깨달았다.

현재 30대인 두 아이는 결혼해서 자식을 두고 잘 살고 있다. 이제 마거릿과 나는 양육에서 환경이 핵심 요인이라고 믿지 않는다. 살면서 직접 경험해 보니 그런 신념을 버리게 됐다. 지금의 나는 많은 것을 확신하기보다 몇 가지 중요한 것에 대해서만 확실히 아는 편이 훨씬 낫다. 그래서 예전보다 확신하는 것의 가짓수는 줄어들었지만 그 어느 때보다도 확실하게 안다. 그렇게 명명백백하게 아는 것들이 바로 내 가치관의 구성 요소다.

왜 이렇게 가치관을 중요시하는 것일까? 가치관이 성품의 기초가 되고, 성품이 성공의 기초가 되기 때문이다.

성품은 성공의 기초이자 인생을 바꾸는 힘

제10장에서 '책임'이 설레거나 짜릿한 구석이라고는 전혀 없다고 했다. '성품'도 마찬가지다. 성품을 갈고닦는 것은 화려하거나 설레는 일이 아니다. 우리가 해마다 신년 계획에 넣는 목표도 아니다. 하지만 성품을 기르면 인생이 바뀐다. 성품 함양은 내가 인생에서 중요하다고 생각하는 것을 두세 가지 꼽을 때 반드시 들어가는 항목이다.

성품이 그토록 중요한 이유와 성품 역량을 키우기 위한 선택을 해야 하는 이유는 다음과 같다.

1. 좋은 성품은 우리가 날마다 선택할 수 있다

《성공하는 사람들의 7가지 습관》에서 스티븐 코비는 "자신의 중요한 가치를 발현해 감에 따라 정체성, 성실성, 자제력, 독자성 등은 당신에게 기쁨과 마음의 평화를 불어넣을 것이다. 그러면 당신은 남들의 의견이나 남들이 하는 비교에 의해서가 아닌 자기 내부의 잣대로 스스로를 평가할 것이다."라고 말했다.[1] 코비가 설명하는 것은 가치관에 입각한 선택을 통해 형성되는 좋은 성품이다.

매일매일 우리는 좋은 성품을 키우거나 위축시킨다. 긍정적인 가치에 근거해 올바른 행위를 하는 쪽을 선택하면 좋은 성품을 기를 수 있다. 올바른 선택을 할 때마다 이후의 다른 선택도 올바로 할 수 있는 힘이 붙고 더 어려운 선택도 올바로 할 수 있게 된다. 반면에 요령을 피우고, 가치관을 적당히 어기고, 옳다고 생각하는 것에 등을 돌리면 성품이 위축된다. 성품이 위축되고 약해질수록 올바른 선택을 하는 게 어려워진다.

패스트푸드 체인 칙필레이Chick-fil-A의 설립자 트루엣 캐시Truett Cathy 는 규모가 커지기보다 나아지기 위해 노력하는 것이 중요하다고 했 다. 그는 경영의 관점에서 그렇게 말했는데, 생전에 칙필레이의 기업 가치를 45억 달러로 키운 사람이 그런 말을 했다는 게 인상적이었다.[2] 그의 논지는 분명하다. 우리는 항상 내면에 영향을 미치는 선택에 집 중해야 한다.

당신은 날마다 무엇에 집중하고 있는가? 더 많은 수익을 올리는 것? 회사의 몸집을 키우는 것? 조직에서 승진하는 것? 아니면 성품을 더 깊고 단단하게 발전시키는 것? 날마다 하는 선택이 당신을 빚는다.

2. 좋은 성품은 말보다 큰 목소리를 낸다

나는 전설의 농구 감독, UCLA의 존 우든을 몇 년 동안 멘토로 모 시는 영광을 누렸다. 언젠가 그는 "명성보다 성품에 신경을 써야 해요. 왜냐하면 명성은 남들이 생각하는 나에 지나지 않고, 성품이야말로 진 정한 자기 자신이니까요."라고 말했다. 겉보기보다 훨씬 중요한 것이 속사람이다. 에이브러햄 링컨은 "성품은 나무요, 명성은 그 그림자와 같다. 그림자는 우리가 생각하는 것이고 나무는 실체다."라고 표현했다. 성품을 통해 속사람, 곧 우리를 우리이게 하는 정신과 마음의 특성이 드러난다. 사람들에게 영향을 끼치는 것도 바로 성품이다. 성품은 내가 하는 말이나 남들이 나에 대해 하는 말보다 더 큰 목소리를 낸다.

보험사 애플랙AFLAC의 유명한 마스코트 오리를 만든 광고 경영인이자 친구인 린다 카플란 탈러와 얼마 전에 저녁 식사를 했다. 탈러는 체스 실력이 출중한 아들 마이클의 이야기를 들려줬다. 마이클이 여섯 살 때 전국 체스대회 결승전에 진출했는데, 상대방이 승부를 결정하는 수를 두고도 시계 누르는 것을 깜빡했다. 시계를 안 누르면 무효였다. 그때 마이클이 상대 선수에게 "시계 안 눌렀어."라고 말했다. 상대방이 시계를 누르고 마이클은 경기에서 패했다.

경기가 끝나고 탈러가 "마이클, 시계를 누르라고 안 했으면 네가 이길 수도 있었어."라고 말했다. 그 말에 마이클은 "에이, 엄마. 그건 이긴 게 아니잖아."라고 대답했다. 마이클은 그날 경기에서는 졌는지 모르지만 그의 성품 덕분에 우승보다 중요한 것을 거머쥐게 될 것이다.

3. 좋은 성품은 인생의 모든 영역에서 한결같다

성품이 좋은 사람은 인생의 모든 영역, 즉 상황, 조건, 환경에 상관없이 한결같은 모습을 보인다. 10여 년 전 뉴욕에서 로렌스 커쉬바움 Laurence J. Kirshbaum과 저녁을 먹은 적이 있다. 당시 그는 타임워너 북 그룹의 회장 겸 CEO였다. 대화를 나누던 중 그가 아이디어를 하나 제안했다.

"존, 우리 작가 중 한 명이 책으로 썼으면 좋겠다 싶은 주제가 있는데 아무래도 당신이 제격이라는 생각이 들어요. 경영 윤리에 대한 책을 써보는 건 어때요?"

"그런 건 없습니다."

그가 기대했던 대답이 아니라는 것을 단번에 알 수 있었다.

"네? 무슨 말입니까?"

"경영 윤리란 건 없어요. 윤리만 있는 거죠. 사람들은 직장 생활에서는 이 윤리, 신앙생활에서는 저 윤리, 가정생활에서는 또 다른 윤리를 적용하려고 해요. 그래서 문제가 생기는 거죠. 윤리는 그냥 윤리거든요. 윤리적인 사람이 되려면 인생 전반에서 동일한 규범에 따라 살아야 해요."

좋은 성품은 모든 상황에서 동일한 규범을 따른다. 옳은 것은 항상 옳고, 틀린 것은 항상 틀리다. 성품이 좋은 사람은 늘 한결같다. 반대로 사람과 상황에 따라 다른 규범을 적용하려는 사람은 조각난 인생을 산다.

4. 좋은 성품은 신뢰를 낳는다

조각난 인생을 사는 사람은 도통 종잡을 수가 없다. 어떤 상황에서 어떻게 행동할지 알 수 없다는 말이다. 반대로 성품이 좋은 사람은 한결같은 규범을 따르기 때문에 신뢰를 준다. 사람들은 그가 어떻게 행동할지 예상할 수 있고, 그의 언행이 응당 일치할 거라고 생각한다. 그래서 그 사람을 믿고 그 사람의 말을 믿을 수 있다.

우리가 다른 사람에게 약속을 하면 기대가 생기고, 약속을 '지키면' 신뢰가 생긴다. 좋은 성품은 우리가 그 약속을 이행하고 그 신뢰를 키우는 데 도움이 된다. 이것이 왜 중요할까? 제6장에서 대인 역량을 설명하며 말했다시피 모든 관계의 기초는 신뢰다. 따라서 성품 역량을 키우면 대인 역량을 키우는 데 필요한 신뢰가 형성된다. 그러면 생활의 질만 개선되는 게 아니라 직업적인 관계의 질도 개선되는데, 이는 리더로서 능력과 직결되어 있다. 신뢰가 없으면 리더십이 흔들린다.

5. 좋은 성품은 시련의 순간에 검증된다

예전에 존과 조지라는 70대 친구들의 이야기를 읽었다. 그들은 고등학교 때부터 친했지만 둘 다 자기주장이 강하고 고집이 셌다. 그러다 보니 툭하면 설전을 벌였고 그러다 몇 주씩 아예 말을 섞지 않기도 했다. 어느 날 두 사람이 사소한 문제로 격론을 벌이다 서로에게 험한 말을 하고 헤어졌다. 그리고 몇 달 동안 또 말을 안 했다.

그러다 조지가 중병에 걸렸다. 그는 존을 병상으로 불러 죽기 전에 관계를 회복하고 싶다고 말했다. 그가 존의 손을 잡고 나직이 말했다.

"존, 자네를 용서할게. 나를 용서해 주겠나?"

존은 죽음을 앞둔 친구의 말에 감동했지만, 그가 미처 대답도 하기 전에 조지가 낮은 소리로 덧붙였다.

"하나만 더 말하지. 만약 내가 다 나아서 안 죽으면 이건 무효야!"

그냥 웃기는 이야기로 들리겠지만, 여기서 중요한 진리를 엿볼 수 있다. 역경을 맞는다고 성품이 함양되지 않으며, 다만 성품이 드러난다는 사실이다. 성품이 좋은 사람만 타인을 용서하고 아량을 베풀 수 있다. 간디는 "약자는 절대 용서하지 못한다. 용서는 강자의 전유물이다."라고 말했다.

성품이 좋은 사람은 시련이 닥치면 더욱 심지가 강해진다. 반면에 성품이 약한 사람은 시련 앞에서 낙담한다. 당신은 날마다 좋은 성품을 기르기 위해 무엇을 하고 있는가? 가치관에 맞는 올바른 선택을 하고 있는가? 그럴 때마다 당신은 더욱 강인해진다. 이제부터 성품을 함양하자. 폭풍이 몰아치기 시작했을 때 준비하면 너무 늦다.

6. 좋은 성품은 항상 고결한 길을 걷는다

대부분의 사람은 남들이 자신을 대하는 대로 그들을 대하려 한다. 그게 인지상정이다. 언젠가 유명한 사업가가 "누가 당신을 건드리면 몇 배로 갚아라. 급소를 찔러서 구경꾼들도 감히 덤빌 생각을 못하게 하라."고 말하는 것을 들었다. 나는 그렇게 살고 싶지 않다. 나는 상대가 나를 대하는 것보다 나쁘게 그를 대하고 싶지 않으며 상대가 나를 대하는 것보다 좋게 그를 대하고 싶다. 나는 항상 고결한 길을 택하고 싶다. 당신도 그러기를 권한다.

나는 이런 삶의 자세를 아버지에게서 배웠다. 아버지는 주변 사람들로부터 존중과 존경을 충분히 받을 만큼 좋은 본보기가 되었다. 그런데 1960년대 오하이오 기독대학교의 총장으로 재직할 때 이사회로부터 부당한 대우를 받는 게 아닌가 싶었다. 하지만 아버지는 그런 상황에도 서운해하기는커녕 어떠한 불평도 하지 않았다.

언젠가 한 매체에서 아버지를 인터뷰한 적이 있었다. 기자는 아버지에게 자신에 대해 특히 험담을 많이 하고 힘들게 했던 이사를 어떻게 생각하는지 물었다. 아버지가 그 이사에 대해 좋은 말만 하자 기자는 그가 아버지에 대해 안 좋게 했던 말을 들려주었다. 그러자 아버지가 이렇게 대답했다.

"그 사람이 저를 어떻게 생각하는지 물으신 게 아니잖습니까? 제가 그 사람을 어떻게 생각하는지 물으셨지요."

저열한 길을 걷는 건 쉽다. 그 길에는 성품이 전혀 필요 없다. 저열한 길을 걷는 사람은 다음과 같은 특징이 있다.

- 부당한 처우에 보복한다.
- 남들과 똑같이 앙갚음한다.
- 변덕스러운 감정을 따른다.
- 수동적으로 행동한다.
- 남들보다 나을 게 없는 삶을 산다.

고결한 길을 걷는 사람은 전혀 다르다. 그들은 이렇다.

- 조건 없이 사랑과 용서를 베푼다.
- 남들이 시비를 걸어도 휘말리지 않는다.
- 가치관에 입각한 좋은 성품을 따른다.
- 진취적으로 행동한다.
- 비범한 삶을 산다.

솔직히 나도 모든 사람을 대할 때 항상 고결한 길을 걷지는 못한다. 하지만 그러기 위해 열심히 노력하고는 있다. 누군가 나를 하대하면 상대의 인격이 깎이는 것임을 기억하려 한다. 누군가 나를 이용하려 하면 상대로 하여금 내게 다가오게 하기 위해 지불해야 하는 대가임을 기억하려 한다. 누군가 나를 비난하면 그게 리더십의 요금임을 기억하려 한다.

당신도 이런 길을 걸었으면 좋겠다. 살다 보면 상처를 받을 때도 있고, 부당한 대우를 받을 때도 있고, 이용당할 때도 있다. 그래도 세상을 더 살기 좋은 곳으로 만들고, 다른 사람들을 도우며 사는 편이 낫지 않을까.

7. 좋은 성품은 약속을 지킨다

영업 전문가이자 저술가인 엘머 레터먼Elmer G. Letterman은 "성격으로 문을 열 수는 있지만, 그 문이 계속 열려 있게 하는 건 성품이다."라고 말했다. 왜 그럴까? 성품이 약속을 이행하기 때문이다. 성품이 좋은 사람은 자신이 한 말을 그대로 실천한다. 한번 하겠다고 하면 끝까지 완수하므로 믿을 수 있다.

당신은 한번 하겠다고 하면 끝까지 완수하는 사람인가? 약속을 잘 지키는 사람으로 평가 받는가? 혹은 주변에 당신이 하던 일을 중도에 포기하면 어쩌나 걱정하는 사람이 종종 있는가? 부커 워싱턴Booker T. Washington은 '성품이 곧 힘'이라고 했다. 그 힘을 최대한 활용하자.

과학자 마리 퀴리는 "더 나은 세상을 건설하기를 바란다면 개개인이 더 나은 사람이 되어야 한다. 그러려면 우리는 각자 자기계발에 힘쓰는 동시에 전 인류에 대한 보편적 책임을 공유해야 한다."고 역설했다. 성품을 함양하고 싶다면 가치관, 생각, 감정, 행동 네 가지를 일치시키기 위해 노력해야 한다. 좋은 가치관이 확립되어 있고 나머지 세 가지가 부합한다면 인생에서 계발하고 개선하지 못할 것은 없다고 본다.

최근에 나는 사람들이 좋은 성품을 받아들이고 의식적으로 성품 역량을 키우기 위한 선택을 하면 얼마나 놀라운 일이 일어나는지 실감했다. 2013년 내가 운영하는 많은 조직이 힘을 합쳐 과테말라에서 원탁회의 교육 프로젝트를 실시해 지금까지 20만 명 이상이 성품 함양 등의 교육을 받았다.

2013년 말쯤 되자 성품 함양이 과테말라에 어떤 긍정적인 영향을 끼치고 있는지 알려 주는 소식이 들려오기 시작했다. 일례로 임직원 5,000여 명을 원탁회의에 참여시켰던 과테말라의 2위 은행이 역대 최고의 연간 실적을 기록했다고 했다. 실적이 향상되기 시작했던 때가 언제일까? 임직원들이 성품에 대해 배우기 시작한 6월이었다. 그들의 성품 역량이 커지자 회사의 사업 역량도 직접적인 영향을 받았다.

이보다 훨씬 대단한 사건도 있었다. 과테말라 국민이 정부의 부정부패에 맞서 평화 시위를 벌였다. 그 결과 2015년 9월에 부패 혐의를 받던 오토 페레스 몰리나 대통령이 사임했다. 얼마 후 지미 모랄레스라는 신예 정치인이 '반反부정부패'라는 기치를 내걸고 대통령에 당선됐다.

평화 시위와 우리가 과테말라에 소개한 성품 함양법이 직접적인 연관이 있다는 증거가 있을까? 내가 아는 한 없다. 하지만 이것만은 확실히 말할 수 있다. 부패 수사를 진두지휘하고 대통령과 부통령 등을 축출하게 된 계기를 마련한 셀마 알다나 법무장관이 2014년 장관으로 부임하기 전에 사법부 관계자들과 함께 원탁회의에 참여했다는 사실이다. 그녀가 30주 동안 했던 경험이 조금이나마 영향을 미쳤을지도 모를 일이다.

당신은 성품 역량을 키우는 따분한 일을 기꺼이 할 의향이 있는가? 그렇다고 갈채와 환호가 따르는 것도 아니다. 당신이 성장하기 위해 얼마나 고생했는지 아무도 모를 수 있다. 하지만 분명 긍정적인 결실을 얻어 내고 더 나은 삶을 살 것이다.

 성품 역량을 키우기 위한 질문

❶ 자신의 가치관을 규명하고 기록해 본 적이 있는가? 아직 해보지 않았다면 지금 당장 시도해 보자. 이전에 해본 적이 있다면 다시 검토해 보자. 그때와 지금의 가치관이 똑같은가?

❷ 성품 함양에 도움이 되는 선택을 통해 가치관을 일관성 있게 지키는 정도를 1~10점으로 매긴다면 자신에게 몇 점을 주겠는가? 만일 10점을 줄 수 없다면(누군들 아니겠는가?) 점수를 올리기 위해 어떤 것부터 변화해야 하는가?

❸ 타인을 대할 때 저열한 길, 평범한 길, 고결한 길 중 주로 어느 쪽을 택하는가? 그렇게 반응하는 이유는 무엇인가? 어떻게 하면 보다 고결한 인생을 살 수 있을까?

희소성이 아닌
풍요에 초점을 맞춘다

나는 10대 시절에 평범한 아이가 아니었다. 밤늦도록 잠을 안 자려고 하는 것은 여느 아이와 같았지만 아침에 일어날 때는 달랐다. 나는 매일 아침 일찍 일어나자마자 침대 밖으로 튀어나왔다. 아무것도 놓치고 싶지 않았다. 아니, 놓치다니 뭘 놓친단 말인가? 우리 가족이 사는 오하이오 주 서클빌은 한갓진 소도시였다. 그저 옥수수만 자랄 뿐이었다. 그런데도 나는 매일 뭔가 대단하고 신나는 일이 일어나리라 생각했고, 온 몸과 마음으로 그런 일을 체험하고 싶었다.

아무래도 나는 풍요의 사고방식을 타고난 듯싶다. 나는 천성적으로 생각이 긍정적이고, 사람들을 신뢰하고, 나와 타인을 좋게 생각하고, 인생을 즐긴다. 나는 선택안이 많은 것을 좋아하고 거의 모든 일이

가능하다고 믿는다. 요컨대 풍요 역량이 아주 크다. 하지만 모든 사람이 그렇지 않다는 것도 잘 안다. 나와 대척점에 있는 사람은 희소성의 사고방식을 갖고 있다.

풍요롭게 생각하는 사람은 세상에 필요한 모든 것이 충분하다고 믿지만 희소성을 생각하는 사람은 세상의 자원이 모두에게 돌아가기에는 충분하지 않다고 믿는다. 전자는 '네'라고 말하기를 좋아하지만 후자는 '아니요'라고 말해야 한다는 압박감을 느낀다. 두 부류가 보는 세상은 전혀 다르지만, 당사자들에게는 엄연한 현실이다. 그런 세계관에 따라 그들이 무엇을 보고, 무엇을 경험하고, 어떤 사람이 되느냐가 달라진다.

내가 지금까지 경험한 바에 의하면, 세상을 보는 시각이 그 사람의 현재 삶과 잠재적인 내일을 좌우한다. 희소성을 믿는 사람은 역량을 최대한 발휘하는 데 제약을 받는다. 풍요를 믿는 사람은 굴레에서 벗어나 자신이 얼마나 멀리까지 갈 수 있는지 알게 된다. 왜 그런지는 모르겠지만, 어쨌든 현실이 그렇다. 관점에 따라 우리가 사는 세상이 달라지는데, 관점은 우리가 '선택'하기 나름이다. 풍요의 사고자가 되느냐, 희소성의 사고자가 되느냐는 각자 스스로 결정할 문제다.

둘 중 어느 쪽에 서느냐에 따라 선택이 달라진다. 그러므로 세상의 자원이 모든 사람에게 돌아가기에 충분하다는 쪽으로 생각을 바꾸기 위해 노력해야 한다. 풍요의 사고방식은 자신의 가능성을 확장하는 선택을 하게 만든다. 희소성의 사고방식은 자신의 잠재력을 위축시키는 선택을 하게 만든다. 풍요는 "세상에는 충분한 것 이상이 있어."라고 외친다. 희소성은 "서둘러. 다 떨어지기 전에 네 몫을 챙겨야지."라고 경고한다. 풍요는 "저기 가면 또 자원이 있을 거야."라고 말한다. 희소성은 "자원이 더는 없으니까 지금 갖고 있는 것을 잘 지켜."라고 말한다. 풍요는 "앞으로 더 좋은 날이 기다리고 있어."라고 말한다. 희소성은 "더 이상 좋아질 수 없어."라고 말한다. 이 두 목소리 중에서 어느 쪽에 발언권을 주느냐에 따라 우리가 어떻게 반응하느냐가 달라진다.

희소성의 유혹에도 풍요를 선택하다

나는 선천적으로 풍요롭게 생각하는 편이다. 하지만 내 인생에서도 풍요가 아니라 희소성을 생각하게 하는 유혹이 찾아왔던 시기가 크게 세 번 있었다. 세 번 모두 인생의 방향을 정해야 하는 중대한 결정의 순간이었다. 내게 요구되는 변화를 생각하면 더 큰 성취를 이룰 가능성이 있는 새로운 방향으로 용감하게 나아가기보다 내가 잘 알고 안전한 것을 선택하고 싶은 마음이 들었다.

첫 번째는 내가 서른세 살 때였다. 당시 나는 지역 교계에서 성장성과 건전성을 인정받은 훌륭한 교회를 인도하고 있었다. 교회 일은 익숙해져서 무척 편했고, 나는 교인들을 사랑하고 그들도 내가 계속 교회에 머물기를 바랐다. 안정된 환경에서 리더십에 대한 아이디어를 도출하고 잘 활용하던 차에 그곳을 넘어 더 큰 규모로, 수십 곳의 교회를 대상으로 내 아이디어를 시험해 볼 기회를 제안 받았다. 결단을 내려야 했다. 편한 곳에 계속 머물 것인가? 아니면 새로운 세상으로 과감히 진출할 것인가? 내가 계속 머물기를 바라는 사람들이 있다 보니 결정하기가 무척 어려웠다. 2년 동안 두 가지 선택안을 놓고 고민한 끝에 풍요 쪽으로 추가 기울었다. 나는 그 교회를 떠나 다른 조직의 리더들을 교육하러 갔다.

두 번째는 마흔여덟 살 때였다. 그때도 나는 교회를 인도하고 있었다. 샌디에이고에 있는 이 교회 역시 엄청난 성장을 이룩했고 나는 그곳 교인들을 사랑했다. 우리의 업적도 인정받았다. 교계에서 내로라하는 저술가가 우리 교회를 미국에서 가장 영향력 있는 10대 교회 중 한곳으로 꼽았다. 교회를 설립한 초대 목사님이 은퇴할 때까지 그곳에서 시무했으니 나도 충분히 그럴 수 있었다. 그즈음 내 글의 독자와 내 강연의 청자를 경영계 인사를 포함해 더 많은 사람으로 확대할 수 있는 기회가 찾아왔다. 그러자면 그 교회의 리더직을 사임해야 했다.

그럴 경우 내가 목회자로 남을 때보다 훨씬 많은 사람에게 영향력을 미치게 될 가능성이 있었다. 하지만 위험성도 컸기 때문에 나는 많은 질문을 해야 했다. 지금의 지위와 명성을 뒤로하고 다시 밑바닥에서부터 시작할 용의가 있는가? 독자와 청자가 달라져도 성공할 수 있을까? 내가 알아야 할 것을 모두 습득할 수 있을까? 그러려면 시간이 얼마나 걸릴까? 방향을 전환하면 오히려 내 영향력이 줄어들지는 않을까? 나는 희소성의 사고방식에서 비롯되는 두려움이 풍요의 사고방식에서 나오는 가능성을 압도하는 것을 허락하지 않고 교회에서 사임했다.

세 번째 유혹은 예순여섯에 찾아왔다. 앞서 구슬 항아리 이야기로 넌지시 말한 사건이기도 하다. 인생을 즐겁게 살던 중 일흔이 되면 내가 관여하는 조직들에서 손을 떼야겠다고 생각하며 일흔까지 남은 시간을 세기 시작했다. 그때 빌 하이벨스가 그런 사고방식에서 벗어나는 데 일조했다. 마이크 하야트Mike Hyatt에게서 내가 그 조직들의 얼굴이라는 말을 들은 것도 도움이 됐다. 구슬을 다 쏟아 버리고 다시 풍요를 선택했으니 얼마나 다행인지 모른다. 내가 리더들에게 가치를 더하고 이 세상에 변화를 일으키기 위해 열심히 노력하지 않는 삶은 상상조차 할 수 없다.

희소성과 풍요의 세계는 어떻게 다른가

나는 희소성과 풍요의 세계를 모두 잘 안다고 생각한다. 일반적으로 희소성은 '아니요' 쪽에 있고, 풍요는 '예' 쪽에 있다. 전자는 사람들이 안전한 곳에 머무는 상황이요, 후자는 새로운 것을 시도하는 상황이다. 그렇다면 '아니요'의 삶에는 어떤 특징이 있을까?

- 제한적이다. 새로운 기회를 회피하므로.
- 쉽다. '아니요'라고 하면 아무것도 할 필요가 없고 아무 데도 갈 필요가 없으므로.
- 편하다. 익숙하므로. 많은 사람이 지금 없는 것을 새로 얻는다고 생각할 때 느끼는 기쁨보다 지금 갖고 있는 것을 조금 잃는다고 생각할 때 느끼는 두려움이 더 크다.
- 기만적이다. 안전해 보이지만 실제로는 그렇지 않으므로. 작가 스티븐 프레스필드Steven Pressfield는 "자신에게 거짓말을 하는 것보다 더

심각한 잘못은 그 거짓말을 믿는 것이다."라고 했다.

- **붐빈다.** 평범한 사람들이 사는 곳이므로.

반대로 '예'의 삶은 어떤가?

- **신난다.** 새로운 것을 파악하려면 창조력이 필요하므로. 작가이자 코미디언인 티나 페이_{Tina Fey}는 "일단 '예'라고 대답부터 하고 상황 파악은 그 뒤에 하라."고 했다.
- **확장성 있다.** 풍요는 더 큰 풍요를 불러오므로. 그리고 풍요를 많이 경험할수록 역량이 커질 가능성도 커진다.
- **만만치 않다.** 원래 새로운 길은 발을 내딛기가 쉽지 않으므로.
- **보람 있다.** 보통은 '예'라고 하면 더 많은 '예'가 찾아오므로.

물론 '아니요'가 항상 나쁜 것은 아니고, '예'가 항상 좋은 것도 아니다. 하지만 대체로 '아니요'의 삶을 살면 선택안, 기회, 성과가 위축되고, '예'의 삶을 살면 나라는 사람과 내가 사는 세계가 확장된다. 나는 서른셋에 다른 조직으로 적을 옮기면서 이를 체험했다. 그때 나는 더 큰 규모로 리더십을 가르칠 기회를 누렸고, 내 리더십 원칙이 다양한 유형의 리더에 의해 다양한 조직에 적용될 수 있음을 확인했으며, 사고의 폭이 넓어졌다. 마흔여덟에도 체험했다. 베스트셀러 작가가 되어 독자가 1만 배나 늘어났다. 예순여섯에도 체험했다. '예'의 위력이 아니었다면 나는 과테말라와 파라과이에 사람들을 도우러 가지도 않았을 테고, 존 맥스웰팀이 지금처럼 성장하도록 힘을 쏟지도 않았을 것이다. 과거에 내가 말했던 '예'들이 어느 때보다도 많은 선택안, 기회, 긍정적 성과를 불러오고 있다.

풍요 역량을 키운 사람들의 특징

최근에 존 맥스웰팀이 코치를 공인하는 행사장에 달린 커다란 현수막을 보니 '답은 '예!'입니다'라고 적혀 있었다. 마음에 쏙 드는 문구였다. 이는 모든 사람에게 '우리는 반드시 길을 찾을 것입니다'라고 선언하는 말이었다.

풍요 역량이 큰 사람들의 사고방식이 그렇다. 그들은 답이 '예'라고 믿는다. 언제나 앞으로 나아갈 길이 있다고 믿는다. 물론 그 길을 찾는 게 쉽지 않을 수도 있다. 그 길이 첫 번째 선택이 아닐 수도 있다. 하지만 그들은 반드시 길이 있다고 믿는다. 당신도 그렇게 생각했으면 좋겠다. 당신이 풍요의 사고방식을 받아들이고 풍요 역량을 키우도록 돕고 싶다. 다소 회의적인 생각이 들더라도 일단 한 번이라도 시도해 봤으면 좋겠다. 이제부터 풍요의 사고방식을 보유한 사람들의 세 가지 특징을 소개하고자 한다.

1. 풍요롭게 생각하는 사람들은 강한 믿음이 있다

풍요를 인정하는 사람들은 어떻게 그리 쉽게 '예'라고 할 수 있을까? 인생의 많은 영역에서 다음과 같이 강한 믿음을 갖고 있기 때문이다.

그들은 자기 자신을 믿는다

"내게는 남들의 눈에 보이는 것보다 더 많은 것이 있다."

나는 항상 내가 베풀 수 있는 것이 남들의 눈에 보이는 것보다 많다고 생각했다. 어렸을 때부터 그랬다. 사람들은 내게서 미숙함, 경험 부족, 잦은 실수를 봤다. 많은 사람이 나를 얕봤다. 내가 너무 어려서 리더 구실을 할 수 없다고 했다. 나는 그들의 생각이 틀렸음을 증명하기 위해 열심히 노력했고, 그 노력이 결실을 봤을 때 솔직히 기뻤다. 물론 내가 하는 일이 편하지 않을 때도 많았다. 그러나 나 자신을 믿었기에 아무도 응원해 주지 않을 때조차 그런 믿음으로 전진할 수 있었다. 마크 트웨인은 "누구나 자기 자신의 승인 없이는 자신을 편히 여길 수 없다."고 했다. 나 자신을 믿었기에 남들이 인정해 주지 않을 때도 '예'라고 할 수 있었다.

믿음은 행동을 일으킨다. 반대로 믿음이 없으면 행동을 주저하게 되는데, 이는 희소성의 사고방식에서 볼 수 있는 특징 중 하나다. 우리가 행동을 망설이는 이유는 무언가를 할 수 없어서가 아니라 자기 자신을 믿지 않기 때문이다. 친구여, 다른 사람이 당신을 선택해 주기를 기다리지 마라. 다른 사람이 허락해 주기를 기다리지 마라. 굳이 다른 사람에게 자격을 인정받을 필요가 없다. 자기 자신을 믿으라! 당신은 할 수 있다고 믿으라.

그들은 타인을 믿는다

"사람들에게는 내 눈에 보이는 것보다 더 많은 것이 있다."

앞서 말했다시피 나는 모든 사람을 10점으로 본다. 누군가는 그런 믿음이 현실과 동떨어져 있을 때가 많을 거라고 말한다. 나도 그럴 수 있다는 점을 인정한다. 그래도 나는 여전히 모든 사람을 믿고 싶다. 그런 마음은 어디서 나올까? 풍요의 사고방식에서 나온다. 이렇게 역량에 관한 책을 쓰고 싶다는 마음도 그런 믿음에서 나왔다. 당신에게 역량을 키우고 더 나은 인생을 살 수 있는 능력이 있다고 믿는다는 나의 말 한 마디 한 마디는 모두 진심이다.

헨리 포드도 이런 사고방식으로 제국 같은 기업을 건설했다. 그는 "불가능을 모를 만큼 역량이 무궁무진한 사람들을 많이 찾고 있다."고 말했다. 이게 바로 타인에 대한 믿음이다. 희소성을 믿는 사람들은 쉽사리 불가능을 말한다. 하지만 역사를 보면 남들이 불가능하다고 여기는 일을 해낸 사람이 너무나 많다. 일견 불가능해 보이는 일을 가능케 한 사람들은 모두 풍요의 사고방식을 갖고 있었다. 이 세상에 지금보다 더 많은 것이 있다고 믿지 않는 한 새로운 세계를 발견하고, 새로운 상품을 발명하고, 새로운 길을 찾기란 불가능하다!

서로 믿는 사람들은 서로를 위해 최선을 소망하고 서로에게서 최선을 기대한다. 그들은 서로를 축복한다. 저술가 달라스 윌라드Dallas Willard 교수는 축복이란 '타인에게 선善을 보내는 것'이라고 했다. 나는 이 말이 참 좋다. 나는 그렇게 살고 싶다. 당신은 아닌가?

그들은 오늘을 믿는다

"오늘은 내 눈에 보이는 것보다 더 많은 것이 있다."

《오늘을 중요하게 사는 법》Make Today Count에서 나는 '성공의 비결은 매일매일의 계획에 있다'고 썼다. 우리는 날마다 무엇을 하느냐에 따라 일어서기도 하고 주저앉기도 한다. 풍요롭게 생각하는 사람은 매 순간을 알차게 산다. 매 순간에 깃든 잠재력을 보기 때문이다. 그들은 이전보다 더 많은 것을 할 수 있다고 믿는다. 이전보다 더 높은 수준으로 성과를 낼 수 있다고 믿는다. 더 성장할 수 있다고, 계속 성장할 수 있다고 믿는다. 이런 믿음이 있으면 꾸준히 전진할 수 있을 뿐만 아니라 가장 먼저 행동하는 사람이 된다. 대개 가장 먼저 출발하는 사람이 승자가 되기 마련이다.

그들은 내일을 믿는다

"미래에는 내 눈에 보이는 것보다 더 많은 것이 있다."

나는 점점 늙어 가고 있지만 노인이 되기를 거부한다. 노인들의 말을 들어 보면 자기 세대가 위대한 세대의 마지막이라고 한다. 그들은 젊은 세대를 보고 미래가 암울하다고 여긴다. 이미 수백 세대 전부터 그랬다. 나는 그러지 않으리라! 물론 미래란 만만치 않다. 그리고 모든 젊은이가 현재에 머물지 말고 보다 성숙해져야 한다. 하지만 풍요의 사고방식을 따르면 내일은 오늘보다 나아질 수 있다.

나는 풍요의 사고방식이 우리 삶에서 에너지 충전기와 같다고 생각한다. 풍요의 사고방식은 우리에게 강한 믿음을 충전시킨다. 그 강한 믿음이 우리에게 강한 에너지를 준다. 나는 에너지를 뿜으며 가치 있는 일을 하고, 세상에 변화를 일으키고 싶다. 당신은 안 그런가? 선택은 당신의 몫이다.

2. 풍요롭게 생각하는 사람들은 관점의 힘을 안다

우리의 관점을 결정하는 것은 '무엇을' 보느냐가 아니라 '어떻게' 보느냐다. 그것은 우리가 어떤 사람이냐에 달려 있다. 똑같은 상황에서 두 사람이 서로 판이하게 행동하는 것을 볼 수 있다. 희소성을 생각하는 사람은 주어진 상황에서 '방법이 없어!'라고 생각하지만 풍요롭게 생각하는 사람은 똑같은 상황에서도 '분명 더 좋은 방법이 있을 거야!'라고 생각한다.

세상이 예전보다 살기 좋아진 이유는 풍요의 사고방식으로 세상을 봤던 사람들 덕분이다. 과거 사람들은 말보다 빠른 이동 수단은 절대 없다고 생각했다. 하지만 제임스 와트는 더 좋은 방법이 있을 거라 생각한 끝에 증기기관을 발명했다. 사람들은 멀리 떨어진 이들과 대화할 방법이 절대 없다고 생각했다. 하지만 알렉산더 그레이엄 벨은 더 좋은 방법이 있을 거라 생각한 끝에 전화를 발명했다. 사람들은 동력으로 하늘을 나는 방법은 절대 없다고 생각했다. 하지만 라이트 형제는 더 좋은 방법이 있을 거라 생각한 끝에 최초의 동력 엔진 비행기를 발명했다.

더 읊을 필요가 있을까? 희소성에 기초한 관점을 풍요에 기초한 관점으로 전환하자. 그러면 혁신과 긍정적인 변화로 가는 문이 열린다. 그 문으로 당신은 물론 다른 사람들도 들어갈 수 있을 것이다.

3. 풍요롭게 생각하는 사람들은 타인에게 너그럽다

내가 이야기하고 싶은 풍요롭게 생각하는 사람들의 특징 중 마지막은 너그러움이다. 흔히 너그럽다고 하면 좋은 일에 돈을 기부하는 모습을 떠올린다. 그것도 너그러움의 상징이긴 하지만 풍요의 사고방식에서 나오는 너그러움은 그 수준을 훌쩍 넘어선다. 너그러움이 반드시 돈과 관련되어 있지는 않다. 사람들에게 기회를 주고, 사람들을 일단 믿어 주고, 나와 협력하고 싶어 할 이유를 주는 것도 너그러움에 속한다. 풍요롭게 생각하는 사람은 다른 이들에게 좋은 기회를 주고, 그들이 과업을 잘 수행하는 데 필요한 자원과 정보를 제공하며, 그들이 성공하면 공로를 인정해 주고 실수하면 이해하고 다독여 준다. 내가 여기서 말하고자 하는 것은 너그러운 마음가짐이다.

영어에서 너그러움을 뜻하는 'generosity'의 어원은 라틴어에서 고귀한 태생을 뜻하는 'generosus'다. 이 말은 특권과 부를 물려받았기에 지위가 낮은 사람들에게 베푸는 것이 당연시됐던 귀족들과 관련 있다. 우리는 인생에서 다른 누군가보다는 더 좋은 위치에 있다. 그렇기에 타인에게 너그러워야 한다. 만약 당신이 리더라면 그 지위에서 누릴 수 있는 특권이 있는 만큼 당신이 인도하는 사람들에게 너그러워야 한다. 모든 리더가 자신에게 이처럼 높은 기준을 적용하지는 않지만, 모두가 그랬으면 좋겠다. 리더가 풍요의 사고방식으로 책무에 임한다면 팀과 조직에 더욱 긍정적인 영향을 미칠 수 있다.

간혹 주변에 너무 많이 나눠 주면 정작 자신은 궁핍해지지 않을까 걱정하는 사람도 있다. 하지만 그 반대다. 베풀면 베풀수록 더 많은 것이 들어온다. 미소를 생각해 보면 좋겠다. 우리가 사람들한테 웃으면 어떻게 되는가? 대개 나에게도 웃음이 돌아온다. 그래서 더 웃고 싶어진다. 이와 마찬가지로 다른 사람들을 도우면 도울수록 그들도 다른 사람들을 돕고 싶어진다. 우리가 사람들을 사랑하면 할수록 더 큰 사랑을 받는 것은 물론이고, 더 많은 사랑을 나눠 주고 싶어진다. 나는 이를 '풍요의 역설'이라 부른다. 베풀면 베풀수록 베풀 것이 더 많아지고 더욱 더 베풀고 싶어진다.

풍요롭게 생각하는 사람은 베푼다고 궁핍해지지 않는다. 오히려 그 반대다. 타인의 삶에 뿌린 씨앗이 풍성한 수확으로 돌아온다. 내 인생에서 가장 높은 투자수익률을 보이는 행위는 단연코 타인을 믿고 투자하는 것이다. 그래서 나는 매일 할 일 목록에 타인을 위해 하고 싶은 일로 가득하다. 내 친구 케빈 마이어스_{Kevin Myers}가 "우리는 사람들에게 받고 싶은 것보다 해주고 싶은 게 더 많아야 한다."고 말했는데 전적으로 동의하는 바다. 모든 사람은 자신을 향상시켜 주는 사람 곁에 있으려 하고, 자신을 못난 사람으로 느껴지게 하는 사람은 멀리한다.

나는 당신이 설사 세상에는 자원이 충분하지 않다는 생각으로 자랐다 할지라도 그런 희소성의 세계에서 벗어나 풍요롭게 생각하는 사람이 될 수 있다고 믿는다. 왜? 희소성의 사고방식으로 인생을 시작했지만 이후에는 풍요의 사고방식을 선택한 사람들을 목격했기 때문이다. 그중 한 명이 케빈 마이어스다. 나는 20년째 멘토로서 그를 돕고 있다. 그는 풍요의 사고방식만큼 자신에게 큰 영향을 미친 것도 없다고 한다. 그의 말을 들어 보자.

"나는 원래 인생은 파이와 같다고 생각했어요. 조각이 몇 개인지 정해져 있으니까 내 몫을 챙길 수 있을 때 챙겨야 한다고 생각했죠. 그런데 존에게서 파이가 다 떨어지면 주방에 가서 다시 또 구우면 된다는 걸 배웠어요. 내가 어릴 때부터 생각했던 것과 전혀 다른 사고방식이었어요. 물론 지금은 그런 마음가짐으로 삽니다."

당신도 마음속에서는 풍요를 믿고 싶을 것이다. 당신의 마음은 풍요를 위해 만들어졌다. 그 마음을 따르기 바란다. 그런 믿음이야말로 풍요를 향해 내딛는 작은 발걸음이다. 때로는 올바른 방향으로 내딛는 아주 작은 발걸음이 인생에서 가장 큰 발걸음이 되기도 한다.

풍요 역량을 키우기 위한 질문

❶ 당신은 기회에 직면했을 때 자연스럽게 '예'라고 하는 사람인가, '아니요'라고 하는 사람인가? 풍요의 사고방식은 웬만하면 '예'라고 말하는데, 어떻게 하면 '예'라고 더 많이 말하는 사람이 될 것인가?

❷ 풍요에 대한 믿음은 자신에 대한 믿음에서 시작된다. 현재 자신에 대한 믿음이 몇 점이라고 생각하는가? 점수가 높은가, 보통인가 아니면 저조한가? 그 점수를 높여서 풍요의 사고방식을 강화하려면 어떻게 해야 하겠는가?

❸ 현재 인생에서 '방법이 없어'라고 생각하는 것은 무엇인가? 당신에게 중요한 것을 하나만 선택해 '분명 더 좋은 방법이 있을 거야'라고 말해 보자. 그리고 긍정적으로 전진할 수 있는 방법을 브레인스토밍해 보자.

제13장

현재에 집중하고
끝까지 해내기 위해 노력한다

2000년에 좋은 기회가 생겨 인도 뉴델리의 국립간디박물관을 방문했다. 그곳에서 '우리가 하는 일과 할 수 있는 일의 차이만 알아도 세상의 거의 모든 문제를 해결할 수 있다'는 간디의 명언을 봤다. 그 후 그 말을 수시로 곱씹으면서 '왜 우리가 하는 일과 할 수 있는 일은 차이가 나는 것일까? 무엇으로 그 차이를 없애고 그 간극을 메울 수 있을까?' 생각했다. 재능은 답이 아니다. 이미 많은 사람이 뛰어난 능력과 재능을 발휘하고 있지 않은가. 더 많은 시간을 확보하는 것도 답이 아니다. 어차피 각자에게 주어진 시간은 똑같다. 그렇다면 답은 무엇일까?

오랜 고민 끝에 우리가 하는 일과 할 수 있는 일 사이의 간극을 무엇으로 메울 수 있는지 알아냈다. 그것은 극기다. 내가 말하는 극기란 자신이 해야 할 일을 묵묵히 수행하는 자세를 말한다. 이런 의미에서 극기가 바로 차이를 만드는 요인이다.

위대함으로 가기 위한 끈기

성공하는 사람은 중요한 순간에 고도의 극기력을 발휘한다. 그들은 자기 관리 능력이 뛰어나다. 그들은 단순히 하고 싶은 일을 하지 않고, 마땅히 해야 할 일을 하기 위해 스스로를 지도하고 격려한다. 그래서 평범함을 넘어 우수함으로, 우수함을 넘어 위대함으로 나아간다. 이 사회의 정신적인 지도자들도 남들이 하지 않으려는 일을 기꺼이 하는 이들이다. 교육가이자 강연가인 마크 티렐 Mark Tyrrell 이 자기 관리에 대해 이렇게 설명했다.

> 세월이 흐르면서 나는 자기 관리를 보이지 않는 마법으로 생각하게 됐다. 자기 관리는 눈에 보이지도 않고, 맛볼 수도 없고, 냄새를 맡을 수도 없지만 그 효력은 어마어마하다. 그것은 뚱뚱한 사람을 날씬한 사람으로, 약골을 근육질로, 문외한을 전문가로, 빈자를 부자로, 불행을 행복으로 바꿀 수 있다. 자기 관리는 빙산에서 물속에 잠겨 있는 부분과 같다. 남들의 눈에는 그것이 보이지 않지만 그것으로 인해 당신의 '천재성'은 더욱 빛나게 된다.[1]

우리는 성공한 사람들의 성공 요인 중 90퍼센트가 눈에 보이지 않는다는 점을 인지하지 못한다. 하지만 그 90퍼센트가 없다면 애초에 성공은 불가능했다. 그런 이유로 최고의 운동선수도 남들의 눈에는 별로 힘들이지 않고도 발군의 기량을 발휘하는 것처럼 보인다.

하지만 그들이 실제로 경기하는 시간은 그 스포츠에 쓰는 전체 시간 중 10퍼센트나 그 이하다. 훌륭한 음악가들이 대단해 보이는 이유도 마찬가지다. 우리가 관람하는 두 시간짜리 공연은 실력을 갈고닦기 위해 연습하는 시간에 비하면 극히 일부에 지나지 않는다. 사람들은 운동선수나 음악가를 보고 '나도 저 사람처럼 운이 좋았으면 좋겠다'고 생각하지만, 실상은 '나도 저 사람처럼 극기력이 강했으면 좋겠다'라고 말해야 한다.

극기 역량을 키우기 위한 행동

티렐은 인생을 대기실로 생각하는 사람이 너무 많다고 강조한다. 나도 동의한다. 사람들은 가만히 앉아서 자기 이름이 불리기만 기다린다. 하지만 성공은 우리를 찾아다니지 않는다. 대단한 일은 우연히 이뤄지지 않는다. 잊지 말자. 가치 있는 것은 모두 오르막이다. 원하는 것을 이루려면 시간과 노력과 에너지를 들여 끈기 있게 매진해야 한다. 이는 자기 관리를 통해 가능하며, 그런 과정을 거쳐 성공이 사정거리에 들어온다.

다행히 자기 관리 능력은 계발이 가능하며 반드시 타고나지 않아도 된다. 그것은 선택의 문제이고, 계속 그런 선택을 하면 된다. 극기 역량을 키우고 싶다면 아래의 원칙을 마음에 새기고 실천하기 바란다.

1. 무엇이 중요한지 파악한다

나는 고등학교 때 우등생이 아니었다. 친구들과 몰려다니고 농구만 좋아했다. 나 같은 학생이 있어서 다른 친구들이 중상위권이 될 수 있었다. 하지만 대학에 들어가면서 내 삶이 달라졌다. 자기 관리를 잘하는 학생이 되어 첫 학기에 전교 우등생 명단에 들었다.

어떻게 된 영문일까? 나는 대학에 입학하자마자 진정 원하는 일을 하려면 준비해야 한다는 사실을 깨달았다. 나는 목적이 있었고, 그 목적을 달성하려면 무엇이 중요한지도 알았다. 그래서 아무 생각 없이 놀러 다니지도 않았다. 강의 시간에 열심히 필기하고, 좋은 학습 습관을 기르고, 공부에 집중하는 학생들과 어울리고, 내 미래에 집중했다. 그러자 생활 방식이 싹 바뀌면서 자기 관리를 위한 여정에 오르게 됐다.

스티븐 코비가 극기에 대해서 흥미로운 말을 했다.

> 많은 사람이 자신은 극기력이 부족하다고 여긴다. 하지만 내가 볼 때 보통은 극기력의 문제가 아니라 자신에게 가장 중요한 것이 무엇인지 확실히 알기 위해 충분한 대가를 치르지 않는 태도에 있다. 자신에게 진정 중요한 일이 무엇인지 알고, 내면에서 그 일에 대해 '예'라는 말이 활활 불타오르면 중요하지 않은 일에는 쉽사리 '아니요'라고 말하게 된다.[2]

내 인생이 딱 그랬다! 소명이 확실해지자 열정이 강렬해졌다. 그래서 인생의 우선순위와 계획을 세우게 됐다. 최근에 브라이언 트레이시Brian Tracy의 글을 읽었다. 그는 미국의 성인 중 97퍼센트가 명확하고 구체적인 목표를 글로 적어 놓지 않고 인생을 살아간다고 했다. 그는 그런 태도야말로 지도도 없이 낯선 나라를 여행하는 것과 같다고 빗댔다.³ 가치 있는 곳에 도달하려면 목적지가 어디인지 확실히 알아야 한다.

마크 콜은 내가 운영하는 5개 회사의 CEO다. 그는 내가 예순다섯 살일 때 찾아와 일흔이 될 때까지 각 회사에 바라는 것을 목록으로 작성해 달라며 이렇게 말했다. "몇 달 동안 충분히 생각해 보세요. 제가 이 조직들을 책임지고 있는 최측근의 입장에서 각 조직에 대해 어떻게 생각하며 어떤 마음인지 확실히 알고 싶으니까요." 나는 그가 시키는 대로 했다. 결과적으로 콜은 나의 의중을 분명히 알게 되었고, 나도 내 꿈이 실현되는 것을 보고야 말겠다는 각오를 다지게 되었다.

당신에게 무엇이 중요한지 알고 있는가? 아직도 그것을 생각하고 적어 보지 않았다면, 당신이 조금이라도 자기 관리 능력이 부족한 이유가 거기에 있을 공산이 크다. 극기 역량을 키우려면 뭐니 뭐니 해도 자신에게 무엇이 중요한지 알고 그것을 인생의 시금석으로 삼는 게 가장 필요하다.

2. 변명하지 않는다

극기력이 우리를 원하는 곳으로 데려다 주는 고속도로라면, 변명은 그 고속도로에서 빠져나오는 출구다. 그런 출구가 정말 얼마나 많은지 모른다. 아래의 목록을 보고 자신이 한 번이라도 말해 본 적 있는 변명은 무엇인지 확인해 보자.

- 내년부터 할 거야.
- 혼자 하기 싫어.
- 배우자가 같이 안 하려고 해.
- 졸업하면 할 거야.
- 애들이 졸업하면 할 거야.
- 애들이 진학하면 할 거야.
- 기운이 생기면 할 거야.
- 날씨가 풀리면 시작할 거야!
- 좀 한가해지면 할 거야.
- 생일이 지나면 할 거야.
- 내일 할 거야.
- 은퇴하면 할 거야.
- 지금은 너무 뚱뚱하니까 살이 빠지면 할 거야.
- 난 너무 늙었어.(혹시 더 젊어질 계획이신가?)
- 난 너무 경험이 부족해.
- 난 너무 겁이 많아.
- 너무 피곤해.
- 어떻게 시작해야 할지 모르겠어.

나도 이 중에서 몇 가지를 써본 적 있는데 전혀 자랑할 일이 아니다. 무엇이 변명인지, 아닌지 어떻게 안단 말인가? 자신에게 '내가 좋아하는 일도 똑같은 이유로 안 하게 될까?'라고 물어 보자. 만일 아니라면 변명이다. 변명은 없애 버리자.

3. 마음이 움직이기 전에 행동한다

구글에서 '성공 비결'을 검색하면 눈 깜짝할 새에 엄청난 결과가 나온다. 성공법에 대한 글은 오래전부터 수두룩했다. 그러니 성공 비결을 알고 모르고는 문제가 아니다. 그렇다면 성공 비결을 실천하는 것은? 바로 그게 문제다! 이 방면으로는 우리 문화에도 좋지 않은 부분이 있다. 우리는 마음이 움직이는 대로 살아야 한다는 말을 누구이 듣지 않던가. 하지만 뭔가를 하고 싶은 마음이 동하지 않는다면? 그런 마음이 생길 때까지 마냥 기다려야만 할까?

글쓰기로 말하자면, 숙련된 작가는 하나같이 글을 쓰고 싶지 않아도 써야 한다고 말한다. 그렇지 않으면 절대 한 발짝도 나아갈 수 없다. 누구나 저마다 유독 극기력을 발휘하기 어려운 약점 영역이 있다. 내 경우에는 올바로 먹고 운동하는 게 그렇다. 마냥 기다릴 순 없다. 그렇다면 행동하고 싶은 마음이 생기지 않았는데도 행동으로 돌입하기 위해서는 어떻게 해야 할까?

행동하지 않았을 때 예상되는 결과를 생각한다

내 심장 전담의 천시 크랜들Chauncey Crandall 박사는 내가 식습관을 조절하지 않고 운동하지 않으면 어느 날 갑자기 내가 해야 하고 좋아하는 중요한 일을 할 수 없게 된다는 점을 누누이 강조한다. 그는 "존,

252

몸을 챙기는 쪽을 선택하면 더 오래 살면서 더 많은 사람에게 도움을 줄 수 있을 거예요."라고 말한다. 반대로 올바른 선택을 하지 않으면 그에 합당한 대가가 따를 것이다. 나도 그 점을 잘 알기에 관리를 잘하자고 수시로 되뇐다.

오늘 해야 하는 일에만 집중한다

하기 싫은 일을 평생 날마다 해야 한다고 생각하면 주눅이 들기 십상이다. 그래서 나는 오늘에만 집중한다. 그렇게 한 번에 하루만 생각하는 게 내게는 잘 통한다.

최근에 만난 영양사 아니카 스팜피나토Annika Spampinato는 저소득층으로 하여금 더 나은 식습관을 배우고 기르게 하는 일이 주 업무라고 했다. 그녀는 면담을 통해 사람들에게 동기부여를 한다. 그녀는 환자와 공감대를 형성하고, 그들이 가장 쉽고 편하게 식습관을 바꿀 수 있는 방법을 함께 탐색하는 데 질문의 초점을 맞춘다. 이렇게 가장 먼저 무엇을 실천할지 결정하면 성공할 확률이 높아진다고 한다.

약점 영역에서 노력한 것을 다른 사람에게 검사 받는다

자기 관리를 잘하기 위해 누군가에게 검사를 받는 것만큼 효과적인 방법도 없다. 그 이유는 약점을 극복하려면 타인의 도움이 필요하기 때문이다! 내 주치의 로라 발다Laura Balda 박사는 매달 내 몸무게를 재고 건강 상태를 체크한다. 내 개인 트레이너 조세핀 번Josephine Bunn은 매주 나를 운동시킨다. 나의 약점 영역에서 다른 사람의 도움을 안 받고 혼자서 노력해 본 적도 있지만 별로 소용이 없었다. 그래서 다른 누군가의 검사가 필요하다는 생각을 했다.

최근에 헬스장에서 '건강한 신체만큼 맛있는 영양소도 없다'는 문구를 봤다. 나는 저녁을 먹을 때나 소파에 앉아 있을 때마다 그 말을 기억하려 한다. 그러면 하고 싶지 않아도 해야 할 것을 하게 될 때가 많다. 당신은 하고 싶지 않아 미뤄둔 올바른 행동을 하기 위해서 어떤 방법을 쓰는가? 누구에게 보고하고 검사를 받는가? 아무리 자기 관리 능력이 뛰어난 사람이라도 중요한 행동을 선뜻 할 수 있게 도와주는 요소가 있다면 더욱 탄력을 받는다.

4. 가치 있고 생산성이 큰 일에 집중한다

브라이언 트레이시는 "성공하는 사람은 시종일관 가치가 큰 작업을 한다. 성공하지 못하는 사람은 가치가 작은 활동에 매분, 매시간을 낭비한다."고 말했다. 그다지 가치도 없으면서 우리를 방해하는 활동은 무엇인가? 그런 방해 요소는 절대 멈추는 법이 없다. 나의 이야기를 해보면, 이번 달에 이 책의 집필을 끝내는 것이 목표다. 거기에 역점을 두고 있지만 지난 3일간 많은 방해 요소를 처리해야 했다. 사람들이 이렇게 묻는 것이었다.

"친구가 물어보고 싶은 게 있다는데 만나 줄 수 있나요?"

"기념일에 상영할 3분짜리 영상을 만들어 줄 수 있나요?"

"직원과 같이 해주셨으면 하는 일이 있는데, 몇 분 정도만 시간을 내줄 수 있나요?"

"전화 한 통이면 이쿱에 큰 도움이 될 것 같은데, 혹시 가능한가요?"

"대표님 명의로 감사 카드를 보내야 하는데 써줄 수 있나요?"

"변혁에 대한 기사가 있는데 꼭 읽어 보셨으면 해요. 한번 보실래요?"

모두 좋은 일이다. 개중에는 매우 중요한 일도 있다. 하지만 내 대답은 '아니요!'다. 이 책을 완성하기 전까지는 안 된다. 스티븐 코비는 이를 두고 '먼저 할 일부터 하기'라고 했다. 브라이언 트레이시는 이를 '몰아내기 원칙'이라고 부른다. 그는 "생산성이 큰 일에 모든 시간을 투입하면 진짜 해야 할 일을 못하게 막는 비생산적인 활동을 모두 '몰아내며' 하루를 마감할 수 있다. 반면에 가치가 작은 활동에 시간을 쓰면 우리가 정말로 완수해야 하는 일, 우리 인생에 큰 변화를 일으킬 만한 일을 할 시간을 몰아내 버린다. 이렇게 현명하게 시간과 자신을 관리하려면 언제나 극기력이 가장 중요하다"고 말했다.[4]

'요즘 내 인생에서 몰아내야 할 것은 무엇인가?'라고 자문해 보자. 혹시 중요하지 않거나 편한 일을 하느라 꼭 해야 할 일을 놓치고 있진 않은가? 그러지 않기를 바란다. 혹시 그렇다면 문제가 생길 게 뻔하다. 매일매일 자신에게 '내가 오늘 무엇을 몰아내고 있는가?'라고 물음으로써 집중력을 기르고 방해 요소를 퇴치할 수 있다. 날마다 투자수익률이 좋은 일을 생각하고 실행하면 투자수익률이 나쁜 일을 할 시간이 없어진다. 그러면 자연히 극기 역량이 커진다.

5. 시간을 의식한다

나는 자기 관리를 잘하는데 시간관념이 부족한 사람을 단 한 명도 보지 못했다. 성공하는 사람은 항상 시간을 의식한다. 자신이 시간을 어떻게 쓰는지 너무나 잘 알고 있으며 매분 매초를 소중히 여긴다. 비즈니스 코치이자 저술가인 댄 케네디Dan S. Kennedy는 이렇게 말했다.

> 시간의 중요성을 깨달으면 시간에 대한 인식이 달라져 시간의 가치를 달리 보게 된다. 그리고 스스로 시간을 쓰는 방식을 다스리고 타인으로 인해 소비되는 시간을 관리하게 된다. 그래야 목표를 달성하고 잠재력을 최대한 발현할 가능성이 제법 커지기 때문이다. 아울러 자신의 시간이 어떻게 소비되거나 남용되는지, 어떻게 투자되거나 낭비되는지, 어떻게 체계적으로 관리되거나 무질서하게 흘러가는지도 새로이 알게 된다.[5]

나는 함께 일하는 사람들에게서 머릿속에 시계가 있는 것 같다는 말을 종종 들었다. 내가 항상 시간을 의식하고 또 노력의 성과를 극대화하기 위해 무엇을 해야 하는지 의식하며 산다는 말이다. 나는 시간이 쉬지 않고 나를 지나쳐 간다는 사실, 내가 살 날이 정해져 있고 내게 주어진 시간이 한정되어 있다는 사실을 똑똑히 알고 있다. 아무래도 다들 나이가 들수록 그 사실을 점점 뚜렷하게 인식하는 것 같지만, 우리에게 정해진 시간이 쉬지 않고 흐르는 현실은 열일곱 살 때나 일흔 살 때나 매한가지다.

자신에게 주어진 시간을 최대한 활용하고 싶다면 당신도 내가 꾸준히 실천하는 다음의 두 가지 원칙을 따르기를 권한다.

미리 소요 시간을 정한다

혹시 언제까지 이 일을 마치겠다고 시간을 정해 놓으면 보통 그 일을 마치는 데 꼬박 그 정도 시간이 걸린다는 사실을 알고 있는가? 예컨대 기사를 쓸 때 자신에게 일주일이란 시간을 주면 일주일 후에 기사가 완성된다. 하루를 주면 하루가 걸린다. '이 일은 두 시간 만에 끝내야 해'라고 생각하면 정말 두 시간을 채우게 된다. 사람을 만날 때도 마찬가지다. 그래서 미리 소요 시간을 정해야 한다. 나는 사람들을 만날 때 우리가 얼마 동안 같이 있을지 미리 알려 주고, 그 시간에 무엇을 완수하고 싶은지 밝힌다. 그러면 상대방도 시간을 의식해서 우선순위를 정하는데, 우리는 주어진 시간 안에 해야 할 일을 완수하게 된다.

이런 식으로 시간을 관리하는 법이 몸에 익으면 여러모로 유익하다. 우선은 소요 시간을 정하는 습관부터 들이자. 그렇게 되면 각 업무에 필요한 시간을 효율적으로 배분할 수 있게 된다. 또 그 일을 얼마나 빨리 끝냈을 수 있는지 알게 되어 사람들을 만나고 업무를 볼 때 효율적이면서도 현실적으로 시간을 관리할 수 있다.

마감 시한을 정하고 가시화한다

우리가 하는 많은 일이 시한이 정해져 있지 않다. 그러다 보니 그 일을 차일피일 미루게 된다. 나는 처리해야 하는 일이 있으면, 거의 예외 없이 자발적으로 마감 시한을 정해 놓는다. 이렇게 마감을 가시화하면 시간을 더 잘 의식하게 된다. 나는 매주 일정표를 보고 업무를 파악한 다음 스스로 시한을 정한다. 현재 시한이 정해져 있는 일로는 이 책을 완성하는 것, 이쿼에서 보조 교육자로 일하는 자원봉사자를 위한 교육 자료의 개발, 차기 존 맥스웰팀 코치 공인 행사에서 교육할 내용을 구상하는 것이다. 그리고 휴식과 재충전을 위한 시간을 계획하는 것도 시한이 정해져 있다.

나는 날마다 이런 시한을 마주한다. 종이에 써서 책상의 눈에 띄는 곳에 붙여 놓았다. 시한이 정해져 있기에 정신적으로 계속 움직이게 된다. 언젠가 친구가 "꿈나라를 서성이는 시간만큼 그 꿈을 실현하기 위해 노력할 시간을 잃어버리게 된다."고 말했다. 과연 그렇다. 극기력은 근육과 같아서 단련하면 할수록 더욱 단련이 잘된다. 미리 소요 시간과 시한을 정하는 습관은 극기력 있는 사람의 든든한 우군이다. 극기 역량과 시간 관리 능력이 놀라우리만큼 향상되리라 믿는다.

6. 고통스러워도 끝까지 버텨서 완수한다

나는 《꿈이 나에게 묻는 열 가지 질문》에서 '꿈을 꾸는 것은 무료지만 그 꿈으로 나아가는 여정은 유료'라고 썼다. 일반적으로 사람들이 꿈을 좇다 포기하는 이유는 그 꿈이 가치가 없어서가 아니다. 그들이 꿈을 포기하는 이유는 꿈을 이루기 위한 대가를 치를 용의가 없기 때문이다. 그 꿈을 실현하기 위해 날마다 극기력을 발휘하며 끝까지 버텨 낼 각오가 되어 있지 않기 때문이다. 성공하려면 아무리 고통스러워도 해야 할 일을 해야만 한다.

자기 관리는 우리를 끊임없이 전진하게 하는 연료다. 문제가 있어도 결코 포기하지 않겠다는 마음가짐과 다시 일어서는 힘, 끝까지 버텨 내는 힘, 그것이 바로 승자의 자질이다. 강연가이자 저술가인 토니 로빈스Tony Robbins는 "인생은 끊임없이 우리의 각오를 시험한다. 인생은 목표를 실현할 때까지 불굴의 각오로 끝까지 매진하는 사람들에게 가장 큰 상을 수여한다."고 말했다.

최근에 나는 젊은 리더들의 모임에서 일단 시작했으면 끝까지 완수하는 법을 익히라고 강조했다. 매일 아침 자기 자신에게 '오늘은 내가 해야 할 일을 끝내기 전까지 하루를 절대 끝내지 않겠다'고 말할 것을 권했다. 일단 시작한 일을 마무리하기 전에는 하루를 마무리하지 말라고, 아침에 스스로한테 한 약속을 지킬 만큼 자신을 존중하는 사람이 되라고 촉구했다. 나는 20대 후반에 교회의 규모를 키우겠다는 목표를 세우고 달성했다. 그 비결은? 한 주의 공식적인 직무가 다 끝나는 주일 오후가 되면 목사실로 들어가 전화기를 들었다. 내 목표는 다음 주에 지역사회 사람들을 만나는 약속을 열 개 잡는 것이었다. 그 목표를 달성하기 전에는 집에 돌아가지 않았다.

나라고 고단한 한 주를 끝내고 약속을 잡기 위해 전화기를 붙들고 있는 게 좋았을까? 절대 그럴 리 없다. 집에 가서 마거릿과 같이 있는 편이 훨씬 좋았다. 그래도 그렇게 했다. 장장 7년 동안 350번이 넘는 주일마다 내가 작정한 목표를 달성하는 과정에서 나 자신에 대한 존경심이 한층 커졌으니, 이는 우리가 얻을 수 있는 존경심의 절정이다. 그 과정에서 고통스러워도 끝까지 버티는 극기력도 길러졌다. 당신도 그럴 용의가 있는가? 그렇다면 극기 역량이 대폭 증가할 것이다. 그리고 열망하는 것을 이루게 될 것이다.

자신을 다스리지 않으면 인생을 다스릴 수 없다. 극기력을 키우지 않으면 역량을 극대화할 수 없다. 인생은 세월이 갈수록 더욱 바빠지고 복잡해진다. 그 반대 방향으로 가지 않는다. 당신도 잘 알 것이다.

나이가 들면서 인생의 속도가 얼마나 빨라지는지 말이다. 이제 아이들이 다 커서 손주가 다섯인 지금도 하고 싶은 일을 다 하기에는 시간이 부족하다. 백 살까지 살아도 꿈을 다 이루기에는 부족할 듯하다.

하루를 24시간 이상으로 살 수는 없는 노릇이다. 그러면 어떻게 해야 할까? 두 가지 방법이 있다. 하나, 극기 역량을 길러서 내게 '주어진' 시간을 최대한 활용한다. 둘, 다른 사람들과 협력한다.(여기에 대해서는 제19장에서 이야기하겠다.) 극기력을 기르려면 꼭 부자가 아니어도 된다. 꼭 천재가 아니어도 된다. 남다른 재능이 없어도 된다. 그저 집중력을 발휘해 끝까지 매진할 줄만 알면 된다.

극기 역량을 키우기 위한 질문

❶ 자기 관리는 시간과 우선순위가 만나는 영역이다. 매주 일정표와 해야 할 일 목록을 보고 모든 활동에 구체적인 시간을 배분하면 어떻게 될까? 그렇게 시간을 계획하는 데 시간이 얼마나 걸릴까? 그로 인해 시간이 얼마나 절약될까?

❷ 당신의 삶에서 어떤 변명이 '당연한' 것이 되었는가? 평소 자주 하는 변명의 목록을 작성하고, 이제부터 자기 관리 능력을 발휘할 수 있도록 각각에 대한 반론을 적어 보자.

❸ 당신은 끝까지 버텨서 업무를 완수했는가? 끝까지 완수하지 못하는 경우는 언제이며, 그 이유가 무엇인가? 거기서 어떤 패턴이 보이는가? 그럴 때 어떻게 하면 끝까지 밀고 나갈 수 있을까?

제14장

의도적으로 삶의 의미를 추구한다

사람들이 의도적으로 살 수 있게 돕는 것만큼 내가 강하게 열의를 느끼는 일도 없다. 인생을 업그레이드하려면 의도적으로 삶에 임해야 하기 때문이다. 의도 역량을 키우면 인생의 모든 것이 변화한다. 의도성이 커지면 인생이 단순히 성공하는 수준을 넘어 의미 있는 수준으로 올라간다. 그리고 그 단계에 올라서면 힘든 상황이나 역경에서도 다시 일어서는 힘을 쉽게 되찾는다. 그 방법은 잠시 후에 살펴보기로 하고 먼저 의도성에 대해 자세히 알아보자.

의도적인 삶의 핵심 요소 세 가지

나는 의도적인 삶에 대한 열정이 넘친 나머지 2015년에 《의도적인 삶》이란 책을 썼다. 책을 완성하고 나서 여기저기 다니면서 그런 삶을 가르쳤다. 그러면서 제8장에서 말한 오르막 꿈과 내리막 습관이라는 개념을 발전시켰다. 아울러 의도적인 삶의 핵심 요소를 세 가지로 정리할 수 있었는데, 지금부터 그 이야기를 해보겠다.

실천력 : 결심했다면 실천한다

인생은 예행연습이 아니다. 우리가 낭비하는 며칠, 몇 주, 몇 년은 절대 재공연할 수 없다. 인생에는 단 1회 공연만 있을 뿐이고, 우리가 하지 않은 일은 영영 하지 않은 채로 남는다. 당신은 어떤지 모르겠지만, 나는 산더미 같은 후회를 안고 인생을 마감하고 싶지 않다. 내가 시도하지 않은 것에 대한 후회의 목록을 만들며 사느니 차라리 시도했다 실패한 것의 목록을 길게 만들고 싶다. 나는 이 땅에서 내게 주어진 시간 동안 세상에 변화를 일으키며 살 작정이다.

인생을 마감할 때 긴 후회의 목록을 남기지 않으려면 어떻게 해야 할까? 실천적으로 살아야 한다. 너무나 많은 사람이 좋은 의도만 있으면 세상에 변화를 일으키기 충분하다고 생각한다. 실제로는 그렇지 않다. 우리는 좋은 의도의 가치를 과대평가한다. 그러나 아무리 좋은 의도라도 사소한 실천에 비할 바가 못된다.

어렸을 때 아버지가 자주 내셨던 수수께끼가 있다. "통나무 위에 개구리 다섯 마리가 앉아 있어. 네 마리가 물속으로 뛰어들기로 결심했지. 그러면 통나무에는 몇 마리가 남아 있을까?" 한 마리라고 생각했으면 요지를 놓쳤다. 남아 있는 개구리는 그대로 다섯 마리다. 결심과 실천은 엄연히 다르다. 무언가를 성취하려면 결심을 실천으로 옮겨야 한다.

일관성 : 긍정적인 행동을 꾸준히 한다

의도적인 삶의 두 번째 특징은 일관성이다. 무엇이든 꾸준히 하는 행동은 그 효과가 점점 커진다. 그래서 만약 우리가 하는 행동이 부정적이라면 인생이 점점 더 나빠진다. 꾸준히 게으름을 피우면 게으름이 점점 더 심해진다. 꾸준히 험담하면 험담이 점점 더 심해진다. 버는 돈보다 쓰는 돈이 더 많으면 소비와 지출의 불균형이 점점 더 심해진다. 즉각적인 만족을 추구하면 그런 성향이 점점 더 심해진다.

반대로 우리가 꾸준히 하는 행동이 긍정적이라면 인생이 점점 더 좋아진다. 의도적으로 사는 연습을 하면 그런 태도가 점점 더 강해지면서 인생이 꾸준히 나아진다. 일관성은 책임과 마찬가지로 짜릿한 말은 아니다. 하지만 그 '결과'는 짜릿하다. 일관성을 오래 견지할수록 그 효과가 점점 커지는 '복리' 현상이 더 강해진다.

의지력 : 진취적이고 의도적인 인생을 선택한다

의도적인 삶이란 의지의 발로다. 의도적인 삶을 살려면 날마다 의도적으로 살겠다고 작심해야 한다. 대부분의 사람이 인생을 진취적으로 이끌어 가지 않고, 그저 주어지는 인생을 수동적으로 받아들인다. 하지만 나는 날마다 의도적으로 살겠다는 선택을 하고 싶다. 그리스

철학자 에픽테토스는 "아주 간단한 이치다. 뭔가를 하겠다고 했으면 해라. 뭔가를 시작했으면 끝을 봐라."라고 주장했다. 내가 당신에게 요구하는 것도 똑같다. 시작했으면 끝을 보자.

인생을 살면서 세상에 변화를 일으키고 싶은 마음이 얼마나 간절한가? 당신은 충분히 변화를 일으킬 수 있다. 변화를 일으키기 위해 전력을 다할 용의가 있는가?

성공하는 삶에서 의미 있는 삶으로

성공하는 삶에서 의미 있는 삶으로 넘어 가는 다리를 건너고 싶은가? 내가 그 다리를 건너는 여정을 시작한 계기는 예전에 비서 아일린 비버스_{Eileen Beavers}에게서 크리스마스 선물로 책 한 권을 받았을 때로 거슬러 올라간다. 《세상에서 가장 위대한 이야기》라는 제목을 보고 과연 어떤 이야기가 펼쳐질까 하는 기대감에 부풀어 책장을 넘겼다. 그런데 나를 맞은 것은 백지뿐이었다. 비버스가 책 속에 꽂아 놓은 쪽지에는 '존, 당신의 인생이 당신 앞에 놓여 있어요. 이 책장들을 선량한 행동, 좋은 생각, 진심 어린 말로 채워 보세요. 당신의 인생으로 위대한 이야기를 쓰세요'라고 적혀 있었다. 그날부터 나는 의도적으로 인생을 살며 그 이야기를 쓰기 시작했다.

《의도적인 삶》에서도 이 이야기를 했더니 한 직원이 그 부분을 읽고 나 역시 다른 사람들에게 비버스와 같은 영향을 미치면 좋지 않겠냐고 했다. 그래서 나는 사람들이 의도적인 행위를 기록할 수 있도록

'세상에서 가장 위대한 이야기'라는 다이어리를 제작했다. 그리고 그 안에 친필로 이렇게 썼다.

> 친구여,
> 세상에서 가장 위대한 이야기는 오로지 당신만이 쓸 수 있습니다. 나는 당신이 여기 빈 페이지를 사람들에게 가치를 더하는 선량하고 의도적인 행위로 채웠으면 좋겠습니다. 날마다 당신이 타인의 삶에 일으키는 긍정적인 변화를 기록하세요. 바로 지금부터 당신의 인생으로 위대한 이야기를 쓰세요.
>
> 당신의 친구 존 맥스웰

나는 부디 사람들이 의도적인 삶을 통해 혼자만 변화를 체험하는 수준으로 그치지 않고 다른 사람들도 의미 있는 삶을 추구하도록 영향을 줄 수 있기를 간절히 바란다.

의도적이고 의미 있게 살기 위해 지켜야 할 수칙

의미 있는 삶의 핵심은 다른 사람들에게 가치를 더하는 것이다. 이는 오르막 여정이다. 왜? 우리는 본성이 자기중심적이기 때문이다. 원래 자기부터 생각하게 되어 있기 때문이다. 설마 싶다면 한 가지만 물어보자. 단체 사진을 받으면 가장 먼저 누구부터 찾아보는가? 판결 끝! 당연히 자기 자신부터 찾을 것이다. 우리가 모두 자기중심적이라는 증거다. 그런데 자기중심주의는 내리막이다. 의미 있는 삶은 오르막이다. 그러나 아무리 오르막이라 한들 나도, 당신도 분명히 그런 삶을 성취할 수 있다.

내가 사람들에게 가치를 더하기 위해 날마다 지키는 다섯 가지 수칙을 전수하고 싶다. 당신도 이 수칙을 매일 지킨다면 세상에 변화를 일으키는 삶을 살 수 있다. 그리고 그 즉시 당신의 인생이 의미 있게 느껴질 것이다.

1. 날마다 사람들에게 가치를 더한다

제6장에서 대인 역량을 설명하면서 사람들을 소중히 여겨야 한다고 말했다. 그것이 전제돼야 사람들에게 가치를 더할 수 있다. 내가 소중히 여기지 않는 사람에게 가치를 더해 주고 싶을 리 없으니 말이다. 그렇다면 왜 타인을 소중히 여겨야 할까? 그들이 인간이기 때문이다. 다른 이유는 필요 없다. 그들은 인간이다. 그래서 잘못을 저지른다. 틀린 말을 한다. 당신의 기분을 상하게 한다. 당신한테 함부로 대해서 딱히 사랑스럽지 않은 사람도 많을 것이다. 그래도 사랑하라.

혹시 내가 어떤 상황에서도 사람들을 소중히 여기고 선량하게 대하기 위해 어떤 방법을 쓰고 있는지 알고 싶다면 알려 주겠다.

내가 바라는 대로 남들에게 똑같이 한다

나 자신을 돌아보는 것만큼 타인에게 호의를 베풀게 하는 것도 없다. 나도 지금까지 살면서 한심한 언행을 참 많이 했다. 내가 잘못을 저지를 경우 다른 사람들이 내 어리석음을 눈감아 주고 나를 용서하고 호의를 베풀었으면 하는 마음이 간절하다. 그것은 내가 직접 할 수 없고 오직 그들만 할 수 있다.

그렇다면 나도 반대 상황에서는 똑같이 해주는 게 공평하다. 우리는 누구나 흠이 있고 잘못을 저지른다. 누구나 남에게 상처를 주고 타인의 호의가 필요하다. 복잡하게 생각할 것 없다. 남들이 내게 해줬으면 하는 것을 남들에게 똑같이 해주면 된다.

최악이 아니라 최고의 순간을 기준으로 사람을 평가한다

나라는 사람이 최악인 경우는 행하지 말아야 할 것을 행했을 때, 생각하지 말아야 할 것을 생각했을 때, 말하지 말아야 할 것을 말했을 때 등이다. 당신도 그렇지 않은가? 혹시 이 말에 공감이 되지 않는다면 더 읽을 필요도 없다. 이쯤에서 그만 읽고 상담 예약을 잡기 바란다. 당신이 자기 자신을 현실적으로 보려면 상담사의 도움이 필요할 테니까.

나는 나쁜 모습일 때도 있지만 좋은 모습일 때도 있다. 내가 행해야 할 것을 행하고, 생각해야 할 것을 생각하고, 말해야 할 것을 말하는 순간이다. 내가 나에 대해 그리고 당신에 대해 아는 것이 한 가지 있다. 다름 아니라 우리가 최고의 순간만큼 좋은 사람도 아니고, 최악의 순간만큼 나쁜 사람도 아니라는 사실이다. 나는 남들이 일단 나를 믿고 가장 좋은 모습으로 봐줬으면 좋겠다.

그래서 나도 남들을 평가할 때 그들이 최고의 모습을 보여 주는 순간을 기준으로 삼는다. 다른 사람들이 나를 그렇게 평가할 때마다 얼마나 고마웠는지 모른다. 그렇다면 나도 그들에게 최소한 그 정도는 해줄 수 있지 않겠는가.

사람들에게 성장하고 발전할 역량이 있다고 믿는다

내가 사람들에게 성장하고 역량을 키울 잠재력이 있다고 믿는 것은 잘 알고 있으리라 생각한다. 그런 믿음이 없다면 구태여 이 책을 쓰지 않았을 테니까. 내가 그런 믿음을 굳건히 유지하는 이유는 무엇일까? 나 자신이 얼마나 성장했는지 알기 때문이다. 아, 당신이 풋내기 시절의 내 모습을 볼 수 있다면 얼마나 좋을까. 그러면 당신도 엄청난 자신감이 생길 것이다. 나는 그다지 괜찮은 사람이 아니었다. 오랜 세월에 걸쳐 배우고 변화하고 연습하고 성장해서 지금에 이른 것이다.

나는 사람들이 성장할 수 있다고 믿기 때문에 그들을 있는 모습 그대로 소중히 여길 뿐만 아니라 앞으로 발전할 모습도 상상해 볼 수 있다. 이제 막 첫걸음을 뗀 사람들이 간혹 사고를 치는 모습을 보면, 나의 풋내기 시절을 떠올리며 빙긋 웃는다. 그들에게서 나를 본다. 그리고 그들에게 큰 잠재력이 있으니 소중히 여겨야 한다고 속으로 되뇐다.

남들에게 하찮은 사람으로 취급당할 때와 소중한 사람으로 존중받을 때 기분이 어떻게 다른지 당신도 잘 알 것이다. 당신이 어떤 대접을 받느냐에 따라 자신을 어떻게 생각하고 남들을 어떻게 대하는지가 달라진다. 우리가 상대방을 소중히 여기면, 거기에서부터 긍정적인 관계의 선순환이 시작되어 모든 사람이 더욱 살맛나는 인생을 살게 된다.

2. 날마다 사람들에게 가치를 더할 방법을 생각한다

고작 5분 동안 생각하는 것만으로 대인관계에서 큰 이득을 볼 수 있는 방법이 있다면 관심이 가는가? 이제부터 그 방법을 전수하려 한다. 나는 이 방법으로 나와 사람들이 절대 잊지 못할 추억을 만들고, 아이디어를 도출하고, 소중히 간직할 자원을 만들었다.

이렇게 하면 된다. 매일 저녁 5분씩 시간을 내서 내일 만날 사람들을 떠올리고 마음속으로 '내가 그들에게 무슨 말을 하면, 무슨 행동을 하면, 무엇을 주면 그 시간을 좋은 추억으로 만들고, 그들에게 가치를 더할 수 있을까?'라고 물어보자. 참 쉽지 않은가? 내가 장담하건대 이 방법만으로도 당신은 세상 사람의 99퍼센트와 차별화될 것이다. 매일 저녁 그런 생각을 하고 다음 날 아침 그것을 다시 검토하고 개선한다면 당신이 사람들의 삶에 얼마나 큰 변화를 일으킬 수 있는지 알고 깜짝 놀랄 것이다.

나는 되도록 매일 실천하려고 한다. 일례로 어제 우리 부부가 잭과 마샤 컨트리먼 부부와 저녁 식사를 했다. 잭은 제이 컨트리먼 기프트 북스J. Countryman Gift Books의 창립자다. 벌써 20년째 내가 책을 구상할 때 도움을 줄 뿐만 아니라 책의 출간과 유통 업무도 담당하고 있다.

그는 내 인생의 소중한 보물이다. 저녁 식사를 하기 전날 밤에 나는 5분 생각을 통해 컨트리먼 부부에게 가치를 더할 방법 세 가지를 마련했다. 식사 자리에서 먼저 우리가 같이 작업했던 책들을 거론하며 내가 작가로 성장하는 데 잭이 얼마나 큰 도움을 줬는지 말했다. 예를 들어 나는 잭 덕분에《최고의 나》를 출간할 수 있었다. 내가 왜 굳이 그 책 이야기를 꺼냈을까? 그 책의 아이디어를 제공한 사람이 바로 잭이란 사실을 잊지 않고 고마워한다고 알려 주고 싶었기 때문이다.

둘째로, 내가 그 두 사람을 존경하는 이유, 곧 그들의 학구열에 찬사를 보냈다. 내 행사에 참석할 때마다 그들은 맨 앞줄에 앉아 열심히 필기하며 강연을 들었다. 그들은 큰 성공을 거두었음에도 항상 뜨거운 학구열을 간직하고 있었다.

셋째로, 잭에게 또 다른 책을 같이 작업할 수 있는지 물었다. 여전히 그가 내 삶에서 힘이 되는 소중한 사람이라는 사실을 알려 주기 위해서다.

82세의 컨트리먼은 참 멋진 사람이다. 나는 헤어지면서 그를 꼭 끌어안았다. 안 그래도 특별했던 시간이 더욱 좋은 추억으로 남을 수 있었던 이유는 내가 그에게 가치를 더할 방법을 미리 생각해 갔기 때문이다. 세상에 변화를 일으키는 사람은 남들에게 가치를 더할 방법을 궁리한다. 당신의 하루 일정표를 보자. 어디에 갈 예정인가? 누구를 만날 예정인가? 다른 사람에게 어떻게 가치를 더할 수 있겠는가? 딱 5분이면 세상에 변화를 일으킬 기회를 무궁무진하게 발견할 수 있다.

3. 날마다 사람들에게 가치를 더할 방법을 찾아본다

작년에 내가 운영하는 비영리단체 이큅에서 그렉 브룩스_{Greg Brooks}가 사무국장으로 취임했다. 원래 그는 일반 직원이었다. 내가 그를 눈여겨본 이유는 뭔가 처리해야 할 일이 있으면 늘 가장 먼저 나섰기 때문이다. 사람들에게 가치를 더하는 일로 말하자면 그는 항상 1등이었다. 한번은 그에게 어떻게 그렇게 꾸준할 수 있는지 물어봤다. 그리고 절대 잊지 못할 대답을 들었다. "저는 항상 사람들을 도울 방법이 없나 찾거든요." 항상 길을 찾으려고 하니 찾을 수밖에!

나는 사람들을 돕기 위해 강연하고 글을 쓰는데, 항상 도움이 될 만한 아이디어나 정보를 찾아본다. 그게 기본적인 마음가짐이다. 당신은 어떤 마음가짐으로 하루하루를 사는가? 의도적으로 사람들에게 가치를 더할 방법을 찾는가? 혹시 아니라면 지금부터 그렇게 하면 된다. 이것은 역량 선택이다. 길을 탐색하는 쪽을 선택하면 길을 발견하게 되어 있다.

4. 날마다 사람들에게 가치를 더하는 행위를 한다

사람들을 도울 방법을 찾는 것만으로는 부족하다. 그 방법을 행동으로 옮겨야만 비로소 변화를 일으킬 수 있다. 의도적인 삶에는 의도적인 실천이 필요하다. 내가 하루를 잘 보냈는지 판단하는 기준이 무엇인지 아는가? 매일 밤 '오늘 다른 사람에게 가치를 더했는가?'라는 질문에 '그렇다'고 답할 수 있으면 하루를 잘 보낸 것이다. 내가 사람들에게 가치를 더할 때 가장 중요하게 여기는 목표는 그들이 스스로 할 수 없는 일을 해주는 것이다.

테레사 수녀는 "당신에게 오는 사람이 누구든 돌아갈 때는 더 기쁘고 행복해져 있게 하세요. 하느님의 자비를 보여 주는 자비의 화신이 되세요. 당신의 얼굴에 자비를, 눈에 자비를, 미소에 자비를, 따뜻한 인사에 자비를 머금으세요."라고 말했다. 우리 모두 그런 사람이 되고자 노력할 수 있지 않겠는가.

5. 날마다 사람들에게도 타인에게 가치를 더하기를 권한다

나는 의미 있는 인생을 살고 싶은 욕구, 세상에 변화를 일으키고 싶은 욕구만큼 인간에게 보편적인 욕구도 없다고 본다. 우리가 의도적인 행위로 도움을 주고자 하면 도움을 줄 만한 일이 도처에 깔려 있다. 그런데도 수많은 사람이 의미 있는 삶을 살지 않는다. 왜 그럴까? 해야 할 일을 '하는' 것은 해야 할 일을 '아는' 것보다 어렵기 때문이다. 그런 만큼 우리는 다른 사람들에게 실천을 권해야 한다.

젊었을 때 리더로서 내 목표는 사람들이 나를 따르게 하는 것이었다. 나를 따르는 사람이 많을수록 더 많은 일을 할 수 있다고 생각했다. 그렇게 사람들을 모으는 데 제법 성공하긴 했다. 하지만 어느 정도 시간이 흐르자 최고의 리더는 사람들이 자기 자신보다 큰 대의나 사명을 따르도록 권면하고 설득하는 사람임을 깨달았다.

지금의 나는 나를 따르는 사람을 모으지 않는다. 그 대신 의미 있는 삶을 가리켜 보이면서 사람들이 의도적으로 타인에게 가치를 더해 세상에 긍정적인 변화를 일으킬 것을 장려한다. 나는 그냥 성공하는 수준을 넘어 다른 사람들을 위한 유산을 남기고 싶다. 다른 사람들 '안에' 유산을 남기고 싶다.

최근에 앨런 멀럴리Alan Mulally 전 포드자동차 회장과 대화할 기회가 있었다. 지금 역량에 관한 책을 쓰고 있다면서, 그가 생각하는 역량은 무엇인지 물었다. 그는 "최대 역량을 발현하려면 다른 사람들을 섬기고 그 사람들에게 가치를 더해야 합니다."라고 대답했다. 과연 옳은 말이다. 의미 있는 삶은 당신에게서 시작되지만, 그 삶이 빛을 발하려면 다른 이들도 거기에 동참해야 한다.

사람들에게 가치를 더하겠다는 선택을 했으면 앞의 네 가지 습관만 기르지 말고, 다른 사람들에게도 똑같은 것을 권하는 다섯 번째 습관도 꼭 기르기 바란다. 그러면 뜻이 맞고 가치관이 맞는 이들이 힘을 합쳐 타인에게 가치를 더하고 세상에 변화를 일으키려 할 때 생기는 놀라운 변화를 체험하게 될 것이다.

한 국가 전체를 변화시키는 힘

당신이 사람들에게 가치를 더하기를 권하는 의미에서 한 사람의 사례를 이야기하고자 한다. 대단히 의도적인 삶을 살면서 세상에 변화를 일으키는 역량을 키워 가고 있는 사람이다. 그 주인공은 한 국가 전체에 영향력을 발휘하고 있는 개비 티스데일Gaby Teasdale이다. 티스데일은 공인 코치 중 한 명으로 파라과이 출신이다. 2013년에 그녀도 자원해서 과테말라에 원탁회의 진행자를 양성하러 갔다. 그리고 귀국할 때는 과테말레에서 일어난 일이 언젠가 파라과이에서도 똑같이 일어날 거라는 확신이 들었다고 한다.

이듬해 티스데일은 존 맥스웰팀 행사의 멘토링 강연에 참석했다. 내가 사람들의 책에 사인을 해주는 동안 줄을 서서 기다렸다가 나와 인사를 나눴다. 그러고 나서 가방에 손을 넣어 여권을 꺼냈다. 티스데일은 갖고 있는 종이가 그것뿐이라며 여권을 내밀고 "존, 저한테 내년에 화두가 될 단어를 적어 주세요. 여기에요."라고 말했다. 나는 여권 뒤쪽의 백지에 가장 먼저 떠오르는 단어를 적었다. '변혁'이었다. 그리고 사인을 했다.

나중에 듣자니 그녀는 그 단어로 인해 조국으로 가서 좋은 가치관과 의도적인 삶에 대해 가르치고 싶다는 생각을 하게 됐다고 한다. 그녀는 먼저 내 책《의도적인 삶》에 사인을 받아 파라과이 대통령에게 보내려 했지만 대통령과 친분이 없었다. 하지만 그 정도로 포기하지 않았다. 그녀는 백방으로 수소문한 끝에 대통령을 접견하게 해줄 사람을 찾아냈다. 그렇게 대통령을 만나서 책을 선물하고, 과테말라에서 체험한 일을 설명했다.

몇 주 후 나는 오라시오 카르테스 대통령에게서 좋은 가치관을 가르쳐 달라는 초청 서한을 받았다. 그렇게 변화의 물꼬가 트였다. 이후 2년 동안 티스데일과 팀 부부는 파라과이에서 다양한 사람, 기관과 관계를 형성하고 앞서 이야기했던 행사를 준비했다. 그 결과는 어마어마했다. 지금까지 파라과이의 수만 명이 더 나은 삶을 살 수 있도록 도움을 받았다. 이 글을 쓰고 있는 지금, 그녀의 노력이 어떤 결실을 맺을지 예측하기에는 너무 이르다. 하지만 수많은 사람에게 가치가 더해질 거란 말만큼은 확실히 할 수 있다.

티스데일은 자신이 이 모든 것을 주도했다고 자랑할 만도 한데 워낙 겸손한 사람이라 그렇게 생각하지 않는다. 그저 자신이 사랑하는 동포를 돕는 것뿐이라고 생각한다. 그녀는 "내가 남들보다 형편이 괜찮다면 '내가 어떻게 그들을 돕고, 그들에게 가치를 더하고, 그들에게 더 좋은 길이 있다는 것을 보여 줄 수 있을까?'를 고민해야 돼요."라고 말한다.

당신도 티스데일처럼 세상에 변화를 일으키는 존재가 될 수 있다. 굳이 한 국가 전체를 대상으로 삼지 않아도 된다. 그저 날마다 누군가를 도우려고만 해도 충분하다. 그게 바로 의도적인 삶이다.

의도 역량을 키우기 위한 질문

❶ 당신이 사람들에게 가치를 더하는 방식으로 가장 선호하는 것은 무엇인가? 아직 실행해 보지는 않았지만 당신에게 잘 맞을 것 같은 방식은 무엇인가? 언제부터 그 방식을 써볼 수 있겠는가?

❷ 지금부터 24시간 동안 어떻게 사람들에게 가치를 더하겠는가? 일정표를 보고 그 방법을 생각해 보자. 또한 매일매일 매 순간 사람들을 도울 기회가 있는지 살펴봐야 한다.

❸ 주변에 타인에게 가치를 더하라고 권할 만한 사람이 누가 있는가? 어떻게 하면 그 사람의 마음이 움직이겠는가?

제15장

어떤 상황에서도
긍정적인 태도를 유지한다

나는 태도의 힘을 굳게 믿는 사람이다. 나를 태도 신봉자라 불러도 좋다. 내 기억에 남들에게서 태도를 좀 고치라는 말을 들었던 적이 한 번도 없는 것 같다. 나 스스로 태도를 조정해야 하는 상황도 있긴 한데, 그럴 때는 남들이 눈치 채기 전에 해결하기 위해 각별히 신경 쓴다.

그런데 태도를 신봉한다고 해서 태도가 전부라고는 생각하지 않는다. 이전에도 그랬고 앞으로도 마찬가지다. 태도만 좋다고 무능함이 만회되지는 않는다. 태도만 좋다고 없던 기술이 생기지도 않는다. 태도만 좋다고 꿈이 다 실현되는 것은 아니다. 오로지 태도만으로 인생을 살 수는 없다. 하지만 태도로 인해 인생의 분위기가 결정된다. 만약 두 사람이 모든 면에서 동등하고 단 한 가지 태도만 다르다면, 보통은 태도가 좋은 사람이 인생을 성공적으로 그리고 즐겁게 산다.

　태도를 개선하겠다는 선택만큼 당신과 주변 사람들에게 긍정적인 영향을 강하게 미치는 변화도 없다. 당신의 태도 역량이 그다지 마음에 들지 않는다면, 그 역량을 개선하기 위해 다음과 같은 진실을 알아 두자. 큰 소리로 읽어 보면 좋겠다.

1. 나는 변화가 필요하다. 변화는 개인의 몫이다. 당신의 변화는 오로지 당신만이 일으킬 수 있다.
2. 나는 변화할 수 있다. 변화는 가능하다. 이미 많은 사람이 변화하지 않았는가.
3. 나는 변화에 대한 보상을 받을 것이다. 변화는 남는 장사다. 반드시 결실이 있다.

　태도는 당신 안에서 가장 유연하고 탄력적인 부분이다. 지금 당신이 몇 살이고 어떤 상황에 있든 마음만 먹으면 얼마든지 태도를 바꿀 수 있다.

긍정적인 내면의 대화가
긍정적인 태도를 이끈다

나는 태도를 조정해야 할 때 나 자신과 대화를 나눈다. 사실 나는 온종일 나 자신에게 꾸준히 태도를 지도한다. 왜? 좋은 태도를 갖추지 않으면 너무나 쉽게 낙심하기 때문이다. 성공하는 사람과 성공하지 못하는 사람의 가장 큰 차이는 실패, 문제, 역경을 어떻게 상대하고 설명하느냐에 달려 있다.

《긍정적 태도의 힘》The Power of Positivity에서 데이비스 구트먼Davies Guttmann은 사람들이 완전히 똑같은 상황에서도 전혀 다른 반응을 보일 수 있다고 기술했다.

두 학생이 똑같이 저조한 시험 성적을 거뒀다고 치자. 첫 번째 학생은 '난 구제 불능이야! 이 과목은 항상 엉망이잖아. 난 제대로 할 줄 아는 게 없어!'라고 생각한다. 두 번째 학생은 '이번 시험은 어려웠어! 그런데 어차피 한 과목에서 이런 점수를 한 번 받은 거잖아. 다른 과목은 잘하니까 됐어'라고 생각한다. 두 학생은 심리학에서 말하는 '설명 양식'의 두 가지 유형을 보여 준다. 설명 양식에는 그 사람이 최근 사건과 관련해 형성하는 세 가지 속성이 반영된다. 그 사건이 나로 인해 발생했는가,(내부성) 아니면 다른 사람이나 다른 요인에 의해 발생했는가?(외부성) 그 사건이 앞으로도 계속 내게 일어날 것인가,(불변성) 아니면 내가 그 원인에 변화를 줄 수 있는가?(변동성) 그 사건이 내 인생의 모든 면에 영향을 미치는가,(전반성) 아니면 일시적 현상인가?(국지성) 비관적인 사람은 문제가 내부적이고 불변하며 전반적이라고 생각하는 경향이 있고, 낙관적인 사람은 그 반대다.[1]

구트먼이 설명한 것이 바로 내면의 대화다. 비관적인 사람은 어떤 문제를 내부적이라고 생각할 때 자신에게 "이게 다 내 잘못이야."라고 말한다. 문제가 불변한다고 믿을 때는 "난 항상 이래."라고 말한다. 문제가 전반적이라고 여길 때는 "이게 내 인생의 모든 영역에 영향을 미쳐."라고 말한다.

혹시 당신도 그런 사람이라면 내면의 대화를 통해 설명 양식을 반대로 바꾸기를 권한다. 당신에게 어떤 일이 일어나면 그 일이 외부적이라는 점을 인지하자. 문제의 근원을 밝히고 자신에게 "이 일은 그것 때문에 일어났어."라고 말하자. 얼마든지 바뀔 수 있다고, 그러니까 지금 꼼짝없이 덫에 걸린 게 아니라고 생각하자. 자신에게 "이런 일이 다시 생기지 않도록 변화를 줄 수 있어."라고 말하자. 부정적인 일이 생겼다고 영원히 그 상태가 유지될 리 없다는 점을 명심하자. 자신에게 "이건 일시적 현상이야. 내 인생 전체에 영향을 미치지는 않아."라고 말해 주자.

긍정적인 내면의 대화는 내가 긍정적인 태도를 견지하기 위해 쓰는 기법 중에서 가장 중요하다고 할 수 있다. 뭔가가 잘못되면 나는 "어이쿠! 내 예상을 빗나갔군. 괜찮아. 내가 원했던 건 아니지만 헤쳐 나갈 수 있어. 나는 패배할 때보다 승리할 때가 더 많아. 세상에 패배 없이 사는 사람이 어디 있겠어. 자, 이번 경험에서 무엇을 배운 걸까? 무엇을 바꿔야 할까? 나를 도와줄 사람이 있나? 이번 일을 통해 난 더 발전할 거야. 괜히 한탄하지 말자. 어차피 이 또한 지나갈 테니까."라고 말한다.

가끔은 실패나 패배를 겪고 나서 내면의 대화가 최대 스물네 시간까지 이어지기도 한다. 그 시간을 통해 부정적인 감정의 응어리를 말끔히 처리해서 홀홀 털어 버리려 한다. 그렇게 해야만 하는 이유는 무엇이든 우리가 내보내지 못하는 것은 우리를 지배하기 때문이다. 그 시간에 실패나 패배를 통해 무엇을 배웠고, 더 나은 사람이 되기 위해 무엇을 바꿔야 하는지 명확하게 표현하려 한다. 아울러 내가 문제에서 벗어나기 위해 어떤 행동을 해야 하는지 파악한다. 왜냐하면 '대화' 만으로는 애초에 '행동'에서 비롯된 문제에서 벗어날 수 없다는 사실을 알고 있다.

긍정적인 태도를 위해 선택해야 하는 세 가지 행동

자신을 독려하는 행위는 어떤 상황에서도 긍정적인 태도를 선택하는 데 큰 도움이 된다. 자기 자신을 돕는 방법으로는 단연 최고다. 그러고 보면 매 순간 긍정적인 상태를 유지하기 위해 할 수 있는 근본적인 행동이 세 가지 있다. 이를 실천한다면 역경을 딛고 일어서기가 한결 수월할 것이다.

1. 겸손해진다

겸손한 사람은 역경에 직면했을 때 긍정적으로 반응하기가 훨씬 수월하다. 어떻게 하면 겸손해지는가? 예전에 "누구나 큰일을 할 수는 없다. 하지만 누구나 작은 일을 큰 사랑으로 할 수는 있다."는 조언을 들었는데 정말 마음에 와닿았다. 자신에게는 하찮게 보일지라도 타인에게 득이 되는 작은 일을 하면 겸손함을 기르는 데 도움이 된다. 더군다나 사랑을 담는다면 더욱 효과적이다.

얼마 전에 친구 로니가 노스캐롤라이나 주 산골에 있는 우리 별장에 포치porch를 지어 주다가 혹시 그 지역의 로터리클럽에서 강연을 해 줄 수 있냐고 조심스레 물었다. 로니는 로터리클럽의 열성 회원인데, 마치 잘못을 저지르고 사과하는 사람처럼 부탁했다. 모임이 소규모이다 보니 강연료를 줄 형편이 안 된다는 것이었다. 그러면서 내가 주로 큰 모임에서 강연하고 '큰돈'을 받는다는 것을 잘 안다고 했다.

그러고 나서 그냥 못 들은 걸로 해달라고 말할 기세였다. 그때 내가 얼른 끼어들어 "좋죠. 로터리클럽에서 강연하면 나도 좋은데요."라고 말했다. 내가 흔쾌히 승낙하자 그는 어쩔 줄 몰라 하며 내가 거절할 만하다고 생각했던 이유를 다시 읊었다. 나는 하고 싶어서 하는 거라고 말하고 그 약속을 지켰다.

얼마나 잘한 일인지 모른다. 나는 모임에서 사람들과 함께 종이 접시를 들고 줄을 서서 음식을 떴다. 모두 자리를 잡고 앉자 나는 이 테이블 저 테이블로 다니며 한 사람 한 사람 인사를 했다. 그러면서 작은 지역사회와 그곳 사람들에 대해 더 많이 알게 됐다. 그러고 나서 강연을 했는데 회원들의 반응이 아주 뜨거웠다. 강연을 마치자 회장이 감사의 표시로 지팡이를 증정했다.

그 지팡이는 지금도 우리 집 포치에 고이 모셔져 있다. 나는 자주 그 지팡이를 쳐다보고, 가끔은 손에 쥐고 들어 본다. 그러면 내가 강연을 처음 시작했던 시절이 새록새록 떠오른다. 그 시절이 있었기에 지금의 내가 있고, 지금 내가 하는 일을 할 수 있다. 또 친구들에게 강연하는 것은 내 소명을 또 한 번 실천하는 기회이기도 했다. 그 지팡이 덕분에 내가 누구인지 기억할 수 있다. 나는 그들의 친구가 되어 그들을 돕고 싶어 하는 존이라는 사람이다.

2. 항상 배움을 추구한다

나는 남아공 지도자 넬슨 만델라를 깊이 존경한다. 그의 태도와 리더십을 존경한다. 로벤 섬에서 옥살이를 한 18년을 포함해 총 27년간의 수감 생활을 이야기할 때 만델라는 "인생에서 가장 좋은 시절을 잃어버린 것은 비극이지만, 그 속에서 많은 것을 배웠습니다."라고 말하곤 했다. 얼마나 훌륭한 안목인가. 우리가 올바른 마음가짐만 견지한다면, 어디에서도 배울 점이 있다는 생각으로 모든 경험을 값지게 여겨야 한다.

젊었을 때 나는 리더로서 항상 그런 마음가짐이었던 것은 아니다. 더 나은 사람이 되기보다 체면을 세우는 데 열중했다. 배우기보다 가르치기를 더 좋아했다. 항상 배움을 추구하는 사람이 아니었다. 그 시절에 "내가 한 치의 의심도 없이 믿건대 승자가 되는 길은 많지만 패자가 되는 길은 단 하나, 실패한 후 실패 너머를 보지 않는 것이다."라는 카일 로트 주니어Kyle Rote Jr.의 말을 알았으면 얼마나 좋았을까 싶다.

나는 체면 때문에 실수를 은폐하고 실패를 외면했다. 그래서 중요한 교훈을 얻을 기회를 많이 놓쳐 버렸다. '전도서'에서는 '형통한 날에는 기뻐하고 곤고한 날에는 되돌아보라'라고 조언한다.[2] 이 말은 문제가 생겼을 때 배움을 추구하라는 뜻이다. 풋내기 리더 시절을 돌아보며 내가 저지른 실수를 생각하면 이런 결론이 나온다.

나는 실수를 충분히 저지르지 않았다. 완벽한 사람이 되고 싶었기 때문이다.

나는 실수를 충분히 인정하지 않았다. 완벽한 사람으로 보이고 싶었기 때문이다.

이제는 모두 옛날이야기다. 이후 배움에 대한 나의 열정은 성장 일로를 달렸다. 지금도 끊임없이 성장하고 있다. 나는 모든 사람과 모든 것에서 배우려 하기 때문에 그 모든 것에서 배울 수 있다. 이것이 항상 배움을 추구하는 자세다. 당신은 어떤가? 실수에서, 역경에서, 당신을 돕고자 하는 사람들에게서, 당신을 반대하는 사람들에게서 배울 준비가 되어 있는가? 항상 배움을 추구하는 것은 그 자체로 긍정적인 태도의 발현이며, 그로 인해 더욱더 긍정적인 태도가 길러진다.

3. 끝까지 버티는 뚝심을 기른다

긍정적인 태도를 견지하려면 뚝심을 갖고 부정적인 것에 휘둘리지 않아야 한다. 과거에 대한 분노로 시간을 보내면 그만큼 앞으로 나아가며 소망하는 일을 할 시간이 줄어든다. 나는 무엇이든 재빨리 털어 버려 감정의 응어리를 안고 살지 않는다. 마음속에 원한과 상처가 있으면 그런 감정에 압도될 공산이 그만큼 크다. 다른 사람이나 다른 무언가가 나의 성공이나 행복에 책임이 있다고 생각하는 사람은 성공할 수도, 행복해질 수도 없다. 우리는 거절과 거부를 당했을 때 오뚝이처럼 다시 일어나는 법을 배워야 한다.

작가라면 누구나 거절당하는 기분을 잘 알 것이다. 나도 거절이라면 남부럽잖게 당해 봤다. 출판사에서 초고를 다시 돌려보냈을 때는 작가로서 너무나 수치스러웠다. 그들은 교정을 보지도 않았다. 원고를 고스란히 돌려주면서 '다시 쓰세요'라는 취지의 말만 했다. 일반인들은 잘 모르겠지만, 책을 출판하는 것은 아무리 원고가 좋아도 탁구를 하는 것과 같다. 작가가 원고를 보내면 출판사에서 질문과 함께 원고를 돌려보낸다. 그러면 작가는 답변과 함께 원고를 수정해서 다시 보내고, 그러면 출판사에서 원고를 다시 검토한다. 이렇게 양쪽이 만족할 때까지 계속 원고가 오간다.

지금까지 거절당하고 다시 쓰고 고쳐 쓰기를 수백 번도 더 했지만, 여전히 거절에 적응이 안 된다. 그래서 누군가 거부당하고 차질이 생기는 것을 좋아한다고 말하면 참 신기하다. 나는 그렇지 않으니까. 나는 인정받고 환호받고 칭찬받고 기립박수를 받는 게 좋다. 하지만 항상 받고 싶은 것만 받지는 못한다. 여전히 거절에 익숙하지 않지만 거절을 잘 극복하는 방법은 알고 있다. 그 방법이란? 연습이다.

노스캐롤라이나의 농구 명감독 딘 스미스Dean Smith는 차질을 보는 관점이 훌륭했다. 그는 "모든 경기를 사느냐, 죽느냐 하는 문제로 보면 문제가 생길 수밖에 없어요. 많이 죽을 수밖에 없으니까요."라고 했다. 나는 이 말이 참 좋다. 뚝심 있는 사람들에게는 긍정적인 인생관이 있다는 것을 알기 때문이다. 그들은 지금의 역경이 일시적이라는 것을 잘 안다. 그들은 지금까지 많은 문제와 차질을 잘 극복하고 일어섰음을 기억한다. 그래서 또 극복하고 일어설 수 있다고 생각한다. 뚝심 있는 사람은 부정적인 경험에 미련을 두지 않는다. 오로지 그 경험에서 배울 수 있는 것에만 집중할 따름이다.

고등학교 때 농구 경기에 나가면 감독님이 "너희 자신에게 이길 기회를 쥐라."라고 말했다. 무슨 뜻이었을까? 상대가 아무리 막강해도 열심히 싸워서 3쿼터까지 점수를 비슷하게 유지하라는 말이었다. 그러면 4쿼터에 우리가 이길 기회가 생기는 셈이었다. 대학 미식축구 감독으로 크게 성공한 조니 메이저스Johnny Majors는 "대학 미식축구 경기의 80퍼센트는 4쿼터에서 승패가 갈린다."고 언급했다. 그의 계산에 따르면 다섯 번 중 네 번의 경기가 치열한 접전이 되어 마지막 15분의 플레이로 결판이 난다는 말이다. 그렇다면 최후의 15분이 될 때까지 어떻게 버텨야 할까? 뚝심으로 버텨야 한다. 뚝심에서 승리의 기회가 나온다.

흔히 시작이 반이라고 한다. 하지만 내 생각은 다르다. 혹시 경기 시작 1분 만에 버저가 울리고 선수들이 트로피를 받기 위해 일렬로 서는 경우를 본 적 있는가? 당연히 없을 것이다! 시작은 누구나 할 수 있다. 하지만 누구나 끝까지 버티는 것은 아니다.

균형 잡힌 시각으로 긍정성 유지하기

살다 보면 균형 잡힌 시각을 잃고 낙담에 빠지기가 얼마나 쉬운지 모른다. 우리는 한 번의 승리를 결승선으로 혹은 한 번의 패배를 무덤으로 보기 일쑤다. 그러나 사실 인생은 장기전이다. 야구로 치면 3만 회에 걸친 경기라고 할 수 있다.(하루에 1회씩 80년 이상을 산다.) 달리기로 치면 15만 킬로미터 경주다.(하루에 5킬로미터씩 달린다.) 무슨 말인지

감이 올 것이다. 아직 타석이 많이 남았고 거리가 많이 남았으니 균형 잡힌 시각에서 긍정성을 유지해야 한다.

특히 리더에게는 균형 잡힌 시각이 중요하다. 최근에 '결승선의 리더들'Finish Line Leaders이라는 팀을 컨설팅했다. 그 이름이 마음에 쏙 들었다! 그 자리에서 나는 결승선에 이르고자 하는 리더들이 균형 잡힌 시각을 유지할 수 있는 방법을 제안했다. 그 내용을 요약하면 이렇다.

- **접수** : 결승선에 이르려면 일단 경주에 참가해야 한다.
- **심사** : 사전에 팀원들의 자격을 심사하면, 이후 결승선에 도착할 가능성이 커진다.
- **태도** : 리더의 태도에 따라 팀이 경주에 임하는 분위기가 달라진다.
- **훈련** : 결승선은 절대 출발선에서 가깝지 않다. 결승선에 이르기 위한 훈련이 필요하다.
- **모범** : 리더가 먼저 적당한 속도로 달리며 완주하는 방법을 보여 줘야 한다.
- **신념** : 리더가 팀원들에게 경주를 잘 끝내자는 의욕을 꾸준히 심어 줘야 한다.
- **뚝심** : 어쩌다 보니 결승선을 통과하는 일은 절대 일어나지 않는다.
- **협동** : 리더 혼자 결승선을 통과하면 안 된다.
- **축하** : 결승선을 통과하는 팀원이 많아질수록 축하의 규모도 커진다.

따지고 보면 리더로서 우리의 바람은 팀원들을 도와서 함께 결승선을 넘고 다 같이 축하하는 것이다. 경주를 시작하고 빨리 달려서 결승선에 이르려면 긍정적인 태도를 유지하지 않는 이상 어렵다. 예나 지금이나 훌륭한 태도를 갖춘 사람이라면 무슨 일을 하든 그 일에 가치를 더한다고 생각한다. 리더들에게 태도의 중요성을 강조하는 이유도 거기에 있다. 그리고 그런 믿음을 뒷받침하는 통계 자료도 확보했다. 최근에《패스트 컴퍼니》Fast Company에서 컨설팅 회사 딜리버링 해피니스 앳 워크DHW, Delivering Happiness at Work에 대한 기사를 읽었다. 다음은 그 기사에서 발췌한 내용이다.

> 직원들이 행복하면 생산성이 증진돼 기업의 수익이 향상된다는 말을 들어 봤을 것이다. 그 효과가 어느 정도일까? 몇 가지 수치를 제시한다.
>
> · 수익성 33퍼센트 증가(갤럽)
> · 생산성 43퍼센트 증가(헤이 그룹)Hay Group
> · 매출액 37퍼센트 증가(숀 아처)Shawn Achor
> · 혁신성 300퍼센트 증가(HBR)
> · 이직률 51퍼센트 감소(갤럽)
> · 안전사고 50퍼센트 감소(배브콕 마린 클라이드)Babcock Marine Clyde
> · 병가 66퍼센트 감소(포브스)
> · 번아웃 증후군 125퍼센트 감소(HBR)
>
> 이상은 DHW 임직원 20명이 작성한 자료인데, 그들이라면 그럴 만도 하다. DHW는 재포스Zappos의 토니 시에Tony Hsieh가 일과 삶의 균형, 가치 중심 경영의 이점을 역설하는《딜리버링 해

피니스》_{Delivering Happiness}를 출간한 후 젠 림_{Jenn Lim}과 공동으로 설립한 스타트업이기 때문이다.³

당신이 리더라면 태도의 중요성을 절대 간과해서는 안 된다. 리더가 아니더라도 마찬가지다. 태도가 올바르지 않으면 인생에서 그 무엇도 올바르게 행하는 게 어렵다.

세상이 보낸 쓰레기를 음악으로 바꿔놓다

역경 속에서 빛을 발하는 긍정적인 태도의 위력을 가장 잘 보여 주는 예는 카테우라 재활용 오스케스트라의 이야기가 아닐까 싶다. 그들은 파라과이 랜드필 하모닉 오케스트라라고도 불린다.

나는 그들을 핀란드 헬싱키에서 처음 만났다. 내가 연사로 참석한 행사에서 내 강연 직전에 그들의 연주회가 있었다. 청중들은 그들이 여타 오케스트라와 다르다는 것을 한눈에 알 수 있었다. 연주자가 거의 다 어린이라는 점 말고도 악기가 전부 파라과이 아순시온의 매립장에서 나온 쓰레기로 만들어졌다는 점이다. 고달픈 삶을 살아온 아이들이 연주하는 아름다운 선율에 우리 모두 넋을 잃고 빠져들었다.

나는 그들과 함께 사진을 찍을 수 있어 뿌듯했고, 그들이 선사한 멋진 추억은 한동안 머릿속을 맴돌았다. 몇 달 후 파라과이에 갔을 때 매립장 근처에 있는 작은 음악 학교를 방문했다. 그곳에서 오케스트라의 창립자이자 지휘자인 파비오 차베스_{Favio Chavez}와 이야기를 나눴다. 쓰레기로 악기를 만드는 남성도 만났다. 그리고 학교 측의 노력으로 삶의 질을 개선하고 있는 각 가정의 이야기도 직접 들었다.

차베스가 그 학교를 세운 이유는 사람들을 돕기 위해서였다. 그는 사실 전문 음악가가 아니었다. 환경 분야의 기술자로 일하며 취미로 기타를 연주하는 정도였다. 그는 학교에 대한 이야기를 하면서 "조금 더 아는 사람들이 조금 덜 아는 사람들을 가르치는 거예요. 우리는 서로를 돕고 있어요. 세상은 우리에게 쓰레기를 던지고, 우리는 세상에 그것을 아름다운 음악으로 돌려주는 거죠."라고 말했다. 그뿐만 아니라 그들은 세상을 향해 훌륭한 태도의 가치도 입증해 보이고 있다.

흔히 가진 게 없으면 아무것도 할 수 없다고 한다. 하지만 그런 생각이 틀렸음을 차베스가, 아이들이 증명하고 있다. 그 작은 오케스트라의 단원들은 쓰레기 매립장 근처에서 살지언정 내면에는 훌륭한 태도를 간직하고 있다. 악기를 연주하는 그들의 얼굴을 보면서 나는 작가이자 철학자요, 인권 운동의 기수였던 하워드 서먼Howard Thurman이 남긴 "세상에 필요한 게 무엇인지 생각하지 마십시오. 그 대신 자신이 무엇을 할 때 생명력이 넘치는지 생각하고 그 일을 하십시오. 세상에 필요한 것은 생명력이 넘치는 사람들이기 때문입니다."라는 말이 떠올랐다.

그 아이들한테 생명력이 넘치는 이유는 바람직한 태도로 역경을 극복했기 때문이다. 그들은 역경을 극복한 힘으로 다른 사람들에게 가치를 더하고 있다. 나는 이미 오래전에 태도가 선택의 문제라고 판단했다. 그 후로 나쁜 태도를 선택하는 사람들을 딱하게 여기지 않는다. 그저 내가 도와줄 수 있는 사람에게만 태도 역량을 키울 것을 권한다. 그리고 태도를 바꾸지 않으려는 사람은 되도록 피한다.

만약 형편이 좋아져서 태도가 좋아진다면 그것은 태도와 아무런 상관이 없다. 그저 상황이 바뀌었다는 방증일 뿐이다. 그렇다면 언제 진정으로 태도가 좋아졌다고 할 수 있는가? 어려움이 닥쳐도 긍정적인 태도가 유지된다면 태도 역량이 커졌다고 할 수 있다. 그러면 아무리 세찬 폭풍우가 몰아쳐도 꿋꿋이 버틸 수 있고, 폭풍우가 지나간 후에는 보다 나은 사람이 되어 있을 것이다.

 태도 역량을 키우기 위한 질문

❶ 당신이 하는 내면의 대화는 어떤 분위기인가? 내면의 대화를 주의 깊게 들어 본 적이 있는가? 그렇지 않다면 시간을 내서 귀를 기울여 보기 바란다. 어떻게 하면 자신에게 더 긍정적인 말을 할 수 있을까?

❷ 이 장에서 논한 겸손, 항상 배움을 추구하는 자세, 뚝심의 세 가지 영역에서 자신에게 점수를 매긴다면, 각각 몇 점을 주겠는가? 세 가지 중에서 가장 쉽게 개선할 수 있을 만한 것은 무엇인가? 지금 당장 어떻게 하면 그것을 개선할 수 있겠는가?

❸ 좋은 태도를 기를 때 행복해지고 생산성이 증가한다는 증거가 넘치는데도 사람들이 여전히 부정적인 태도를 선택하는 이유는 무엇일까? 어떻게 하면 다른 사람들이 긍정적인 태도를 기르도록 유도할 수 있을까?

제16장

안락 지대를 벗어나
위험과 새로움에 도전한다

역량에 관한 책을 쓰면서 어떻게 위험이라는 주제를 외면할 수 있을까. 시인 T. S. 엘리어트는 "위험을 무릅쓰고 저 멀리 나아가는 사람만이 자신이 얼마나 멀리까지 갈 수 있는지 알 수 있다."고 했다. 당신은 얼마나 멀리까지 나아갈 작정인가? 한계를 시험할 각오는 되어 있는가?

모든 사람이 태어날 때부터 위험을 무릅쓸 줄 아는 것은 아니다. 그런데 솔직히 말하면 나는 위험을 무릅쓰고 자신을 밀어붙이며 얼마나 멀리까지 나아갈 수 있는지 확인하는 것을 꽤 편안하게 여기는 편이다. 나는 새로운 땅에 들어서기를 좋아한다. 지금만 해도 일흔을 앞둔 나이에 가장 위험도가 높은 삶을 살고 있다. 많은 사람이 내게 제정신이 아니라고 한다. 가끔은 나도 그 말에 동의하고 싶어진다!

다시 크게 한 걸음 나아간다

내가 지금 어떤 삶을 살기에 위험도가 높다고 하는지 궁금할 것이다. 자초지종을 말하면 이렇다. 내가 운영하는 비영리단체 이큅이 20년째 전 세계에서 500만 명이 넘는 리더를 훈련하고 있다. 그 과정에서 전 세계 196개국 출신의 리더를 훈련하겠다는 커다란 목표를 세웠다. 2015년 6월 26일, 피지 근처의 키리바시라는 작은 섬나라에서 모든 리더를 훈련함으로써 그 기념비적인 목표를 달성했다. 현장에서 2,500명이 의미심장한 행사를 기념했는데, 그야말로 축제의 분위기였다.

그날이 내 리더십 인생에서 화룡점정이 될 수도 있었다. 내가 알기로 비영리단체가 그런 과업을 달성한 사례는 전무했다. 그때 나는 이만하면 됐으니 이제 편히 쉬자며 손을 뗄 수도 있었다. 하지만 절대 그럴 수 없었다. 우리가 그런 성과를 이룬 것이 기뻤지만, 또 한편으로는 그날의 축하 행사가 마지막 업적이 되어서는 안 된다고 생각했다. 더 밀어붙이고 더 위험을 무릅쓰며 무엇을 더 이룰 수 있는지 봐야 한다는 의무감을 느꼈다. 나는 전 세계에서 훈련 받은 리더들이 각자 조국에서 변혁을 일으키는 주체가 된다는 새로운 도전 과제를 받아들이기를 바랐다.

이렇게 새로운 프로젝트를 생각하니 '우리가 정말로 그 일을 이룬다면 어떻게 될까? 우리가 감히 그런 생각을 해도 될까? 꿈이 너무 거창한 것 아닌가? 우리가 이 일을 성사시킬 가능성이 얼마나 될까?' 하는 궁금증이 생겼다. 하지만 현실을 직시해야 했다. 우리가 아무리 열심히 리더들의 변화를 도와도 그들을 국가적인 변혁의 촉매제로 변신시킬 확률은 무척 낮았다.

하지만 나는 이전에도 위험성이 큰 모험을 이끌어 본 적 있었다. 그래서 내린 결론은 그 과업을 이끌려면 소명 의식이 필요하다는 것이었다. 그 정도의 큰일은 나 혼자 힘으로는 무리였다. 나를 위한 일이 되어서도 안 됐다. 하나님이 많은 사람들을 위해 내가 그 일을 하기를 원하신다는 믿음이 필요했다. 마침내 그런 소명에 대한 확신이 생겼다.

그다음으로, 다른 사람들이 나를 따르기를 진심으로 원하는지 생각해 봤다. 나는 그것을 진심으로 원했다. 설사 그 과정에서 차질, 실망, 예상치 못한 난관, 실패, 심지어 손해 등 악재가 생길 수 있는 가능성까지도 편안하게 받아들인다는 것도 확인했다. 그런 요인이 나를 규정할 수 없을뿐더러 진로에서 이탈하게 할 수도 없었다.

결정은 내려졌다. 나와 변혁의 리더들이 모인 우리의 작은 군단은 각 나라에서 국가적인 차원에서 변혁의 바람을 일으킨다는, 위험성이 큰 사명에 도전하기로 결단했다. 그렇게 해서 의미 있는 결과를 내면 좋은 일이고, 설사 실패하더라도 시도했다는 그 자체로 의의가 있을 것이다.(우리의 동정이 궁금하다면 http://iEQUIP.org에 접속해 보기 바란다.)

위험에 직면했을 때 당신이 취해야 할 태도

어쩌면 당신도 현재 위험한 과제에 직면해 있을 것이다. 위험성이 큰 프로젝트를 시작해야 할지, 말아야 할지 고민 중일 수도 있다. 뭔가 의미 있는 일을 하고 싶은 마음이 간절한 와중에 중대하지만 위험한 상황이 닥칠 것 같은 예감을 느끼고 있을지도 모른다. 그렇다면 당신의 기분이 어떤지 잘 안다. 나도 다 겪어 봤으니까.

반대로 당신은 평생 위험을 회피하며 살았고, 그런 태도가 결정적으로 자신의 발목을 잡고 역량을 제한했다는 사실을 깨달았을지도 모른다. 현재 당신의 상황이 어떻든 간에 이제부터 설명하는 내용이 위험과 관련해 현명한 결정을 내리는 데 도움이 될 것이다.

1. 위험성이 큰 순간에 현실은 우리의 아군이다

사업가이자 저술가인 막스 드 프리Max de Pree는 리더라면 무엇보다 현실을 규정해야 할 책임이 있다고 말했다. 이는 위험성이 큰 일을 하기로 마음먹었다면 누구나 마찬가지다. 큰 위험을 무릅쓸 때는 과대선전을 하거나 어떤 희망에 기대서는 안 된다. 그렇게 해서는 위험이 발산하는 열기를 버텨 내지 못한다. 큰 위험을 무릅쓸 때는 자신이 무엇을 상대하고 있는지 똑바로 인식하고, 최악의 시나리오를 상정하면서 현실을 직시해야 한다.

나도 국제적인 변혁 프로젝트를 시작하기로 결심했을 때 그렇게 현실을 파악했다. 그러고 나서 잠재적인 변혁의 움직임에 가담하고자 하는 사람들을 규합하기 시작했다. 나는 그들에게 그 프로젝트의 현실을 제대로 알려 줄 책임이 있었다. 앞서 말한 대로 나는 그들에게 이번 프로젝트의 성공 확률이 매우 낮다고 솔직히 밝혔다. 시종일관 오르막만 올라야 하는 여정이었다. 그 길에서 우리는 감당할 용의가 있는 것보다 더 많은 것을 감당해야 하고, 투입할 용의가 있는 시간보다 더 많은 시간을 투입해야 했다. 상상을 초월할 만큼 성과를 내기가 어려울 게 뻔했다. 그래도 우리는 시도해 보기로 했다.

내가 다른 사람들보다 위험을 더 잘 감수하는 이유는 죽음의 문턱까지 갔다 온 경험이 있어서인지도 모르겠다. 죽을 고비를 넘기는 경험만큼 인생을 현실적으로 느끼게 해주는 것도 없다. 스티브 잡스의 말을 빌리자면 이렇다. "자신이 언젠가는 죽는다는 것을 기억할 때 자신에게 잃을 게 있다는 생각의 덫을 가장 잘 피할 수 있습니다. 우리는 이미 무방비 상태입니다. 그러니 마음이 시키는 대로 하지 않을 이유가 어디 있습니까."

죽음은 언제든지 닥칠 수 있다. 우리는 영원히 살지 않는다. 우리가 진면목을 온전히 발휘할 시간, 잠재력을 충분히 발현할 시간은 제한되어 있다. 다만 얼마나 제한되는지 알지 못할 뿐이다. 그래서 우리는 자신을 위해서 또 사랑하는 사람들을 위해서 매 순간을 진정성 있고 치열하게 살아 갈 의무가 있다. 그러려면 현실을 직시하고 의연하게 위험을 감수해야 한다. 그것만이 우리가 자랑스럽게 남길 수 있는 유산이다. 위험을 평가할 때 현실을 똑바로 보려면 어떻게 해야 할까? 자신에게 다음과 같이 물어보면 된다.

- 나 말고 이전에 이런 일을 한 사람이 있는가?
- 상황이 얼마나 나빠질 수 있는가?
- 상황이 얼마나 좋아질 수 있는가?
- 일단 맛보기 삼아 한번 시도해 볼 수 있을까?
- 과오가 생길 여지가 있는가?
- 과거에 비춰 볼 때 도전해도 되겠는가?

- 이 일을 성취할 수 있을 만큼 추진력이 확보되었는가?
- 나 자신을 믿는가?
- 나의 팀을 믿는가?

더 많이 묻고 더 많이 대답할수록 더 정확하게 위험성을 저울질할 수 있다. 또 그런 위험을 감수하는 것이 현명한지, 어리석은지 판단하는 데 도움이 된다.

2. 안락 지대 밖에서도 편안함을 느끼는 법을 터득해야 한다

위험이란 웬만해서는 편안하게 느껴지지 않는 법이다. 위험은 우리에게 안락 지대에서 벗어날 것을 요구한다. 안락 지대를 벗어나야만 큰 위험을 무릅쓸 수 있다. 그러려면 어떻게 해야 할까? 내 경험에 의하면, 가치 있는 모든 일이 처음에는 죽을 만큼 무서웠다. 생애 최초의 강연? 엄청나게 겁났다. 생애 최초의 이사회 참석? 긴장해서 몸이 뻣뻣하게 굳었다. 생애 최초의 결혼식 주례? 하마터면 까무러칠 뻔했다! 무엇이든 처음 할 때는 잘하지도 못하고 겁도 잔뜩 집어먹었다. 어쩌면 겁이 나니까 잘할 수 없었는지도 모른다.

그렇게 수차례 공포와 불안에 압도당하면서 나는 두려움을 처리하는 절차를 마련해야겠다는 생각이 들었고, 실제로 그렇게 했다. 그렇다고 두려움을 완전히 퇴치하지는 못했지만, 지속적으로 위험을 감수할 수 있을 만큼 길들이긴 했다. 그 절차는 다음과 같다.

- 인식 : 나는 누구인가? 가치 있는 일을 시도하는 가치 있는 사람이다.

- 행동 : 무엇을 할 것인가? 기분이 어떻든 간에 내가 해야 하는 행동을 시작한다.
- 감정 : 어떻게 진행할 것인가? 행동이 감정을 자아내게 한다.

이 절차를 통해 감정에 굴복하지 않고 용기 내서 해야 할 일을 했고 나는 의지력으로 두려움을 극복할 수 있었다. 그렇다고 두려움이 완전히 나를 떠나지는 않았지만 더는 나를 휘두르지 못했다. 전문 작가인 스티븐 프레스필드가 "아마추어는 두려움을 제압해야만 된다고 생각하지만, 프로는 두려움을 절대 제압할 수 없다는 것을 안다."고 했는데 동감하는 바다.

두려움이란 본래 완전히 물리칠 수 없으니 적당히 상대하는 법을 터득해야 한다. 내 식으로 말하면 안락 지대 밖에서 안락해질 줄 알아야 한다. 위험에 직면한 상황에서 앞으로 걸음을 내딛으려면 감정과 의구심을 다스려야 한다. 과연 어떻게 그렇게 할 수 있을까?

남들한테 어떻게 보일까 걱정하지 마라

나는 먼저 내게서 초점을 거둔다. 내가 인생의 중심이 아니라는 사실을 항상 명심한다. 남들한테 어떻게 보일까 걱정해서는 안 된다. 사실 나도 처음에는 그렇게 하지 못해서 수년간 고생했다. 공개 강연을 시작했을 때만 해도 지적인 인상을 주려고 일부러 안경을 썼다. 그런데 안 써도 되는 안경을 쓰고 있으니 오히려 한심해 보일 뿐이었다. 메이저리그 명예의 전당에 헌액된 루 브록 Lou Brock 은 "남들한테 안 좋게 보일까 걱정하는 인간이라면 천 번, 만 번도 꺾을 수 있다!"고 말했다.

그러니 남들에게 안 좋게 보일까 걱정하지 말아야 한다.

패배를 피하지 않고 교훈을 얻는다

나는 타고나길 승부욕이 강한 사람이다. 이기는 것을 좋아하고 지는 것을 싫어한다. 예전에는 항상 승패를 따졌다. 되도록 지지 않으려하고 더 많이 이기는 데 혈안이 되어 있었다. 지금은 아니다. 지금은 패배를 피하지 않고 패배에서 교훈을 얻는다. 나 자신에게 '무엇을 배웠어?'라고 묻는다. 왜? 본래 승리보다 패배에서 배울 점이 많기 때문이다. 물론 패배에서 배우고자 하는 의지가 있을 때의 이야기다. 패배를 피하는 것이 아니라 교훈을 찾는 데 중점을 두면 위험을 편하게 여길 수 있다.

두려움이 아닌 꿈에 집중한다

내 인생의 영웅 중 한 명인 수정교회의 설립자 로버트 슐러Robert Schuller는 《성공은 끝이 없고 실패는 최종적이 아니다》에서 "다시 꿈꾸기 시작할 때 우리는 '바깥'에서 '안'으로 돌아가게 된다."고 했다.[1] 다시 말해 꿈에 집중하면 가슴이 하는 말에 100퍼센트 귀를 기울이게 된다.

3. 좋은 리더십이 성공의 가능성을 키운다

내가 한 말 가운데 가장 유명한 말은 '모든 것의 성패는 리더십에 달려 있다'가 아닐까 싶다. 위험에 직면한 순간만큼 이 말이 잘 들어맞는 때도 없다. 리더십의 크기는 위험의 크기와 동일해야 한다. 어려운 일을 시도하려면 좋은 리더십이 필요하다. 자신이 직접 그런 리더십을 발휘하던가, 아니면 사람들을 이끄는 데 도움을 줄 협력자를 찾아야 한다. 그리고 어마어마한 일을 시도하려면 리더가 많이 필요하다. 아무리 큰일을 시도해도 큰 리더십이 없으면 용두사미로 끝나는 운명을 피할 수 없다.

다시 풋내기 리더 시절로 돌아갈 수 있다면 얼마나 좋을까 싶을 때가 가끔 있다. 그때는 나를 아는 사람이 아무도 없었다. 내가 무엇을 하든 누구도 신경 쓰지 않았다. 내게 뭔가를 기대하는 사람도 거의 없었다. 내가 이끄는 프로젝트라고 해봐야 모두 규모가 작았기 때문에 실수를 저질러도 소문이 나지 않았다. 하지만 지금은 사람들이 나를 지켜보고 있다. 더욱이 예전보다 더 많은 사람이 나의 리더십에 의존하고 있다. 그들을 실망시키고 싶지 않다.

이제부터 당신이 큰 위험을 감수할 작정이라면, 그 과업을 완수하기 위해 현재 보유한 리더십 기술을 총동원해야 할지도 모른다. 가볍게 생각하면 안 된다. 리더로서 계속 성장해야 한다. 리더십 역량이 향상될수록 위험 역량이 향상될 가능성도 커진다. 그런데 이미 당신이 리더라면 사람들을 위해 위험 친화적인 환경을 조성해서 그들이 기꺼이 두려움을 다스리고 안락 지대 밖으로 걸음을 내디딜 수 있게 해야 한다. IMD 경영대학원의 댄 데니슨Dan Denison은 "미지의 세계를 상대하는 일은 언제나 큰 가치가 있다. 사람들은 그래도 괜찮다며 마음이 놓여야만 비로소 그곳으로 나아갈 수 있다. 그런 안전감을 조성하는 것이 리더의 몫이다."라고 말했다.

4. 위험성이 클수록 다른 사람들의 도움이 많이 필요하다

위험한 도전이 가져올 장밋빛 미래를 꿈꾸는 것은 즐겁지만, 현실 앞에서는 "사람 살려!"라고 목청이 터져라 소리를 지르게 될지도 모른다. 위험성과 규모가 큰 일일수록 많은 사람의 도움이 필요하다. 더욱이 그 일을 완수하려면 단순한 도움이 아니라 올바른 도움이 필요하다.

풋내기 리더 시절에 나는 무엇이든 혼자서 처리하려 했다. 그러다 리더십이 발전하면서 생각이 바뀌어 사람들을 팀으로 끌어들이기 시작했는데, 이번에는 이 사람 저 사람을 마구잡이로 가담시키려 했다. 그리고 모든 사람이 만족하기를 바랐다. 그렇게 해서야 여론 조사자지, 위험 감수자라고 하기 어려웠다. 내 문제는 실패를 두려워하는 마음이 아니라 남들이 나를 어떻게 생각할까 두려워하는 마음이었다. 어떻게든 좋은 사람으로 보여야 한다는 강박관념 때문에 혹시나 실패해서 안 좋게 보이면 어쩌나 하는 걱정으로 위험을 피하기 일쑤였다.

내가 이 문제를 바로잡기 시작한 계기는 친구에게서 "남들이 어떻게 생각할까 하는 걱정 좀 작작해. 남들은 널 보지도 않으니까!"라는 말을 듣고 나서였다. 나는 스스로를 극복해야 했다. 사람들의 의견보다 비전을 더 중시해야 했다. 그렇게 마음을 고쳐먹자 나라는 사람이 크게 발전했다. 위험을 감수하고 과업을 성취하는 역량도 증진됐다. 내게 도움이 되는 사람을 알아보고 끌어들이는 안목이 생겼다.

대중 운동은 대중에게서 시작되지 않는다. 그 시작은 항상 소수다. 단, 그 소수가 대중 운동을 일으킬 만한 사람들이어야 한다. 그런 사람들의 특징은 무엇인가?

도전을 좋아한다

승리자는 도전 앞에서 몸을 쭉 펴고, 불평자는 도전 앞에서 몸을 움츠린다는 게 내 지론이다. 우리가 큰일에 대한 비전을 제시하면, 그로 인해 사람들이 뭉치는 동시에 갈라진다. 역량이 크고 도전을 좋아하는 사람들은 모여들고 배포가 작은 사람들은 떠나간다. 비전의 크기에 따라 동참하는 사람들의 그릇도 달라진다. 그릇이 큰 사람들을 끌어들이고 싶은가? 그렇다면 다음과 같이 도전 의식을 자극하자.

구인 : 압박에 대한 저항력이 크고 세상에 변화를 일으키고자 하는 열망이 있는 사람.

보상 : 100퍼센트의 노력을 요구하는 신나는 모험, 인생을 마감할 때 느끼는 성취감. 현재 모집 중.

우리가 끌어들이고자 하는 사람이 이를 보고도 열의를 느끼지 않는다면, 그런 사람은 굳이 팀에 넣을 필요가 없다.

위험을 감수하고 대범하게 산다

넬슨 만델라는 "자신이 살 수 있는 것보다 못한 삶, 옹졸한 삶에 안주하면 열정이 생기려야 생길 수 없다."고 했다. 대범하게 사는 게 위험하다고 생각하는 사람도 있지만, 그보다 위험한 삶이 무엇인지 알고 싶은가? 절대 위험을 감수하지 않는 삶이다. 아무것도 하지 않으면 좋은 일이 절대 일어나지 않는다. 예전에 위험을 감수하지 않으려다 평생을 옹졸하게 사는 사람을 묘사한 짧은 시를 읽었다.

한사코 위험을 거부하던 그 사람

아무것도 시도하지 않으니

아무것도 웃을 일이 없고

아무것도 울 일이 없었지.

그러다 어느 날 그이가 하직하자

보험사는 보험금 지급을 거부했다.

그이는 진정으로 살아 본 적이 없으니

그이는 진정으로 죽은 것도 아니라나!

참 슬픈 이야기다. 대범하게 사는 사람들은 전혀 다르다. 그들은 뭔가를 시도해서 단번에 성공하더라도 또다시 더 어려운 것을 시도한다. 대범하게 사는 사람들은 위험을 기꺼이 감수한다는 확실한 공통점이 있다. 언젠가 우리가 개최한 행사에서 내 친구 빌 퍼비스Bill Purvis는 "이전에 한 번도 가져 본 적 없는 것을 갖고 싶다면, 이전에 한 번도 해본 적 없는 것을 기꺼이 할 수 있어야 합니다."라고 말했다. 당신이 큰 위험을 감수하는 일에 동참할 사람을 찾는다면 새로운 것을 기꺼이 시도하려는 사람, 아무리 어렵더라도 그럴 각오가 되어 있는 사람을 물색해야 한다.

스스로에 대해 잘 알고 자신에게 솔직하다

큰 위험을 감수하고 어려운 일을 시도할 때 필요한 사람은 자기 자신을 잘 알고, 자기 자신에게 솔직한 부류다. 그들은 자신이 어떤 일을 할 수 있는 능력이 있는지, 이제부터 도전하게 될 과업으로 인해 무엇이 달라질지 알아야 한다. 그리고 당신은 리더로서 그들이 그런 것을 확실히 알 수 있게 도와야 한다.

나는 최근에 많은 공인 코치들이 모인 자리에서 변혁을 주제로 강연을 했다. 우리가 파라과이에 가기로 결정하기 직전이었다. 나는 그들이 자신을 돌아보고 자신이 서 있는 자리를 평가할 수 있도록 뭔가를 하고 싶었다. 그래서 순간형 리더와 운동형 리더가 어떻게 다른지 이야기했다. 두 리더의 차이점을 정리하면 이렇다.

순간형 리더는 "이 일에 시간이 얼마나 걸릴까?"라고 묻는다.
운동형 리더는 "우리가 얼마나 멀리까지 나아갈 수 있을까?"라고 묻는다.

순간형 리더는 '위대한 일도 쉽고 빠르게 이룰 수 있어'라고 생각한다.
운동형 리더는 '가치 있는 것은 모두 오르막이야'라고 생각한다.

순간형 리더는 감정으로 인도하고 감정에 휘둘린다.
운동형 리더는 성품으로 인도하고 성품에 힘입는다.

순간형 리더는 내면보다 외형에 집중한다.
운동형 리더는 외형보다 내면에 집중한다.

그 자리에 모인 코치들은 대부분 운동형 리더십의 비전에 공감했고, 내가 이야기를 마치자 모두 일어나 환호했다. 그들은 출발할 준비가 되어 있었다! 그들은 세상에 변화를 일으키고 싶어 한다. 그리고 겉으로 드러나는 아름다움이 모두 내면에서 시작된다는 사실을 잘 알고 있다. 먼저 내면의 여행을 시작해야 외면의 여행도 시작되는 법이다.

설령 당신이 회사를 운영하지 않을지라도, 리더의 위치에 있지 않더라도 위험에 도전할 때는 타인의 도움이 필요할 수 있다. 그렇다면 당신과 뜻이 맞는 사람들, 그래서 당신을 도와 선뜻 도전에 응할 사람들을 찾자. 이로써 당신의 위험 역량은 대폭 향상할 것이다.

5. 위험을 감수하려면 개인의 용기가 필요하다

문필가 아나이스 닌Anais Nin이 "인생은 그 사람의 용기에 비례해 위축되거나 확장된다."고 했다. 역량을 확장하고 싶다면, 그래서 인생을 확장하고 싶다면 더 큰 위험을 감수할 각오를 해야 한다. 홀로 설 각오를 해야 한다. 남들이 하지 않은 일을 하기 위해 용기를 끌어 모아야 한다. 하지만 이때 단순히 위험하고 대담한 일을 하는 것 자체가 목적이 되어서는 안 된다. 그 일에서 얻을 수 있는 보상을 보고, 그 보상을 얻기 위해 행동에 나서야 한다.

영리하게 위험을 감수하면 당신 안에 있는 가능성이 확장되는 것은 물론 다른 사람들도 당신의 노력에 동참하고 싶어진다는 장점이 있다. 사람들은 용기 있는 자를 따른다. 남들이 모두 주저할 때 홀로 불의에 맞설 줄 아는 사람이 존경과 신망을 얻는다. 결국에는 다른 이들도 그 사람의 용기를 보고 주변으로 몰려든다. 벼랑 끝에서 살고 있지 않은 사람은 너무 많은 공간을 차지하며 살고 있다는 말이 있다. 위험은 인생에서 중요한 요소다. 출판 경영자 월터 앤더슨Walter Anderson

은 "우리가 운을 시험할 때만 인생이 개선된다."고 했다.

이제 당신은 어떻게 하겠는가? 브루스 바튼_{Bruce Barton}은 "눈부신 업적을 일군 사람들은 하나같이 자기 안에 현재 상황을 능가하는 잠재력이 있다고 믿었다."고 말했다. 당신은 위험 역량을 키울 각오가 되어 있는가? 실패할지언정 큰일을 시도해 볼 각오가 되어 있는가? 패배가 아니라 교훈을 셀 마음가짐이 되어 있는가? 안락 지대 바깥에서도 편안함을 느끼는 사람으로서 본보기를 보일 준비가 되어 있는가?

모두 쉬운 일은 아니다. 하지만 그럴 각오가 되어 있지 않다면, 시시한 일만 편하게 선택하는 사람이 될 것이다. 왜냐하면 큰일은 큰 위험을 감수할 각오가 되어 있어서야만 성취할 수 있기 때문이다.

위험 역량을 키우기 위한 질문

❶ 위험을 무릅쓸 준비를 할 때 현실을 얼마나 잘 직시하고, 가능성을 얼마나 잘 평가하는가? 만일 그 방면으로 부족하다면 상황 판단을 위해 누구의 도움을 받아야 할 것인가?

❷ 큰 위험을 무릅쓸 준비를 할 때 당신의 리더십과 당신을 도와줄 팀에 얼마나 신경 쓰는 편인가? 자세히 설명해 보자. 이 방면에서 발전하려면 당신에게 어떤 변화가 필요할까?

❸ 안락 지대 밖에서 불편함을 다스리는 법을 터득했는가? 두려움을 딛고 행동하는 법을 터득했는가? 아니면 위험한 곳에 들어서면 발걸음이 멈추는가? 이 방면에서 성장하려면 당신에게 무엇이 요구되는가?

제17장

하나님의 뜻을
믿고 나간다

나는 이번 장을 꼭 써야만 한다. 하지만 당신은 꼭 읽지 않아도 된다. 여기서 나는 하나님과 나의 관계를 이야기할 것이다. 믿음 역량을 생략하고 넘어갈 수 없는 까닭은 신앙과 관련된 선택이 내 인생의 모든 영역에서 역량을 키우는 지렛대로 작용했기 때문이다. 이 책에서 말하는 그 어느 선택보다도 신앙을 공고히 하겠다는 선택이 내 성장에 큰 밑거름이 되었다.

그러나 이 주제가 마음에 들지 않는다면, 말했다시피 이 장은 넘어가도 좋다. 그렇다고 내가 생각하는 당신의 가치가 떨어지는 것은 아니다. 내 친구 중에도 비기독교인이 많다. 나는 사람들을 색안경을 끼고 보지 않는다. 사람들을 사랑하는 마음에서 신앙을 이야기하지만,

신앙과 관련된 선택은 각자의 자유다.

먼저 이 이야기를 하고 싶다. 나는 해마다 12월이면 하나님께 내년 한 해를 위한 단어나 문구를 달라고 기도한다. 그 단어나 문구가 새로운 1년 동안 내 삶의 초점이 된다. 2016년을 맞아 내 마음에 다가온 문구는 '하나님의 공간'이었다. 그 두 단어를 생각하자 '에베소서' 3장 14~20절이 떠올랐다. 한 해 동안 나는 그《성경》구절을 길잡이 삼아 나와 사람들을 위해 기도했다.

당신의 믿음을 키우기 위한 기도

나는 당신도 그런 경험을 하길 바란다. 당신도 노력해서 높은 투자수익률을 거두기를 바란다. 당신도 대인관계가 번성하기를 바란다. 당신도 앞으로 매년이 역대 최고의 해가 되기를 바란다. 그래서 나는 당신을 위해 기도한다. 구체적으로 당신의 믿음 역량 증진을 위해 '에베소서' 구절을 토대로 어떻게 기도하는지 이야기해 보려 한다.

1. 나는 당신이 하나님을 알기를 기도한다

'에베소서' 3장 14~17절 말씀은 이렇다.

나는 하늘과 땅에 있는 만물에 제 이름을 주시는, 위대하신 아버지 앞에 무릎을 꿇음으로 그분의 은혜에 응답합니다. 나는 아버지께서 그분의 영(육체의 힘이 아닌 영광스러운 내적 힘)으로

여러분을 강하게 해주셔서, 여러분이 마음의 문을 열고 그리스
도를 모셔들임으로써 그분이 여러분 안에 살게 해주시기를 간
구합니다.[1]

그리스도께서 내 안에 살기를 원하신다니 참으로 놀랍고 또 겸허
해지는 말씀이다. 나는 나라는 사람을 잘 알고, 가끔은 아무리 나라고
해도 같이 살기가 싫어질 때도 있다. 하지만 하나님은 나와 같이 살기
를 원하신다. 이 얼마나 아름다운 그림인가. 당신이 하나님에게서
1,000발짝 떨어져 있으면 하나님은 당신 쪽으로 999발짝 걸어오신다.
그리고 당신이 마음을 열고 하나님께 당신의 삶에 들어와 달라고 청
하기를 기다리신다. 하나님은 당신이 하나님과 관계 맺기를 원하신다.

나는 그 한 발짝을 내디뎠다. 그렇게 하나님을 친밀히 알고 지낸 지
벌써 53년째다. 나와 하나님의 관계는 내 인생에 일어난 모든 좋은 일
의 촉매제였다. 내가 가장 좋아하는 성경 구절은 '예레미야' 9장 23절
'지혜 있는 자들은 자기 지혜를 자랑하지 마라. 영웅들은 자기 공적을
자랑하지 마라. 부유한 자들은 자기 부를 자랑하지 마라. 자랑을 하려
거든, 내 뜻을 알고 나를 아는 것, 오직 그것만을 자랑하여라'이다.[2]

이 말씀을 읽으면 빙긋 웃음이 난다. 많은 사람이 내게 조언을 구
하러 온다. 내가 리더십과 관련해 몇 번 두드러진 업적을 이룬 것도 사
실이다. 경제적으로도 축복을 누렸다. 책도 수백만 권이나 팔렸다. 하
지만 그중 어느 것도 하나님을 알고 하나님과 날마다 관계를 맺는 것
에 비할 바가 못된다. 하나님은 내 인생 최고의 선물이자 최고의 친구
다. 그래서 사람들이 내가 아는 사람 중에 자신이 꼭 알아야 할 사람이

누구인지 물으면 나는 "하나님을 아셔야 해요. 하나님이 내게 가장 좋은 친구예요."라고 답한다.

2. 나는 당신이 하나님의 사랑을 경험하기를 기도한다

'에베소서' 말씀은 이렇게 이어진다.

> 또한 나는 여러분이 사랑 위에 두 발로 굳게 서서, 그리스도께서 아낌없이 베푸시는 사랑의 크기를, 예수를 따르는 모든 이들과 함께 이해할 수 있게 해주시기를 간구합니다. 손을 뻗어 그 사랑의 넓이를 경험해 보십시오! 그 사랑의 길이를 재어 보십시오! 그 사랑의 깊이를 측량해 보십시오! 그 사랑의 높이까지 올라가 보십시오! 하나님의 충만하심 안에서 충만해져 충만한 삶을 사십시오.[3]

하나님은 우리가 역량이 충만해져 최고의 삶을 살기를 바라신다. 하나님은 우리가 최고의 삶을 살기를 진심으로 원하신다. 예수님은 "나는 그들이 생명을 얻게 하고, 그것을 풍요롭게 누리게 하려고 왔다!"[4]고 하셨다. 이 말씀을 읽으면서 쉼표를 의식했는가? 당신은 쉼표의 어느 쪽에서 살고 있는가? 원하는 만큼 풍요로운 삶을 살고 있는가? 그게 예수님이 주시는 삶이다. 예수님은 흘러넘치리만치 풍성한 사랑과 충만하기 이루 비할 데 없는 삶을 주신다.

테레사 수녀가 '가장 지독한 가난은 외롭고 사랑받지 못하는 것'이라고 말했다고 한다. 나는 이 말에 덧붙여 가장 경이로운 기쁨은 하나님과 관계를 맺고 하나님의 놀라운 사랑을 체험하는 것이라고 말하고 싶다. 그 사랑이 얼마나 놀랍기에? '에베소서' 말씀을 보며 우리에게 다음과 같은 일이 가능하다고 생각해 보자.

하나님의 사랑의 넓이를 경험한다

하나님의 사랑에 넓이가 있다는 말씀은 하나님의 사랑이 모든 사람을 아우른다는 뜻이다. 하나님은 모든 사람을 사랑하신다. 그 사랑은 신앙, 인종, 민족, 나이, 인생의 단계를 따지지 않는다. 《성경》에 '하나님께서 이 세상을 얼마나 사랑하셨는지, 그분은 하나뿐인 아들을 우리에게 주셨다. 그것은 아무도 멸망하지 않고, 그를 믿는 사람은 누구나 온전하고 영원한 생명을 얻게 하시려는 것이다'라고 나와 있다.[5]

나는 하나님의 조건 없는 사랑을 이야기할 때 종종 청중에게 큰소리로 이렇게 따라 말해 보라고 한다.

"하나님은 나를 사랑하십니다." 모두 이 말을 좋아한다.

"하나님은 당신을 사랑하십니다." 이 말도 모두 좋아한다.

"하나님은 내가 모르는 사람도 사랑하십니다." 이 말 역시 다들 좋아한다.

"하나님은 내가 싫어하는 사람도 사랑하십니다."

이 말을 따라 해보라고 하면 항상 머뭇거림이 감지된다. 그 말이 선뜻 마음에서 우러나지 않기 때문이다. 하지만 이 말은 진실이다. 친구여, 하나님의 사랑은 광대하다. 하나님의 사랑은 우리가 좋아하기 힘든 사람까지도 모두 아우른다. 어쩌면 당신은 못마땅한 사람들을 떠올리며 '아무리 하나님이라도 그런 인간을 어떻게 사랑해?'라고 생각할지도 모른다. 문필가 루이스 교수의 말을 빌려 답하면 "하나님이 우리를 사랑하시는 이유는 우리가 사랑받을 만한 사람이어서가 아니라 하나님이 곧 사랑이시기 때문이다."라고 하겠다.

여기서 잠깐 읽기를 멈추고 자신에게 '하나님은 나를 사랑하신다' 라고 말해 보자. 어쩌면 이전에는 그런 생각을 한 번도 해본 적이 없을지 모른다. 하지만 잊지 말자. 이 말은 진실이다.

하나님의 사랑의 길이를 경험한다

하나님은 우리에게 그 사랑의 길이를 재어 보라고 하신다. 그 길이가 얼마나 되기에? 무한대다! 하나님의 사랑에는 끝이 없다. 더군다나 하나님의 사랑은 나나 당신에 의해 결정되지 않는다. 하나님은 우리를 있는 그대로 사랑하신다. 하나님은 우리가 어떤 사람이 되고 싶어 하는지 혹은 어떤 사람인 척하는지와 상관없이 지금 모습 그대로의 우리를 사랑하신다.

하나님과 관계를 맺는 쪽을 선택하는 사람들은 하나님을 알고 또 하나님도 그 사람을 알아주신다. 예수님은 "내 양들은 내 목소리를 알아듣는다. 나는 내 양들을 알고, 내 양들은 나를 따른다. 나는 그들에게 참되고 영원한 생명을 준다. 그들에게는 파괴자의 손길이 결코 닿지 못할 것이다. 아무도 그들을 내 손에서 빼앗아 갈 수 없다. 그들을 내게 맡기신 아버지는 파괴자나 도둑보다 훨씬 크신 분이다. 아무도 그들을 내 아버지에게서 빼앗아 갈 수 없다."고 하셨다.[6]

당신은 어떨지 모르나 나는 이 말씀에 마음이 놓인다. 내가 컨트리 음악을 쓸 수만 있다면 이 말씀을 주제로 '하나님의 손은 한번 붙들면

놓는 법이 없지'라는 곡을 쓰고 싶다.

하나님의 사랑의 깊이를 경험한다

하나님의 사랑의 깊이를 측량해 보라는 말은 무슨 뜻일까? 우리가 아무리 아래로 내려가도 하나님의 사랑은 그보다 더 깊다는 의미다. 하나님은 용서하시는 분이다. 우리 중 많은 사람이 죄악 역량으로 인해 자신도 원치 않았을 만큼 낮은 곳으로 내려가 있는 것은 안타까운 일이다. 하지만 좋은 소식이 있으니, 그보다 하나님의 용서 역량이 더 크다는 사실이다. 하나님은 우리 죄를 용서하시는 것은 물론 그 죄를 잊어버리기까지 하신다. 하나님은 "내가 그들의 잘못을 너그럽게 보아 주겠고 그들의 죄를 더 기억하지 않으리라."고 하셨다.[7] 만세!

하나님과의 관계에서 우리는 어찌 보면 아버지와 숨바꼭질하는 어린아이와 같다. 꼬마가 나무 뒤에 숨자 아버지가 큰 소리로 "크리스토퍼 어디 있지? 크리스토퍼 못 찾겠네!"라고 말한다. 그러자 꼬마가 "여기야, 아빠. 여기 나무 뒤에!"라고 소리친다. 우리도 대부분 이렇게 오락가락하는 처지가 아닌가? 하나님에게서 숨어 놓고 또 하나님과 관계 맺기를 간절히 열망한다.

하나님의 사랑의 높이를 경험한다

하나님의 사랑의 높이까지 올라가려면 하나님에 의해 고양되는 것밖에 방법이 없다. 세상에 하나님만큼 우리를 들뜨게 하는 존재는 없다. 나는 그런 경험을 열일곱 살 때 처음 했다. 하나님께 내 인생에 들어오시길 청하고 사흘이 지났을 때 내 안에서 구원의 고양감이라고 할 만한 감각을 체험했다. 그런 체험이 일어난 시점은 '고린도후서' 5장 17절 '누구든지 그리스도 안에 있으면, 그는 새로운 피조물입니다. 옛 것은 지나갔습니다. 보십시오, 새것이 되었습니다'라는 말씀을 읽었을 때였다.[8]

그날 학교에 가는데 하나님의 사랑으로 내가 붕 떠 있는 기분이었다. 이는 그리스도를 따르는 사람들이 모두 체험하는 현상이다. 하나님의 아낌없는 사랑을 체험하면 이렇게 삶이 고양된다. "믿는 사람에게는 모든 일이 가능하다."는 말은 노먼 빈센트 필Norman Vincent Peale 이 아니라 예수님이 가장 먼저 하셨다.[9] "하나님께서 함께하시면 모든 일이 가능하다."는 말도 로버트 슐러가 아니라 예수님이 가장 먼저 하셨다.[10] "깨알만 한 믿음만 있어도 (중략) 감당하지 못할 일은 아무것도 없다."는 말 역시 토니 로빈스가 아니라 예수님이 가장 먼저 하셨다.[11]

하나님은 당신이 역량을 최대한 발휘하기를 바라신다. 하나님은 계획을 갖고 당신을 창조하셨고, 그 계획을 완수하는 데 도움이 되는 재능을 주셨다. 당신이 허락하기만 하면 하나님이 당신에게 그 누구도 줄 수 없는 고양감을 선사하실 것이다. 하나님께는 우리의 모든 의문과 의심에 대한 확답이 있다. 내 친구 맥스 루케이도Max Lucado가 《하나님의 음성 우리의 선택》에서 당신과 나를 향한 하나님의 마음을 아주 잘 묘사했다.

만일 하나님이 냉장고를 갖고 계시다면 당신 그림을 그 위에 붙여 놓으실 것입니다. 만일 그분에게 지갑이 있다면 당신 사진을 그 안에 넣어 두실 것입니다. 그분은 봄이 되면 당신에게 꽃을 보내시고 아침마다 태양을 보내십니다. 그분은 당신이 이야기하고 싶을 때마다 들으실 것입니다. 그분은 우주 가운데 어디에서나 계실 수 있으며, 당신의 마음을 움직이십니다. 더군다나 그분은 당신에게 베들레헴으로 크리스마스 선물을 보내시지 않았습니까? 친구여, 그 사실을 받아들이십시오. 그분은 당신에게 열광하고 계십니다.[12]

이보다 더 좋은 설명이 어디 있을까.

3. 나는 당신이 하나님께서 당신의 인생에서 위대한 일을 하시는 것을 허락하길 기도한다.

친구여, 마음을 단단히 먹으라! 이제 곧 역량에 대한 역대 최고의 명문을 읽게 될 테니까. 이로써 당신을 위한 내 기도의 토대가 되는 '에베소서' 말씀이 완성된다.

여러분도 알다시피, 하나님은 무엇이든지 하실 수 있는 분입니다. 하나님은 여러분이 꿈에서나 상상하고 짐작하고 구할 수 있는 것보다 훨씬 많은 것을 주실 수 있는 분입니다! 하나님은 밖에서 우리를 강요하심으로써가 아니라 우리 안에서 활동하심으로, 곧 우리 안에서 깊고 온유하게 활동하시는 그분의 영을 통해 그 일을 하십니다.[13]

이 말씀은 진실이지만 오로지 당신의 믿음을 통해서만 효력이 발휘된다. 예수님은 "너희가 믿는 대로 될 것이다."라고 하셨다.[14] 나는 이를 신앙 인자라 부른다. 역량에 영향을 미치는 인자 중에는 출신, 민족, 나이, 재능처럼 우리가 어쩔 수 없는 요인이 많다. 이는 모두 하나님의 주권으로 결정된다. 하지만 우리가 선택할 수 있는 중요한 인자가 하나 있다. 바로 하나님을 얼마나 믿기로 선택하느냐다. 하나님은 신앙에 제한을 두지 않으신다. 신앙도 하나님에게 제한을 두지 않는다.

앞서 언급했듯이 2016년에 내게 다가온 문구는 '하나님의 공간'이었다. 현재 나는 그 두 단어로 나의 신앙을 표현한다. 하나님의 공간이란 무슨 뜻인가? 위의 '에베소서' 말씀으로 설명해 보겠다.

하나님의 공간은 오롯이 하나님을 위한 곳이다

"여러분도 알다시피 하나님은 무엇이든지 하실 수 있는 분입니다."

이 말은 분명히 나나 우리에 대한 진술이 아니다. 하나님에 대한 진술이다. 이로써 우리가 하나님에 대해 품는 기대의 기준선이 까마득히 올라간다. 우리는 우리가 할 수 있는 것과 하나님이 하실 수 있는 것 사이에 얼마나 큰 간극이 있는지 알아야 한다. 그것이 바로 하나님의 공간, 곧 오로지 하나님만 할 수 있는 일을 하시는 공간이다. 우리는 가능한 일을 한다. 하나님은 불가능한 일을 하신다. 여기서 하나님이 어떤 분인지 알 수 있다.

하나님의 공간은 나보다 크다

"여러분도 알다시피 하나님은 무엇이든지 하실 수 있는 분입니다.

하나님은 여러분이 꿈에서나 상상하고 짐작하고 구할 수 있는 것보다 훨씬 많은 것을 주실 수 있는 분입니다!"

훨씬 많다는 것은 도대체 얼마나 많다는 말일까? '조금' 많은 게 아니라 '훨씬' 많다니 그 규모가 어마어마해서 우리가 이해할 수 없는 차원이 아닐까 싶다. 그래서인지 '에베소서'의 저자는 우리의 이해를 조금이나마 돕기 위해 '여러분이 꿈에서나 상상하고 짐작하고 구할 수 있는 것보다 훨씬 많은 것'이라고 표현했다. 그래도 불가해하기는 마찬가지다.

하나님이 우리보다 얼마나 더 크신 분인지 감히 이해하려고 하지 말라. 어차피 불가능한 일이다. 무슨 말로도 그 근사치조차 표현할 수 없다. 하나님은 절대자이고 우리는 아니다. 지극히 간단한 이치 앞에서 우리는 겸허해진다.

어떻게든 이해해 보겠다고 끙끙대고 있으면 하나님이 내게 "존, 내 계획을 네 작고 보잘것없는 정신에 욱여넣어 달라고 하지 마라. 그러면 나는 네 사고력에 제한된 존재가 되지 않겠느냐. 나는 하나님이다." 라고 말씀하시는 기분이 든다. 만일 우리가 우리 힘으로 인생을 다 설명할 수 있고, 인생의 모든 문제를 해결할 수 있다고 믿는다면 하나님이 거하실 공간을 드리지 않는 것이다.

하나님의 공간은 내 안에서 오직 하나님만
가능한 일을 하시도록 자발적으로 내어드리는 자리다

"하나님은 밖에서 우리를 강요하심으로써가 아니라 우리 안에서 활동하심으로, 곧 우리 안에서 깊고 온유하게 활동하시는 그분의 영을 통해 그 일을 하십니다."

하나님은 우리에게 그 무엇도 강요하지 않으신다. 그분의 사랑마저도 강요하지 않으신다. 그저 우리에게 그 사랑을 온유하게 내미실 따름이다. 그리고 하나님이 우리 안에서 일하실 때는 오직 우리가 그분에게 그것을 허락할 때뿐이다. 그렇다면 이는 역량과 관련된 중대한 선택의 문제다. 그래서 우리는 모두 '하나님께 어느 정도로 공간을 내어드릴 것인가?'라는 간단한 물음에 답해야 한다. 하나님의 공간은 하나님의 사랑과 같아서 딱 우리가 원하는 만큼만 체험할 수 있다.

하나님의 공간은 설명할 수 없고 부인할 수 없다

하나님의 공간과 관련해 가장 놀라운 점은 하나님이 나와 당신처럼 평범한 사람에게도 그곳을 이용하도록 허락하신다는 사실이 아닐까 싶다. 그 결과 하나님은 우리와 함께 또 우리를 통해 놀라운 일을 이루신다. 이를 가장 잘 표현한 구절로 '고린도전서' 1장 26~31절을 꼽을 수 있다.

> 친구 여러분, 여러분이 이 그리스도인의 삶으로 부름 받았을 때, 여러분의 모습이 어떠했는지 잘 떠올려 보십시오. 나는 여러분 가운데서 가장 영리하고 뛰어난 사람, 상당한 영향력을 가진 사람, 상류층 집안 출신을 그다지 많이 보지 못했습니다. 하나님께서 '잘났다고 하는 사람들'의 그럴듯한 허세를 폭로하시려고 홀대받고 착취당하며 학대받는 사람들, 곧 '아무것도 아닌 사람들'을 일부러 택하신 것이 분명하지 않습니까? 그렇다면

여러분 가운데 누구도 하나님 앞에서 스스로 자랑할 수 없다는 것은 분명한 사실입니다. 우리가 그리스도인이 되어 누리는 모든 것(바른 생각, 바른 삶, 결백한 이력, 새로운 출발)은 예수 그리스도를 통해 하나님으로부터 주어진 것입니다. '자랑을 하려거든 하나님을 자랑하라'는 말씀 또한 바로 그 때문입니다.[15]

우리는 우리 자신 말고는 하나님께 드릴 것이 별로 없다. 하나님이 우리에게 원하시는 것은 능력이 아니라 기꺼운 마음이다. 지금 당신이 혼자 힘으로 무엇이든 할 수 있다고 생각하고 어떤 비밀스러운 능력의 보고를 찾고 있다면, 그만 멈추기 바란다. 그런 것은 존재하지 않으니까. 그보다는 하나님의 무궁무진한 자원에 집중하자. 하나님은 우리가 못하는 일을 하실 수 있다. 우리가 그 공로를 기꺼이 하나님께 돌리고자 할 때 하나님도 그 일을 기꺼이 하신다.

이상이 당신을 위한 내 기도다. 나는 앞으로도 계속 당신을 위해 기도할 것이다. 당신이 이 장을 읽어서 정말 기쁘다. 당신 앞에 하나님의 초대장이 놓여 있다. 하나님은 당신을 사랑하신다. 아직 그 사랑을 받아들이지 않았다면 이제 받아들였으면 좋겠다. 그러면 역량의 마개가 날아갈 뿐만 아니라 인생의 면면이 달라질 것이다. 혹시 아직 하나님을 모른다면 하나님이 당신을 위해 무엇을 하실 수 있는지 또 무엇을 하실지 모르고 있는 것이다.

믿음 역량을 키우기 위한 질문

1 지금까지 하나님을 어떻게 생각했는가? 이 장에서 읽은 내용이 당신의 신념과 일치하는가? 아니면 새로운 것을 배웠는가?

2 하나님이 조건 없이 당신을 사랑하시고 그 사랑이 어마어마해서 당신이 어떻게 해도 더 이상 커질 수 없을 거라는 내용을 읽으면서 어떤 기분이 들었는가?

3 당신에게 온 하나님의 초대장에 어떻게 응할 생각인가?

제18장

내가 얼마나 멀리까지
갈 수 있느냐에 집중한다

성장은 내가 큰 열의를 느끼는 주제이고, 그동안 성장에 관한 글도 무척 많이 썼다. 그래서 이 책에서는 다른 방식으로 접근해 보려 한다. 하지만 그전에 기초를 좀 닦아야겠다.

성장에 대한 견해에 큰 영향을 끼친 책 중 하나는 캐롤 드웩Carol Dweck이 쓴 《성공의 새로운 심리학》이다. 그녀의 연구 결과를 읽으면서 내가 이전부터 믿고 경험한 것 중 상당수가 사실임을 확인했다. 드웩은 사람들이 두 가지 마인드 세트 중 하나를 타고난다는 사실을 발견했다. 어떤 사람들은 고착 마인드 세트를 갖고 있다. 이는 지능, 성격, 창조력, 사교성 등 개인의 자질이 절대 바뀌지 않으며 평생 고정되어 있다는 신념이다. 반대로 성장 마인드 세트를 보유한 사람들도 있

320

다. 그들은 개인의 자질을 계발할 수 있다고 믿는다.

드웩의 연구 결과에 따르면 고착 마인드 세트를 갖고 있는 사람들은 끊임없이 자신의 가치를 증명하려 애쓴다. 그녀는 "지금까지 나는 강의실에서, 직장에서 그리고 인간관계에서 자신을 끊임없이 입증해보이겠다는 헛된 목표를 가진 사람을 너무나 많이 보아 왔다. 그들은 어떠한 상황에서도 자신의 재능과 개성 혹은 성격을 주변 사람들에게 확인시키려 한다. 그들은 모든 상황에서 다른 사람들의 평가를 의식한다. '성공할까? 아니면 실패할까?', '똑똑해 보일까? 아니면 바보처럼 보일까?', '나를 받아들일까? 아니면 퇴짜를 놓을까?', '승자처럼 느껴질까? 아니면 패자처럼 느껴질까?'"라고 기술했다.[1]

반대로 성장 마인드 세트를 가진 사람들은 탐구하고 계발한다.

이런 '성장 마인드 세트'는 자질이란 노력하면 언제든지 향상될 수 있다는 믿음을 바탕으로 한다. 사람들이 저마다 다른 재능이나 적성, 관심사 혹은 기질을 가졌더라도 응용과 경험을 통해 변화하고 성장할 수 있다는 믿음을 갖고 있다. 그렇다면 이런 마인드 세트를 가진 사람은 자신이 탁월한 존재가 될 수 있고, 적절한 동기부여나 교육을 받으면 아인슈타인이나 베토벤 같은 인물이 될 수 있다고 믿을까? 물론 그렇지는 않다. 하지만 그들은 개인의 진정한 잠재력은 알 수 없으며, 오랜 기간 열정을 갖고 땀 흘려 훈련하면 무엇을 성취할 수 있는지 예측하는 것은 무의미하다고 믿는다.[2]

다시 말해 개인의 역량에는 제한이 없다. 그러므로 자신의 역량을 얼마나 멀리까지 뻗칠 수 있는지는 직접 시도해 봐야 안다. 드웩은 사람들은 선천적으로 두 가지 성향 중 한쪽으로 기운다고 설명한다. 하지만 나는 고착 마인드 세트를 타고났어도 성장 마인드 세트의 생각과 습관을 받아들이면 달라질 수 있다고 생각한다. 드웩도 우리에게 선택권이 있다고 강조한다.

당신이 어떤 마인드 세트를 갖는다는 것은 곧 새로운 세상으로 들어간다는 것을 의미한다. 고착 마인드 세트의 세상, 즉 인간의 자질이 고착되어 있는 세상으로 들어가면, 성공은 자신이 똑똑하거나 재능이 많다는 점을 입증해 보이는 것이 된다. 당신 자신을 확인시키는 작업이라는 말이다. 또 다른 세상, 즉 자질이 언제나 변화하는 세상으로 들어가면, 성공은 새로운 무엇인가를 배우도록 당신 자신을 확장하는 일이 된다. 즉 당신을 성숙시키는 것이 성공이라는 말이다.

어떤 세상에서 실패는 '후퇴를 경험하는 것'이다. 좋지 못한 학점을 받고, 경기에서 패배하고, 직장에서 해고당하고, 대인관계에서 퇴짜를 맞는 것이 여기에 속한다. 이는 당신이 총명하지 못하거나 재능이 없다는 것을 의미한다. 또 다른 세상에서 실패는 '성장하지 못하는 것'이 된다. 당신이 소중히 여기는 목표에 이르지 못하는 것이 곧 실패다. 즉 당신이 잠재력을 충분히 꽃 피우지 못하고 있다는 의미다.

고착 마인드 세트의 세상에서는 노력이 아무런 의미가 없다. 노력은 실패를 의미하고 당신이 똑똑하지 못하거나 재능이 없다는 것을 뜻할 뿐이다. 만약 당신이 똑똑하거나 재능이 있다면 노력 자체가 필요 없다고 생각하는 것이다. 그 반면 다른 세상에 가면 노력은 당신을 총명하고 재능 있게 만드는 행위로 받아들여진다.[3]

당신은 어떤 세상에 살고 싶은가? 변화하고 싶은가? 당신은 변화할 수 있다! 내가 성장기에 만난 사람들은 대부분 고착 마인드 세트의 사고를 하고 있었다. 하지만 나는 그 세상으로 들어가지 않고 성장 마인드 세트가 있는 사람과 장소를 찾아야겠다고 생각했다. 그래서 찾기 시작한 것이 성장 환경이었다.

이번 장에서는 그런 환경의 특징을 이야기하고 싶다. 만일 당신이 고착 마인드 세트의 사고를 한다면 성장 환경에 들어가는 것이 변화, 성장, 적응에 도움이 될 것이다. 이미 성장 마인드 세트의 사고를 한다면 성장 환경에 들어감으로써 발전에 가속도가 붙어 빠르게 역량이 증진될 것이다.

현재 리더의 위치에 있다면 조직에 성장 환경의 특징을 직접 적용해 '조성'하면 팀원들이 발전하는 데 도움이 될 것이다. 몇 년 전 내가 캐나다의 ATB 파이낸셜에서 성장 환경에 관해 이야기하자 경영진은 직원들에게 그런 환경을 제공하기 위해 적극 나섰다.

성장 환경의 열 가지 특징

나는 그동안 다양한 환경을 연구하고 리더로서 수차례 직접 환경을 조성하기도 했다. 지금까지의 경험을 바탕으로 긍정적인 성장 환경의 특징 열 가지를 정리하면 다음과 같다.

1. 다른 사람들이 나보다 앞서 있다

현재 당신은 군계일학과 같은 존재인가? 그렇다면 그 자리는 당신이 있어야 할 곳이 아니다. 당신보다 앞서 있는 사람들을 찾아서 그들에게 배워야 한다. 나는 평생을 의도적으로 나보다 더 빠른 사람, 더 나은 사람, 더 영리한 사람, 더 큰 사람, 더 나이가 많은 사람을 찾아서 그들에게서 배우고자 노력했다. 나는 나보다 앞선 사람이 있을 때 크게 성장한다. 당신도 그럴 것이다.

최근에 피트니스 전문 기업 비치보디Beachbody에서 강연을 했는데, 나도 운동 수업을 받아 보기로 했다. 딱 봐도 123명의 참가자 중 내가 123위였다. 그래서 더 열심히 운동을 해야겠다고 다짐했다! 지난 몇 년 동안 나는 AT&T 프로-아마추어 골프 대회에 출전했다. 프로 골퍼들의 플레이를 유심히 보고 배울 점을 찾았다. 또 앨런 멀럴리 전 포드 자동차 회장 같은 유명 인사를 강연자로 초빙하면 맨 앞줄에 앉아 열심히 필기를 하며 듣는다.

나는 강연하기를 좋아하지만 여전히 가르치는 것보다는 배우는 편이 좋다. 답하기보다는 질문하는 쪽을 선호한다. 수영장으로 치면 어린이 구역보다는 수심이 가장 깊은 구역을 좋아한다고 하겠다. 나는 근접성의 원칙에 따라 내가 다음 단계로 발전하는 데 도움을 줄 만한 사람들 곁으로 간다. 그렇지만 그 사람이 나보다 얼마나 앞서 있는지는 가급적 생각하지 않는다. 괜히 비교해 봤자 기만 죽을 테니까. 그 대신 그들이 성공하기까지의 여정을 보고 귀감으로 삼는다.

그들이 멀리 갔으니 나도 멀리 갈 수 있다고 생각한다. 그들이 밟은 과정을 나도 밟기만 하면 되는 것이다. 나보다 나은 사람들과 어울릴 때마다 더 나은 사람이 된다. 그들과 경쟁을 벌인다면, 내가 못 이길 것이다. 그래도 괜찮다. 우리는 승리를 과대평가하고 성장을 과소평가하는 경향이 있다. 현재의 환경에서 당신보다 앞선 사람이 있는가? 아니라면 그런 사람을 찾아 나서야 한다.

2. 지속적으로 도전 정신이 생긴다

대부분의 사람은 하품을 하면서 잠에서 깬다. 하지만 나는 잠에서 깨서 마른침을 꿀꺽 삼키는 편이다. 매일 아침 내 앞에 큰일이 닥쳐 있음을 의식하기 위해서다. 이번 주만 해도 그렇다. 비영리단체 이큅에서 보조 교육자로 일하는 자원봉사자 150명에게 세계 각국에서 열리는 원탁회의를 도와 달라고 요청할 예정이다. 우리의 목표는 내년에 100만 명이 원탁회의에 참여하는 것이다. 나를 초월하는 목표다.

이번 주 후반에는 월스트리트 중역 800명을 대상으로 한 강연에서 경제적인 영향보다 정신적인 영향을 더 많이 끼쳐 줄 것을 부탁할 예정이다. 역시 나를 초월하는 목표다. 한 주의 마무리로 플로리다 서던 대학의 졸업 예정자들에게 노후가 아닌 지금 당장 중요한 사람이 되려면 어떻게 해야 하는지 이야기할 계획이다. 이 또한 나를 초월하는 목표다. 솔직히 이렇게 쓰는 것만으로도 마른침이 꿀꺽 넘어간다!

인생에서 큰 의의가 있는 일은 엄청난 시간과 노력을 요구하기도 한다. 그런 일을 성취해 가는 여정이 즐거운 이유는 끊임없이 새로운 것을 발견하기 때문이다. 새로운 것을 발견하고 습득할 때마다 그 여정을 계속 이어 갈 의욕이 생긴다. 그렇게 먼 길을 걷고 나서야 비로소 뒤를 돌아보고 자신이 무엇을 몰랐는지 깨닫는다. 그리고 이내 우리가 추구하는 것이 목적지에 도착하는 것이 아님을 알게 된다. 우리가 진정으로 바라는 것은 그 과정에서 경험하는 성장이다.

그리고 어느덧 그 여정에 빠져든다. 그 길에 종착지는 없다는 인식을 또렷이 품은 채 말이다. 그러면 '목적지까지 얼마나 걸릴까?'라는 의문이 사라지고 '내가 얼마나 멀리까지 갈 수 있을까?'를 생각하게 된다. 저술가 로버트 앤서니Robert Anthony는 "지식의 샘물을 꿀꺽꿀꺽 마시는 사람이 있는가 하면, 그 물로 입만 헹구는 사람도 있다."고 말했다. 당신의 역량은 어디쯤 와 있는가? 내 역량은? 잘 모르겠다. 하지만 내 역량이 증진될 거라는 사실만은 분명히 안다.

한때는 조니 와이즈뮬러Johnny Weissmuller가 세계 최고의 수영 선수로 꼽혔다. 그가 보유한 세계 기록만 50개가 넘었다. 의사와 코치들은 '누구도 그의 기록을 깨지 못할 것'이라고 했다. 그런데 누가 그의 기록을 깼는지 아는가? 열세 살 아이다! 도전 정신에는 언제나 당신을 발전시키는 힘이 있다.

3. 전진에 초점을 맞춘다

긍정적인 성장 환경에 있을 때 우리는 앞으로 나아가는 것에 초점을 맞춘다. 토니 로빈스는 "초점이 가는 곳으로 에너지도 흘러간다."고 했다. 당신의 주의가 산만해졌을 때는 초점을 맞춰야 할 대상에 온 정신을 기울임으로써 방해 요소를 피해야 한다. 최상의 것에 '예'라고 할 수 있도록 사소한 것에는 '아니요'라고 하자.

일흔을 코앞에 둔 지금도 나는 뒤를 돌아보지 않고 앞을 내다보고 있다. 그리고 더 발전하는 것에 여전히 초점을 맞추고 있다. 나이 든 사람들은 옛날이야기를 많이 한다. 그들은 '좋았던 시절'을 회상한다. 하지만 실상을 말하자면 좋았던 시절이 그 정도로 좋지는 않았다. 나이가 들어 기억이 가물가물하니까 좋았다고 느껴질 뿐이다. 나는 뒤를 돌아보고 싶지 않다. 당신도 그래야 한다.

4. 서로를 인정하고 격려한다

사회 초년생 때 아버지에게서 "사람들을 소중히 여기고, 사람들을 믿고, 사람들을 조건 없이 사랑해라."라는 말씀을 들었다. 그 말은 사람들을 인정하는 환경을 조성하라는 뜻이었다. 지난 40여 년간 나는 그렇게 하기 위해 열심히 노력했다. 그때 아버지가 아셨고 지금 내가 알고 있는 대로 사람들은 격려를 받을 때 최고의 기량을 뽐낸다.

당신은 있는 모습 그대로 인정받는 환경에서 일하고 있는가? 당신이 발전을 위한 선택을 할 때 사람들이 격려하고 응원해 주는가? 그렇다면 그런 분위기가 얼마나 유익한지 잘 알 것이다. 반대로 그런 환경에 있지 않다면, 서로를 주저앉히지 않고 일으켜 세워 주는 곳을 찾아야 한다.

5. 안락 지대를 벗어나게 된다

안락 지대를 벗어나는 위험 역량에 대해 딱 한 가지, 안락 지대에는 성장이 없고 성장 지대에는 안락이 없다는 말만큼은 꼭 하고 싶다. 존 맥스웰팀의 대표이자 내 친구인 폴 마티넬리는 "인생에서 우리가 원하는 것은 모두 안락 지대 밖에 있다."고 말한다. 나도 그렇다고 믿는다. 이 원리를 성장에 접목하면 다음과 같다.

당신이 지금 재능 지대 밖에 있고 안락 지대 밖에 있으면, 대참사나 다름없다.

당신이 지금 재능 지대 안에 있고 안락 지대 안에 있으면, 그저 관성에 몸을 맡기고 있는 것이다.

당신이 지금 재능 지대 안에 있고 안락 지대 밖에 있으면, 새로운 자신을 창조하고 있는 것이다.

내가 안락 지대를 벗어나는 방법 중 하나는 새로운 경험을 마주하고 받아들이는 것이다. 올해만 해도 나는 페루에서 패러글라이딩을 하고, 콜로라도 주에서 스노슈잉snowshoeing(특수 신발을 신고 설원을 걷는 겨울 스포츠-옮긴이)을 즐기고, 어린이 책을 쓰고, 오케스트라를 지휘했다. 하지만 그 정도로 끝이 아니다.

올해 안에 패들보드paddle board를 배우고, 식구들과 함께 과테말라에서 영양실조 아기를 구조하고, 가능하다면 비행기에서 낙하산을 타고 하강하고 싶다.(허공으로 몸을 날린다니 말 그대로 안락 지대를 벗어나는 일 아닌가!) 나는 죽을 때까지 제대로 살고 싶지, 사는 것도 아니고 죽은 것도 아닌 것처럼 살기는 싫다. 당신은 어떤가? 꾸준히 안락 지대를 벗어나고 있는가?

6. 잠에서 깰 때 가슴이 설렌다

나로서는 도무지 풀리지 않는 의문이 하나 있다. 이 세상에 인생을 따분하게 여기는 사람이 어쩌면 이렇게 많은지 모르겠다. 그들은 일어날 때부터 온종일 하품을 달고 산다. 나는 그런 식으로는 못 산다. 날마다 설레는 마음으로 일어난다. 왜 그런지 궁금하지 않은가?

다른 사람들을 도와야 하니까

이보다 더 좋은 일이 있을까? 내가 누군가를 도와주면 그 사람도 좋고 나도 좋다.

내가 잘하는 일을 하니까

나는 잘하는 게 별로 없다. 진심이다. 팔방미인인 사람들을 볼 때마다 어떻게 저럴 수 있나 감탄이 나온다. 나는 그런 사람이 아니다. 내가 잘하는 거라고는 고작 두어 가지가 전부다. 그래도 그 두어 가지만큼은 정말 잘한다. 그리고 거기서 재미까지 느낀다! 잘하는 일이 있고 그 일을 꾸준히 하면 얼마나 좋은지 모른다.

내가 하는 일에서 점점 더 수완이 좋아지고 있으니까

나는 여전히 성장하고 발전하고 있다. 성장 일로의 삶이 얼마나 더 이어질지는 모르겠지만, 어쨌든 그 길이 즐겁다는 사실만은 분명하다.

함께 일하는 사람들을 사랑하니까

내게는 훌륭한 팀이 있다. 그중에서 두 명은 벌써 같이 일한 지가 20년이 넘었다. 그들은 믿음직한 친구이고 업무 능력도 출중하다. 그들은 내게 안정감을 주고 나를 이해해 준다. 그런가 하면 팀에 비교적 최근에 합류한 이들은 에너지와 창조력이 넘쳐서 그들 덕분에 의미 있는 하루를 보낼 때가 많다. 지금 이 글을 쓰면서도 절로 웃음이 난다. 나는 우리 팀원들을 사랑한다.

세상에 변화를 일으키라는 소명을 받았으니까

내가 하는 일은 단순한 직업이 아니라 소명이다. 직업은 바꿀 수도 있고 그만둘 수도 있다. 하지만 소명은 선택의 문제가 아니다. 소명은 운명을 실현할 기회다. 당신은 매일 아침 설레는 마음으로 일어나는가? 날마다 우리는 성장의 기회를 모색하고 최대한 활용한 것인지, 아니면 그 기회를 무시해 버릴 것인지 둘 중 하나를 선택해야 한다.

7. 실패를 걸림돌로 여기지 않는다

성장 환경의 또 다른 특징은 실패가 허용되고, 심지어 권장되기까지 한다는 점이다. 언젠가 리더 교육 행사에서 내 안에서 실패를 두려워하는 마음보다 시도를 사랑하는 마음이 크다고 말했다. 그때 누군가가 "어떤 경우에 우리가 실패를 걸림돌로 여기지 않는다고 말할 수 있습니까?" 하고 질문했다. 내 대답은 이러했다.

- 실패에서 얻은 교훈을 소중히 여길 때. 실패는 불가피하지만 거기서

교훈을 얻느냐, 마느냐는 우리의 선택에 달렸다.
- 실패가 회복력을 기르는 데 도움이 될 때. 에릭 그레이튼스는 '회복력'을 뚜렷한 지향점을 갖고 인내하는 능력이라고 했다.
- 실패를 다른 사람을 위한 타산지석으로 삼을 때. 다른 사람들에게 실패담을 거리낌 없이 말할 수 있을 때 실패에 대한 두려움이 사라진다.

나는 어떤 실패를 겪으면서 무엇을 배웠는지 사람들에게 알려 주기를 좋아한다. 현시점에서 사람들은 내가 지금까지 계발한 능력의 극치만 보이겠지만, 내 출발점을 알았으면 좋겠다. 왜? 이제 여정을 시작하는 이들이 여정의 끝에 있는 나를 보고 낙담하지 않기를 바라기 때문이다. 그 간극이 너무 커 보이면 그런 기분이 들 수 있다. 하지만 괜히 하는 말이 아니라 그들이 나의 출발점을 봤다면 분명히 "그 풋내기가 해냈다면 나도 할 수 있어!"라고 자신 있게 말할 것이다.

8. 모든 사람이 성장하고 있다

강연가 짐 론Jim Rohn은 "자신의 성장 수준을 넘어서는 성취는 불가능하다. 우리는 목표를 성취하는 것이 아니라 목표를 향해 성장하는 것이다."라고 말했다. 목표를 향해 성장하고 싶다면 현재 성장 중인 사람들 속에 있는 게 큰 도움이 된다. 주변에서 성장하는 사람이 보이지 않는다면, 성장 환경에 있지 않은 것이다.

나도 성장하고 남들도 성장하는 그곳이 바로 내가 속하고 싶은 환경이다. 그리고 나는 리더로서 그런 환경을 조성할 책임이 있다. 그 일이 항상 쉽지는 않다. 지난 세월에서 배운 교훈이 있다면, 내 안에 있는 성장 능력을 절대 과소평가하지 말고 내가 사람들의 성장에 기여하는 능력도 절대 과대평가하지 말라는 것이다. 초기에는 사람들의 성장을 돕는 일이 마냥 쉬울 거라 생각했다. 하지만 모든 사람이 성장을 원하는 게 아니었다. 사람들이 발전할 수 있도록 도우려 했던 노력이 몇 번 수포로 돌아가자 그들에게 투자하기 전에 먼저 나 자신에게 세 가지 질문을 던지게 되었다.

그 사람이 성장에 대한 '열망'이 있는가?
그 사람이 성장에 임할 '용의'가 있는가?
그 사람이 성장에 임할 '여건'이 되는가?

모든 답이 긍정적이지 않을 때는 굳이 시간과 노력을 허비할 필요가 있을까. 이제는 내가 이 세 가지 질문에 답하지 않는다. 내가 도와주기 전에 상대에게 답해 보라고 한다. 그 답에 따라 어떻게, 얼마나 정성을 쏟느냐가 결정된다.

9. 성장하려면 변화해야 한다

내 친구 제럴드 브룩스Gerald Brooks가 "성장의 단계가 높아질 때마다 요구되는 변화의 단계도 높아진다."고 했다. 옳은 말이다. 우리가 변화한다고 반드시 성장하는 것은 아니지만, 성장에는 반드시 변화가 수반된다.

사회 초년생 시절, 나는 잘하는 일을 찾아서 평생 그 일만 하며 살 줄 알았다. 처음에는 그 일이 목회라고 생각했지만, 그 후로 직무와 직업을 열 번은 바꾼 것 같다. 지금까지 수행했거나 하고 있는 직무를 보면 목사, 강연자, 교육자, 컨설턴트, 작가, 멘토, 사업가, 아버지 등 정말 다양하다. 모두 재능에 맞지만 각각의 직무를 수행하는 방법은 계속 변화하고 성장했다. 성장만이 더 나은 내일을 보장한다.

당신 앞에는 수많은 기회의 문이 기다리고 있다. 그 문을 열고 들어가야만 인생의 다음 단계로 나아갈 수 있다. 아마도 많은 문이 막상 들어가 보면 처음에 생각했던 것과 다를 것이다. 그래서 다시 돌아 나와 문을 닫고 다른 곳으로 걸음을 옮겨야 할 때도 많을 것이다. 그래도 괜찮다. 모두 변화의 일환이다. 문을 열고 들어갔는데 가치 있는 곳이 아니면 다시 나오면 된다.

나도 지금까지 그런 식으로 닫은 문이 수두룩하다. 오죽하면 문을 닫아야 할지, 말아야 할지 판단하는 질문까지 만들었을까. 당신도 판단이 안 설 때는 다음과 같은 질문을 해보자. '예'라는 답이 나오면 돌아서서 문을 닫고 나와야 한다는 신호다.

1. 이 문이 처음 열었던 날만큼 유망한 미래를 보여 주지 못하는가?
2. 이 문을 열고 들어와서 발전을 저해하는 의외의 요소를 맞닥뜨렸는가?
3. 이 문을 열고 들어온 후로 가치 있는 것을 전혀 발견하지 못했거나 행동에 제약을 받는가?
4. 이 문을 열고 들어온 후로 시간을 너무 많이 빼앗겨 다른 기회의 문으로 들어가지 않은 것을 후회하는가?
5. 지금 아는 모든 사실을 알고도 또다시 이 문으로 들어오라고 하면

거부하겠는가?

이 질문들에 솔직히 답했는지, 아닌지 잘 모르겠다면 하나만 더 물어보기 바란다. 나를 가장 잘 아는 사람들이 다섯 가지 질문에 대한 나의 대답에 동의할 것인가? 위의 질문에 답할 때 다음과 같은 점을 유의한다.

1. 길을 되돌아가는 것을 겁내지 말자. 되돌아간다고 땅이 꺼지지 않는다. 그런 선택으로 오히려 단단한 땅이 확보될 수도 있다.
2. 그 경험에서 어떤 교훈을 얻었는지 확실히 인지한 다음 문을 닫자.
3. 문을 닫는 것에서 끝내지 말고 다른 문으로 나아가자. 그곳을 떠날 때는 다시 걸음을 옮길 목적지가 있어야 한다.
4. 계속 똑같은 문을 열었다 닫았다 한다면 기회 부족이 아니라 자기 자신이 문제일 수 있다. 당신을 가장 잘 알고, 가장 사랑하는 사람들에게 당신에 대한 견해를 솔직하게 말해 달라고 하자.

변화가 녹록치 않을 수도 있지만, 변화가 있어야만 성장하는 법이다. 당신이 기회의 문을 보는 안목을 길러 미지의 바다를 항해하는 데 도움이 되길 바란다.

10. 성장의 본보기가 있고 성장이 당연시된다

《사람은 무엇으로 성장하는가》에서 본받을 만한 사람이 없으면 발전하기가 어렵다는 '본보기의 법칙'을 제시했다. 긍정적인 성장 환경이라면 성장의 본보기가 있고 성장이 당연시돼야 한다. 윗물이 맑아서 아랫물까지 맑아지는 현상이 조직의 최상부에서 최하부까지 골고루 일어나는 것이 가장 바람직하다. 성장은 지위 고하를 막론하고 누구에게나 필요하고 또 가능하다. 주변에 성장의 본보기가 있는지, 그곳에서 성장이 당연시되는지 알기 위해 다음의 두 가지 질문을 해보자.

1. 이 조직에서 나의 최고의 모습을 끌어낼 사람은 누구인가?
2. 이 조직에서 나는 어떤 사람의 최고의 모습을 끌어낼 것인가?

당신에게서 최고의 모습을 끌어내는 사람의 이름이 술술 나오고, 사람들이 당신을 성장의 본보기로 꼽는다면 당신은 성장 환경에 있다고 보면 된다.

물살에 휩쓸려 가지 말자

오늘부터 당신이 자신과 소중한 사람들의 성장을 우선순위로 삼았으면 좋겠다. 우리가 인생에서 할 수 있는 선택 중에서 그만큼 중요하고 유익한 선택도 없다. 그런데 안타깝게도 그런 선택을 하지 않는 사람이 너무나 많다. 그들은 성장 여정 대신 내 식으로 표현하면 '나이아가라 여정'에 오른다. 인생의 강물에 텀벙 뛰어들어 튜브를 타고 떠내려간다. 그들은 진취적으로 행동하지 않으며 목적지를 정하지도 않는다. 그저 강물에 몸을 맡길 뿐 물살이 진로와 속도를 결정하게 내버려 둔다. 가치관이 아니라 환경에 끌려간다.

그렇게 흘러가다 문득 사나운 물소리가 들려온다. 그제야 비로소 자신이 처한 상황에 눈을 뜬다. 하지만 이미 너무 늦었다. 이미 물살에 사로잡혀 꼼짝없이 폭포로 추락해야 할 운명이다. 그것은 정서적인 추락일 수도 있고, 신체적인 추락일 수도 있으며, 경제적인 추락일 수도 있다. 지금 이 순간 추락을 예방해야 하지만, 이미 폭포에 접어들었을 때는 늦었다.

추락을 막는 방법이 바로 성장 역량을 키우겠다는 선택이다. 비유하자면 직접 자동차를 만들고 대로로 몰고 나와 목적지를 정하는 것과 같다. 그럴 때 최대한 적극적으로 자신의 운명을 다스리게 된다. 모쪼록 당신이 그런 길을 택하길 바란다.

 성장 역량을 키우기 위한 질문

❶ 이 장에서 설명한 열 가지 특징 가운데 당신이 속한 환경에 해당하는 것은 무엇인가? 이를 기준으로 현재의 상황을 어떻게 평가할 수 있는가? 어떤 식으로든 변화를 줄 필요가 있는가? 구체적으로 어떤 변화가 필요한가?

❷ 당신이 먼저 멘토가 되어 달라고 요청한 사람은 누구인가? 현재 멘토가 있는가? 없다면 누구에게 도와 달라고 부탁할 것인가?

❸ 인생을 어떤 방향으로 이끌고 싶은가? 목적지에 닿으려면 어떤 식으로 성장해야 하는가? 그 방향으로 첫걸음을 떼기 위해 오늘 무엇을 해야 하는가?

제19장

다른 이들과
힘을 모아 위대한 일을 한다

역량의 마개를 날려 버리기 위해서는 중대한 선택이 하나 더 남았다. 이 선택을 마지막까지 아껴 둔 이유는 다른 모든 선택의 효과를 가장 효과적으로 배가할 수 있는 위력이 있기 때문이다. 이 선택의 정수가 담긴 말이 있다. 흔히 테레사 수녀의 말로 인용되는 "나는 당신이 할 수 없는 일을 할 수 있고, 당신은 내가 할 수 없는 일을 할 수 있으니 우리가 함께하면 위대한 일을 할 수 있다."는 명언이다. 실제로 테레사 수녀가 한 말이 맞는지 확실하지는 않지만, 여기서 가리키는 것이 협력 역량, 곧 다른 이들과 힘을 모으겠다는 선택이다.

　내가 협력 역량의 중요성을 깨달은 것은 개인 생산성이 벽에 부딪히기라도 한 듯 더는 향상될 기미가 보이지 않았던 시절로 거슬러 올라간다. 그 당시 나는 그 이상 열심히, 빨리, 오래 일할 여력이 없었다. 이미 모든 역량을 최대한으로 쏟아 붓고 있었다. 그럼에도 원하는 경지에 이르지 못한 상태였다. 그렇다면 이제 남은 선택은 단 하나, 다른 사람과 협력하는 것이었다.

그 시절에 곱씹게 된 금언이 있다. "나 혼자 할 때보다 다른 사람의 도움을 받을 때 더 잘할 수 있다는 것을 깨달으면, 성장 여정에서 크게 한 걸음을 내딛게 된다."는 앤드루 카네기의 말이다. 그 후로 나는 수많은 사람과 협력했다. 내가 자신 있게 말하는데, 당신의 성과를 배가하고 싶으면 다른 사람들과 힘을 모아야 한다.

훌륭한 협력자가 필요하다

협력의 좋은 예는 내가 책을 집필하는 과정에서도 볼 수 있다. 보통 좋은 아이디어가 떠오르면 본격적인 준비 작업에 들어가 그 개념을 구체화하는 데 도움이 될 만한 아이디어를 수집한다. 어떤 날은 좋은 재료, 비유하자면 성장 잠재력이 있는 씨앗을 발견하지만 어떤 날은 땅만 헤집고 허탕을 치기도 한다. 그런 씨앗 아이디어를 몇 달째 품고 있으면 언젠가 싹이 튼다. 일부는 인용문이 되고, 일부는 법칙으로 성장하고, 또 일부는 중요한 논점이나 장의 제목이 된다. 말하자면 아이디어의 정원을 가꾸는 셈이다.

제5장의 사고 역량에서 생각을 숙성하는 방법을 기술했는데 기억나는가? 아이디어는 오랫동안 내 안에 머문다. 그러다 그 아이디어의

가치에 대한 확신이 생기면, 책의 논지를 정하고 개요를 작성한다. 바로 이 지점에서 협력이 시작된다.

그때 유능한 사람들을 불러 모아 그 주제를 가지고 브레인스토밍을 한다. 그들을 부르는 이유는 아이디어를 얻기 위해서가 아니라, 내가 이미 발전시킨 아이디어를 개선하고 확장할 수 있도록 도움을 받기 위해서다. 브레인스토밍은 두어 시간 만에 끝나기도 하고 한나절이 걸리기도 한다. 내가 사전에 개요를 전달했기 때문에 그들도 나름의 준비를 하고 온다.

나는 그들을 통해 좋은 아이디어는 발전시키고, 나쁜 아이디어는 제거하고, 내가 미처 생각하지 못했던 새로운 아이디어를 도출한다. 그런 모임을 끝내고 돌아올 때마다 늘 뿌듯하다. 그 후 몇 달 동안 원고를 집필한 다음 찰리 웨첼과 협력에 들어간다. 여기에 대해서도 제5장에서 사고 역량을 이야기할 때 설명했다.

그러고 나서 출판사에 원고를 보내면 또 다른 협력이 시작된다. 편집부에서 표지와 본문을 디자인한 후 책을 인쇄한다. 이후 영업부에서 책을 시중에 유통한다. 내가 서점 관계자를 비롯해 책이 당신의 손에 들어가기까지 도움을 주고 협력한 부분까지 다 말하자면 이야기가 길어진다. 어쨌든 이 모든 작업은 다른 사람의 도움 없이는 불가능하다.

협력의 힘과 위력을 믿는가

협력의 힘을 믿는가? 협력을 추구하는가? 아직도 협력의 위력을 모르겠다면 이렇게 해보자. 일단 어떤 일을 혼자서 오랫동안 열심히 해보자. 모든 것을 쏟아 부어 더는 성과를 개선할 여지가 없을 때 실력 있는 사람을 몇 명 불러서 도움을 요청하자. 그러면 겸손해지는 동시에 행복해질 것이다. 겸손해지는 이유는 그들이 이제껏 당신이 했던 일을 '순식간에' 향상시키기 때문이고, 행복해지는 이유는 그들이 이제껏 당신이 했던 일을 '엄청나게' 향상시키기 때문이다.

당신이 유능한 사람들과 협력하지 않는다면, 역량을 최대한 발현하기란 요원하다. 자신에게 이렇게 물어보자.

가장 최근에 타인이 나를 발전시켜 달라고 부탁한 적이 언제인가?
가장 최근에 타인이 나를 발전시킬 수 있다는 사실을 깨달은 적이 언제인가?
가장 최근에 타인의 신선한 시각을 간절히 바랐던 적이 언제인가?
가장 최근에 타인의 생각을 활용했던 적이 언제인가?
가장 최근에 타인의 조언과 견해를 구한 적이 언제인가?
가장 최근에 타인의 도움으로 발전했던 적이 언제인가?
가장 최근에 타인에게 공로를 돌린 적이 언제인가?

협력자가 있으면 1 더하기 1은 3이 되는 효과가 있다. 나는 일흔을 바라보는 지금이 내 인생 최고의 전성기다. 왜냐고? 협력을 통해 노력의 효과가 배가되기 때문이다. 내 회사들은 쇠퇴하기는커녕 성장에 더욱 박차를 가하고 있다. 나는 다른 사람들을 위해 최선을 다하고, 그 대가로 나의 최선을 능가하는 그들이 최선의 노력을 기울이고 있다.

먼저 나부터 훌륭한 협력자가 된다

훌륭한 협력의 위력을 만끽하려면 나부터 훌륭한 협력자가 되어야 한다. 최근에 존 맥스웰 컴퍼니에서 헨드릭자동차그룹과 업무 협약을 맺었다. 협약이 공식적으로 발효되는 날, 헨드릭그룹의 리더 수백 명이 우리와 함께 이 경사를 축하했다. 나는 존 맥스웰 컴퍼니를 대표해 그들에게 동반자가 된 것을 환영하는 손길을 내밀었고, '협력의 잠재력'이라는 주제로 강연을 했다. 그때 했던 이야기를 당신에게도 들려주고 싶다. 훌륭한 협력자가 되려면 이렇게 해야 한다.

1. 상대방의 목표를 내 목표의 최우선 순위에 놓는다

누군가와 협력 관계를 맺으려면 내가 먼저 그 사람이 있는 자리로 가야 한다. 공감대를 형성하고 그 사람의 목표를 내 목표의 최우선 순위에 놓아야 한다. 기본적으로 섬기는 리더가 되어서 내가 얼마나 수확했느냐보다는 얼마나 씨를 뿌렸느냐를 기준으로 하루하루를 평가해야 한다.

이를 가장 잘 보여 주는 모범적인 인물은 내 회사들의 CEO인 마크 콜이다. 콜은 우리 회사뿐 아니라 다른 조직의 수많은 리더에게도 좋은 평가를 받고 있다. 콜은 지금까지 내 오른팔이라 할 수 있을 만큼 최측근이다. 항상 내 목표를 자신의 목표보다 우선시하기 때문이다. 나는 당신이 그의 시각을 알면 도움이 될 거라고 생각했다. 콜에게 어떻게 진심으로 타인을 섬길 수 있는지 글을 부탁했다.

나는 존의 목표를 내 목표보다 우위에 두지 않는다. 존의 목표가 곧 나의 목표이기 때문이다. 이는 나도, 다른 열정적인 리더들도 선천적으로 타고나는 자세가 아니다. 오랜 시간을 좋든 싫든 해야 할 일을 끈질기게 해온 극기의 결과요, 내가 섬기는 사람을 신뢰하는 법을 터득한 결과다. 그것은 구체적으로 이렇게 표현된다.

나는 항상 존의 편이다

말했다시피 존의 목표가 곧 나의 목표다. 존에게 필요하다면 당장 하던 일을 멈추고 다른 일을 할 수도 있다. 그리고 항상 존이 이루고 싶어 하는 것을 내가 이루고 싶어 하는 것과 일치시킬 방법을 궁리한다.

나는 날마다 그와 가까운 거리를 지킨다

근접성이 내가 존의 목표를 내 목표로 유지할 수 있는 유일한 비결이다. 나는 항상 그와 지근거리에 있으려 하고, 그게 여의치 않으면 즉시 전화가 가능하게 해둔다.

나는 질문을 통해 그가 원하는 것을 파악한다

존은 내게 리더가 추정만으로 사람들을 인도하려고 하면 안 된다고 가르쳤다. 우리의 대화는 나의 질문으로 가득 차 있다. 그리고 나는 존을 대신해 말할 때가 많기 때문에 다른 사람들과 대화할 때 존의 생각을 반영한다. 나는 사람들이 내게서 존을 보고, 존의 목소리를 듣기를 바란다.

나는 존이 존으로 존재하게 한다

존은 사업 기회를 포착하는 남다른 안목이 있고, 사업을 성공시키기 위해 다양한 선택안을 마련하고 싶어 한다. 나는 그가 기존의 목표를 희생하지 않으면서 변화하고 꿈꾸고 성장할 수 있게 돕는다. 융통성은 내가 존과 바람직하게 협력하기 위해 꼭 필요한 요소다.

내가 존과 이심전심이라는 것을 직원들도 알게 한다

내가 존과 존의 비전을 대리한다는 사실을 모든 사람이 알기를 원한다. 그래야만 우리 팀이 존의 리더십에 따라 일사불란하게 움직일 수 있다. 그런 관점을 잃어버리면 우리는 길을 잃는다. 팀의 성취가 존의 비전과 동떨어져 있으면 팀에 하위문화가 너무 많이 생긴다.

나는 존의 목표를 달성하는 데 걸림돌이 될 만한 문제를 책임지고 해결한다

조직의 리더들이 존의 목표에 부합하는 일을 하면 나는 그들을 칭찬하고 격려한다. 반대로 존의 비전에 방해가 되는 요소가 있으면 항상 존에게 보고하고 해결책을 강구한다.

나는 나의 리더와 그의 목표를 사랑한다

나는 존의 심중을 잘 알기 때문에 그가 세운 목표의 정수를 내 심중에 간직할 수 있다. 오랜 세월 함께 일하면서 우리는 한마음으로 생각할 수 있게 됐다. 이는 훌륭한 협력 관계에서 얻은 결실이지, 그런 관계를 싹트게 하는 씨앗이 아니다. 그 씨앗은 존의 목표를 내 목표로 삼는 마음가짐이었다. 그 열매는 그 마음가짐을 실천하는 것이다.

훌륭한 협력 관계를 맺고 싶다면 상대방의 목표를 나의 목표로 삼아야 한다. 양측이 이심전심으로 동일한 목표를 성취하고자 노력할 때만 그 협력 관계에서 상승 효과가 일어날 수 있다.

2. 올바른 협력 관계는 서로에게 가치를 더한다

협력 관계는 당사자들이 서로 가치를 더할 때만 올바르게 작동한다. 어느 한쪽이 주는 것보다 받는 것이 더 많아지면 협력 관계가 와해된다. 중국 격언에 '잠깐 반짝이고 마는 지도자가 되지 않으려거든 다른 이들이 성공할 수 있도록 도우라. 그리하면 영원히 빛나는 지도자가 되리라'고 했다.

내 회사들은 타인에게 가치를 더하는 데 중점을 둔다. 존 맥스웰팀은 공인 코치와 강연자를 육성한다. 그들은 날마다 수십만 명에게 가치를 더한다. 이큅은 세계 각국에서 500만 명의 리더를 훈련했고, 지금도 그들이 많은 사람들에게 가치를 더하는 교육을 하고 있다. 존 맥스웰 리더십 재단은 원탁회의를 통해 그들에게 좋은 가치관, 의도적인 삶, 변혁의 리더십을 가르치는 데 노력하고 있다. 존 맥스웰 컴퍼니는 리더들을 성장, 발전시키고자 하는 조직과 기업에 교육 자료와 프로그램을 제공한다.

나와 팀원들은 내일 누군가와 협력할 기회를 얻으려면 오늘 그 사람에게 가치를 더해야만 한다는 사실을 잘 알고 있다. 협력 역량을 키워서 좋은 협력자가 되고 유익을 누리려면 상대방에게 가치를 더해야 한다.

3. 상대방에게 영향력, 아이디어, 도구라는 자원을 제공한다

사람들에게 자원을 제공하는 것이 내 인생의 큰 즐거움 중 하나다. 처음으로 리더십 훈련을 시작하고 얼마 안 돼 단지 가르치기만 해서는 부족하다고 느꼈다. 그래서 적절한 자원을 제공했더니 리더십이 새로운 차원으로 발전했다. 그 후부터 사람들에게 도움이 되도록 세 가지 자원을 제공한다.

영향력 : 내가 아는 사람 중에 상대방이 알아야 할 사람은 누구인가?

나는 영향력 있는 사람들의 소개로 큰 도움을 받았다. 제프 브라운 Jeff Brown의 소개로 존 우든을 알게 되어 그를 멘토로 모셨다. 스콧 페이가 소개해 준 폴 마티넬리는 지금 존 맥스웰팀을 이끌고 있다. 릭 고드 Rick Goad는 내게 월드 와이드 드림 빌더스World Wide Dream Builders의 창립자 론 퍼리어Ron Puryear를 소개했다.

당신이 아는 사람 중에 협력의 동반자가 알아야 할 사람은 누구인가? 당신이 아니면 서로 만나기 어려운 사람들을 어떻게 소개할 것인가? 이는 사람들에게 가치를 더하는 훌륭한 방법이다. 바람직한 협력을 통해 대인관계의 폭이 넓어질 수 있는 이유도 여기에 있다.

아이디어 : 내가 아는 것 중 상대방이 알아야 할 것이 무엇인가?

내 친구 켄 블랜차드Ken Blanchard는 "내가 보유한 탁월한 아이디어 중 일부는 다른 사람들에게서 나왔다."고 했다. 나도 마찬가지다. 그 말에 덧붙여 내가 보유한 탁월한 아이디어 중 일부는 다른 사람들과 '함께' 도출했다고 말하고 싶다.

당신이 어떤 식으로 아이디어를 공유하면 사람들에게 도움이 되겠는가? 당신이 그들에게 줄 수 있는 것 중에 그들이 스스로 확보할 수 없는 것은 무엇인가? 당신이 아이디어를 공유한다 해도 당신한테 손해가 생기지는 않지만 상대방에게는 엄청난 이익이 생긴다.

도구 : 내가 사용하는 것 중에 상대방이 사용할 수 있는 것이 무엇인가?

여기서 말하는 도구란 효과가 검증된 절차와 기법이다. 적절한 절차는 소기의 성과를 거두기 위한 최적의 경로다. 적절한 기법은 소기의 성과를 가져오는 최적의 행동이다. 당신이 어떤 절차와 기법을 공유해야 상대방이 발전하는 데 도움이 될까?

나는 천성적으로 경쟁심이 강한 사람이라 오랫동안 남들보다 우위를 점하기를 바랐다. 심지어 같은 편인데도 우위에 서려 했다. 하지만 시간이 흐르면서 내가 아는 것을 남들과 공유하는 법을 배웠다. 그러면서 다른 사람들을 도울 수 있게 되자 내가 세상에 변화를 일으키고 있다는 만족감이 마음 깊이 스며들었다.

4. 상대방의 필요에 맞게 섬긴다

협력자로 나의 제일가는 책무는 상대방을 알고, 상대방의 조직을 알고, 상대방의 필요를 알고, 상대방에게 가치를 더할 방법을 아는 것이다. 그러려면 어떻게 해야 할까? 물어봐야 한다. 질문은 상대와 나를 강하게 이어주는 끈이다.

가령 이번 주에 나는 라스베이거스로 가서 우량 기술기업 컴볼트 Commvault 의 임직원에게 강연할 예정이다. 나는 그 회사에 대해 알기 위

346

해 CEO인 밥 해머와 점심과 저녁을 먹으며 이야기를 나눴다. 이어서 그 회사의 리더 네 명과 전화로 라스베이거스 행사에 대해 의논했다. 이런 대화의 90퍼센트가 내 질문이었다. 그에 대한 답변을 토대로 강연에서 그들에게 가치를 더할 방안을 마련했다. 이번 행사의 주제는 '현재를 초월한다'인데, 나도 같은 주제로 강연을 준비하며 그들의 필요를 충족하기 위한 예화, 아이디어, 법칙, 응용법을 적절히 배치했다. 이것이 그들의 협력자로서 내 책임이자 특권이다.

나는 회사의 리더들도 열심히 섬기고자 한다. 매년 그들에게 "올해에는 내가 어떻게 하면 당신을 위한 성장 환경이 만들어질까요?"라고 묻는다. 저마다 필요하고 기대하는 것이 다르기 때문에 물어보지 않으면 알 수 없다. 나는 대답을 토대로 그들에게 필요한 것을 제공하기 위해 노력한다. 리더가 추정만으로 사람들을 인도하려고 하면 그다지 큰 효과가 없다. 당신은 상대방이 필요로 하는 것을 제공하고 있는가? 아니라면 협력 관계가 그리 오래가지 않을 것이다.

5. 나를 향한 신뢰를 절대 저버리지 않는다

신뢰는 탄탄한 관계의 기초다. 그런데 신뢰는 단시간에 생기지 않고 오랜 기간 노력과 검증을 거치며 서서히 형성된다. 일단 신뢰가 생기면 거기에 힘입어 협력 관계가 한층 원활하게 돌아간다.

존 맥스웰 컴퍼니가 헨드릭자동차그룹과 협력 관계를 맺은 지 얼마 안 돼서 그 조직 내부에 엄청난 신뢰가 형성되어 있음을 알게 됐다. 내가 그 회사의 리더들을 대상으로 강연했을 때 그중 한 명이 회사의 설립자인 릭 헨드릭에 관해 이야기하면서 "나는 다른 누구와 서면 계약을 하는 것보다 릭 헨드릭과 구두 계약을 하는 게 더 좋습니다."라고 말했다. 그게 바로 신뢰다. 우리가 협력의 동반자에게서 들을 수 있는 최고의 찬사는 '당신이라면 믿을 수 있습니다'가 아닐까 싶다.

좋은 협력자가 되려면 사람들에게 가치를 더하고 신뢰를 저버리지 않도록 최선을 다해야 한다.

6. 무엇을 하든 상대방의 기대를 초월한다

최근 몇 년 사이 나는 리더십 방면에 기여한 공로를 인정받았다. 처음에는 그런 영예가 주어진 것이 놀랍기만 했다. 그러다 지난 45년 동안 나와 협력 관계에 있었던 사람들의 기대를 초월하기 위해 노력한 세월을 돌아보게 됐다. 그러고 보면 느려도 꾸준히 전진하면 경주에서 이길 수 있는 게 아닐까 싶다.

사회 초년생 때는 다들 내게 큰 기대를 걸지 않았다. 그래서 나 스스로 높은 기대치를 설정하고 거기에 부응하기 위해 열심히 노력했다. 날마다 자기계발 의지를 다지고 열심히 나를 발전시켰다. 메리케이의 내셔널 세일즈 디렉터인 내 친구 카렌 포드Karen Ford의 말을 빌리면 "더 큰 일을 하려면 더 큰 사람이 되어야 한다."고 하겠다. 그래서 나 스스로 설정한 기대치를 넘어서기 시작했다.

그렇게 성장하고 발전하면서 기대치를 점점 더 높게 설정하는 습관이 들었다. 그러자 깨닫게 되는 아름다운 진실이 있었다. 그런 습관 덕분에 내가 많은 사람과 차별화된다는 것이었다. 대부분의 사람은 기대를 초월하기는 고사하고, 기대에 부응하기 위한 노력조차 하지 않기 때문이었다. 시간이 흐르자 다른 사람들도 나의 그런 장점을 알아보기 시작했다.

그러면서 내게 기회의 문이 많이 열렸는데, 계속해서 기대를 초월하기 위해 노력하지 않으면 그런 문이 금방 닫힐 수 있다는 현실을 직시했다. 그래서 기대를 초월하는 것을 지속적으로 추구해야 할 목표로 삼았고, 내 삶의 방식으로 자리 잡았다. 훌륭한 협력 관계를 구축하고 그 안에서 계속 번영하고 싶은가? 그 비결은 아주 간단하다. 상대방의 기대를 꾸준히 초월하면 협력 관계가 점점 더 확장될 것이다. 당신이 무엇을 하든 다들 동참하기를 원할 것이다.

7. 관계를 존중하고 그 안에서 성장한다

사람들은 협력 관계가 형성되면 그 관계를 당연시하기 일쑤다. 그렇게 되면 협력 관계가 악화되기 시작하면서 관계가 껄끄러워진다. 관계가 무너지는 것은 시간문제다. 그런 이유로 나는 의식적으로 협력 관계에 감사하는 마음을 갖고 또 상대방의 존중을 얻기 위해 노력한다. 어제 존중을 얻었다고 오늘도 협력 관계가 발전하지는 않는다. 존중은 끊임없이 얻어야 한다. 존중을 재차 확보하기 위해 나는 어떻게 해야 할까?

필요 이상으로 마음을 쓴다.
필요 이상으로 섬긴다.
필요 이상으로 노력한다.
필요 이상으로 생산한다.
필요 이상으로 성장한다.

이렇게 하면 나 스스로 대견스러워지는 것은 물론이고 타인의 존경도 얻게 된다. 당신은 스스로 얻어 낸 것이든, 타인의 노력으로 얻은 것이든 협력 관계를 존중하는가? 꾸준히 존중을 확보하기 위해 열심히 노력하는가? 당신의 역량을 가능한 한 최고의 수준으로 끌어올리고 가능한 차원을 넘어 성공하고 싶다면 다른 사람들과 힘을 모으고 협력 역량을 키우길 바란다. 당신의 잠재력을 증진하는 데 이보다 좋은 길, 이보다 즐거운 길도 없다.

스타벅스의 회장 겸 CEO를 지낸 하워드 슐츠 Howard Schultz 는 "승리는 단 한 사람의 노력에서 나올 때보다 다수의 협력으로 이룩될 때 훨씬 뜻깊다."고 했다. 내가 겪어 보니 그 말이 전적으로 옳다.

 협력 역량을 키우기 위한 질문

❶ 당신은 독주와 합주 중 어느 쪽을 좋아하는 편인가? 다른 사람들과 함께 일할 방법을 생각하는가? 아니면 혼자 일하는 편인가? 어떤 식으로 생각을 바꾸면 협력 관계를 더 많이 형성할 수 있을까?

❷ 지금 하는 일 중에 다른 사람과 협력하면 도움이 될 만한 일은 무엇인가? 오늘 누구에게 협력을 부탁할 수 있는가?

❸ 당신이 부하 직원을 둔 리더라면, 그들을 섬겨야 할 협력의 동반자로 여기는가? 아니면 그들이 당신을 섬겨야 한다고 생각하는가? 그들을 협력의 동반자로 생각한다면, 당신의 역량은 어떻게 증진되겠는가?

| 에필로그 |

당신의 삶에는
한계가 없다

몇 년 전 《최정상에서 다시 만납시다》의 저자 로버트 슐러가 이런 이
야기를 했다.

> 런던에 있을 때 한 연회장을 방문했습니다. 오래전에 맬러리라는 사
> 람을 기리는 연회가 열린 곳이었습니다. 맬러리는 1920년대 원정대
> 를 이끌고 에베레스트 산 정복에 도전했습니다. 첫 번째 원정이 실패
> 하고 두 번째도 실패했습니다. 그러자 맬러리는 최고의 기량을 갖춘
> 대원들을 모아 3차 원정에 나섰습니다. 사전에 치밀한 계획을 세우고
> 안전을 위한 대비책을 철저히 마련했음에도 참사를 피하지 못했습니
> 다. 눈사태가 닥쳐 맬러리와 대부분의 대원이 사망한 것입니다.
> 간신히 살아남은 대원 몇 명이 영국으로 귀환해서 맬러리의 최종 원
> 정대에 경의를 표하는 연회를 개최했습니다. 사람들의 박수가 쏟아지

자 생존자 대표가 일어나 액자에 담긴 맬러리와 죽은 동료들의 사진을 둘러보고 그들을 대신해 에베레스트 산에 선포했습니다.

"에베레스트여, 살아 있는 모든 용감한 자와 아직 태어나지 않은 모든 용감한 자의 이름으로 너에게 고하노라. 에베레스트여, 너는 우리를 한 번 꺾었다. 우리를 두 번 꺾었다. 우리를 세 번 꺾었다. 그러나 에베레스트여, 언젠가는 우리가 반드시 너를 꺾을 것이다. 너는 더 이상 성장할 수 없으나 우리는 성장할 수 있기 때문이다!"[1]

우리 모두 그렇다. 우리는 성장할 수 있다. 그래서 가장 높은 산을 정복할 수 있다. 그 일이 있고 몇 십 년이 지나서 에드먼드 힐러리 Edmund Hillary 와 텐징 노르가이 Tenzing Norgay 가 에베레스트의 정상을 밟았다. 지금까지 에베레스트 등정에 성공한 사람이 무려 7,000명 이상이다.[2]

당신은 할 수 있다

최근에 이름만 대면 알 만한 라디오 진행자와 이야기를 나누다가 의미심장한 대목이 있었다. 사람들에게 가치를 더하는 일에 대해 논하던 중 그가 "존, 지금과 같은 명성을 쌓은 게 이제까지 사람들에게 가치를 더해 왔기 때문이잖아요. 45년 동안 그렇게 뜨거운 열정과 왕성한 에너지를 유지할 수 있었던 비결이 뭡니까?"라고 물었다. 내 열정, 내 인생에 대해 물으니 얼른 대답하고 싶어 입이 근질근질했다. 내가 항상 그 일에 열의를 느끼는 이유는 다음과 같다.

나는 사람들을 소중히 여긴다.

나는 사람들이 인생을 개선할 수 있다고 믿는다.

나는 사람들에게 더 많이 베풀 수 있도록 내 인생을 꾸준히 개선한다.

나는 사람들이 인생을 개선하도록 돕는 방법을 안다.

나는 내가 도와준 사람들에게서 결실을 많이 본다.

그가 물었다. "모든 사람에게 가치를 더하나요?"

"물론 그렇지는 않습니다만 내가 누구에게나 가치를 더할 수 있다고는 믿습니다."

왜 나는 사람들이 인생을 개선할 수 있다고, 긍정적인 변화를 일으킬 수 있다고, 역량을 증진할 수 있다고 굳게 믿을까? 내가 그 모든 것을 직접 체험했고, 내가 했으면 다른 사람도 할 수 있기 때문이다. 여기에는 당신도 포함된다!

이제 당신이 이 책을 덮기 전에 내가 당신을 믿고 또 당신이 최대 역량을 발현할 수 있다고 믿는다는 사실을 알았으면 좋겠다. 당신은 그저 아래의 공식만 따르면 된다.

자각 + 능력 + 선택 = 역량

당신이 자신을 알고 스스로 인생을 개선할 능력이 있음을 자각한다면, 당신이 이미 보유한 능력을 계발한다면, 날마다 당신을 계발하는 데 도움이 되는 선택을 한다면 당신은 최대 역량을 발현하게 될 것이다.

이제 당신 인생에 한계가 없다는 사실을 알았으면 좋겠다. 다시 일어서는 힘이 있다는 사실도 알았으면 한다. 당신이 숨 쉬는 한 당신에게는 언제나 더 나아갈 경지가 있고, 더 성장할 길이 있다. 당신은 더 발전할 수 있다. 당신은 더 많은 일을 할 수 있다. 당신은 더 큰 변화를 일으킬 수 있다. 그런 삶이 손만 뻗으면 닿을 거리에서 기다리고 있다. 부디 당신이 그 삶을 붙들길 소망하고 기도한다.

| 주 |

제1장 · 우리 앞을 가로막고 있는 것들

1. Roberto Verzola, "10 Hypotheses about Abundance and the Commons", *Daily Good*, 2013년 6월 15일, http://www.dailygood.org/story/149/10-hypotheses-about-abundance-and-the-commons-roberto-verzola/, 2016년 1월 19일 접속.

2. Robert J. Kriegel and Louis Patler, *If It Ain't Broke...Break It!* (New York: Warner Books, 1991), 44.

3. Jesse Itzler, *Living with a SEAL: 31 Days Training with the Toughest Man on the Planet* (New York: Center Street, 2015), 108.

4. 상동, 91.

5. 상동, 229.

6. 상동, 52-53.

7. 상동, 245.

제2장 · 우리의 가능성을 제한하는 마개를 어떻게 없앨까

1. 닉 부이치치, 《닉 부이치치의 허그》(Colorado Springs: Waterbook, 2010), 200.

2. Bob Brown, "Life Without Limbs: It's All in the Attitude", ABC News, 2008년 5월 9일, http://abcnews.go.com/m/story?id=4531209&sid=26&p=7, 2016년 9월 9일 접속.

3. Stoyan Zaimov, "Nick Vujicic Talks 'Unstoppable,' Overcoming Suicide and Joy of Married Life", *Christian Post*, 2012년 9월 13일, http://www.christianpost.com/news/nick-vujicic-talks-unstoppable-overcoming-suicide-and-joy-of-married-life-81531/, 2016년 9월 9일 접속.

nn

r"m

4. Michele Rosenthal, "7 Ways to Change Negative Beliefs About Yourself", *Spirituality & Health*, http://spiritualityhealth.com/articles/7-ways-change-negative-beliefs-about-yourself, 2016년 4월 19일 접속.

5. 닉 부이치치,《닉 부이치치의 삶은 여전히 아름답다》(Colorado Springs, CO: Water-Brook, 2013), 32.

제3장 · 주변에 좋은 영향을 주며 앞으로 나간다

1. 토니 슈와츠,《몸과 영혼의 에너지 발전소》(New York: The Free Press, 2003), 4-5.

2. 톰 래스,《당신은 완전히 충전됐습니까?》(New York: Silicon Guild, 2015), 3.

3. 상동, 7.

4. Michael Howard, "The New Science of Happiness and What It Means for Parents", *Fatherly*, 2015년 6월 27일, https://www.fatherly.com/kids-health-and-development/the-new-science-of-happiness-and-what-it-means-for-parents/, 2016년 5월 10일 접속.

5. Tony Schwartz and Catherine McCarthy, "Manage Your Energy, Not Your Time", *Harvard Business Review*, 2007년 10월, https://hbr.org/2007/10/manage-your-energy-not-your-time, 2016년 5월 10일.

6. Stephen R. Covey 발췌 인용, *Everyday Greatness* (Nashville: Thomas Nelson, 2009), 219.

제4장 · 감정에 휘둘리지 않고 다스린다

1. 오그 만디노,《위대한 상인의 비밀》(New York: Bantam, 1985), 80.

2. Eric Greitens, *Resilience: Hard-Won Wisdom for Living a Better Life* (New York: Houghton Mifflin Harcourt, 2015), 168.

3. Henry Cloud, "How to Add Climate Control to Your Life", MariaShriver.com, 2014년 2월 6일, http://mariashriver.com/blog/2014/02/how-to-add-climate-control-to-your-life-dr-henry-cloud/, 2016년 5월 16일 접속.

4. 잠언 16:32. (개역개정)

5. Lolly Daskal, "How to Be More Resilient When Things Get Tough", *Inc.*, 2015년 4월 9일, http://www.inc.com/lolly-daskal/how-to-be-more-resilient-when-things-get-tough.html, 2016년 5월 16일 접속.

6. Greitens, *Resilience*, 46.

제6장 · 서로에게 힘이 되는 인간관계를 형성한다

1. Greitens, *Resilience*, 210.

2. Brian Bethune, "The True Measure of Nelson Mandela", *Maclean's*, 2015년 2월 10일, http://www.macleans.ca/politics/the-true-measure-of-nelson-mandela/, 2016년 6월 2일 접속.

제7장 · 다양한 선택안 중에서 제일 좋은 답을 찾는다

1. Paul Farhi, "Jeffrey Bezos, Washington Post's Next Owner, Aims for a New 'Golden Era' at the Newspaper", *Washington Post*, 2013년 9월 3일, https://www.washingtonpost.com/lifestyle/style/jeffrey-bezos-washington-posts-next-owner-aims-for-a-new-golden-era-at-the-newspaper/2013/09/02/30c00b60-13f6-11e3-b182-1b3bb2eb474c_story.html, 2016년 6월 2일 접속.

2. Susan Robertson, "Why You Should Have a Child-Like Imagination (and the Research That Proves It)", Ideas to Go, 2013년 3월, http://www.ideas togo.com/the-science-of-imagination, 2016년 6월 2일 접속.

제10장 · 내 인생의 모든 결정은 내가 책임진다

1. Associated Press, "Pennsylvania Man Loses Lawsuit Naming God as a Defendant", *Beaver County Times*, 1999년 3월 14일, http://news.google.com/newspapers?nid=2002&dat=19990314&id=7cMiAAAAIBAJ&sjid=hrYFAAAAIBAJ&pg=4271,3392209&hl=en에서 열람 가능, 2016년 8월 8일 접속.

2. 누가복음 12:48 (메시지).

3. Roshan D. Bhondekar, *Love-The Key to Optimism: Path Toward Happiness*

(Chennai, India: Notion Press, 2015), 311.

4. Raghu Korrapati, *108 Pearls of Wisdom for Every College Student* (New Delhi: Diamond Pocket Books, 2014), Kindle edition, location 1497.

5. Stephen M. R. Covey, "The 13 Behaviors of High Trust Leaders", Move Me Quotes and More, http://www.movemequotes.com/13-behaviors-high-trust-leaders/#more-18223, 2016년 6월 8일 접속.

6. Greitens, *Resilience*, 106.

제11장 · 좋은 가치관을 바탕으로 인생의 방향을 결정짓는다

1. 스티븐 코비, 《성공하는 사람들의 7가지 습관》(New York: Simon and Schuster, 2008), 69.

2. Brendan Coffey, "Hidden Chick-fil-A Billionaires Hatched as Value Soars", *Bloomberg*, 2012년 7월 31일, http://www.bloomberg.com/news/articles/2012-07-31/hidden-chick-fil-a-billionaires-hatched-as-value-soars, 2015년 6월 9일 접속.

제13장 · 현재에 집중하고 끝까지 해내기 위해 노력한다

1. Mark Tyrrell, "7 Self-Discipline Techniques", UncommonHelp.com, http://www.uncommonhelp.me/articles/self-discipline-techniques/, 2016년 6월 11일 접속.

2. Stephen R. Covey, "Work-Life Balance: A Different Cut", *Forbes*, 2007년 3월 21일, http://www.forbes.com/2007/03/19/covey-work-life-lead-careers-worklife07-cz_sc_0319covey.html, 2016년 6월 11일 접속.

3. Brian Tracy, "Successful People Are Self Disciplined", Brian Tracy International, http://www.briantracy.com/blog/time-management/successful-people-are-self-discipline-high-value-personal-management/, 2016년 6월 11일 접속.

4. 상동.

5. Dan S. Kennedy, "Why Self-Discipline Will Make You Unstoppable", *Entrepreneur*, 2013년 12월 20일, https://www.entrepreneur.com/article/230268, 2016년 6월 13일 접속.

제15장 · 어떤 상황에서도 긍정적인 태도를 유지한다

1. Davies Guttmann, *The Power of Positivity: Reaching Your Potential By Changing Your Outlook* (Stoughton, WI: Books on Demand, 2014), 114.
2. 전도서 7:14 (개역개정).
3. Lydia Dishman, "Happiness Secrets from the Staff of Delivering Happiness at Work", *Fast Company*, 2013년 5월 22일, http://www.fastcompany.com/3009940/dialed/happiness-secrets-from-the-staff-of-delivering-happiness-at-work, 2016년 6월 14일 접속.

제16장 · 안락 지대를 벗어나 위험과 새로움에 도전한다

1. Robert Schuller, *Success Is Never Ending, Failure Is Never Final* (New York: Bantam, 1990), 212.

제17장 · 하나님의 뜻을 믿고 나간다

1. 에베소서 3:14-17 (메시지).
2. 예레미야 9:23 (메시지).
3. 에베소서 3:18-19 (메시지).
4. 요한복음 10:10 (역자 사역).
5. 요한복음 3:16 (메시지).
6. 요한복음 10:27-30 (메시지).
7. 히브리서 8:12 (공동번역).
8. 고린도후서 5:17 (새번역).
9. 마가복음 9:23 (새번역).
10. 마가복음 10:27 (역자 사역).

11. 마태복음 17:20 (메시지).

12. 맥스 루케이도, 《하나님의 음성 우리의 선택》(Nashville: Thomas Nelson, 2009),
    122.

13. 에베소서 3:20 (메시지).

14. 마태복음 9:29 (공동번역).

15. 고린도전서 1:26-31 (메시지).

제18장 · 내가 얼마나 멀리까지 갈 수 있느냐에 집중한다

1. 캐롤 드웩, 《성공의 새로운 심리학》(New York: Ballantine, 2006), 6.

2. 상동, 7.

3. 상동, 15-16.

에필로그 · 당신의 삶에는 한계가 없다

1. 원 출처 미상.

2. "How Much Does It Cost to Climb Mount Everest?", AlanArnette.com, http://
   www.alanarnette.com/blog/2015/12/21/everest-2016-how-much-does-
   cost-to-climb-mount-everest/, 2016년 6월 17일 접속.